식민지 비망록 3

일러두기

1. 이 책에 수록된 글들은 민족문제연구소의 회보인 『민족사랑』을 통해 발표했던 원고를 모은 것이다. 책으로 묶는 과정에서 원래의 내용을 크게 수정 보완한 것들이 많으며, 그 출처는 각 꼭지의 말미에 따로 적어두었다.
2. 최초의 원고는 대개 각주 없이 발표하였으나, 이번에 새로 책으로 꾸미는 과정에서 후속 연구자들을 위해 추가적인 자료를 제공하고자 각주 부분도 크게 보충하였다.
3. 이 책에 무수하게 등장하는 일본인들의 인명표기에 관해서는 자료의 충실도를 제고하기 위해 국어표기법의 방식을 따르지 않고 최대한 원래의 음가를 반영하여 표기하는 것을 원칙으로 삼았다. (예; 가토 → 카토, 다나카 → 타나카, 도고 → 토고)
4. '민족문제연구소 소장자료'로 표시된 참고도판들은 연구소 후원회원들의 소중한 후원금과 자료기증에 힘입어 확보된 것이므로 이에 따로 감사의 표시를 덧붙여 둔다.
5. 이 책에 게재된 자료사진들에 대해서는 인용출처 또는 소장처를 충실히 밝혀 표기하였으나, 혹여 누락된 경우가 있다면 추후 합당한 절차를 통해 이를 보완할 예정이다.

책머리에

1

『세조실록』 세조 9년(1463년) 7월 30일 기사를 보면, 임금이 분판(粉板)을 옆에다 두고 일을 만나면 번번이 적어두었다가 이를 승정원(承政院)에 내보인다는 내용이 등장한다. 이를 '비망(備忘)'이라 하였는데, 글자 그대로 "잊어버리지 않기 위한" 장치인 셈이다. 이것이 아니더라도 조선왕조실록의 전반에 걸쳐 역대 국왕이 내린 '비망기(備忘記)'라는 용어는 숱하게 언급되어 있는 것을 확인할 수 있다.

2

하도 오래 전의 일이라 기억조차 가물가물하지만 '국민학교' 시절 국어 교과서에 「세상에서 제일 무서운 것」이라는 내용의 글 한 꼭지가 실려 있었던 생각이 어렴풋이 난다. 언덕 위 고목나무 아래에 모여든 동네 아이들끼리 심심풀이 논쟁이 붙어 누구는 호랑이가 제일 무섭다 하고 또 누구는 홍수라고 하고 다른 누구는 불이라고 하다가 지나가는 사람을 붙들어 물어보기로 하였는데, 이들에게서 수소폭탄이다, 무식(無識)이다, 굶주림이다, 늙는 것이다, 죽음이다 …… 이런 대답을 죽 들었으나 종내 마땅치 않던 차에 땅거미가 질 무렵 지팡이를 짚고 나타난 노인네가 하는 말씀이 "그건 망각(忘却)이란다. 시간이 흐르면 마치 빛깔이 바래듯이 점점 잊어버리는 것, 죽음보다도 굶주림보다도 늙음보다도 무서운 것은 헛된 인생이 되어 버리는 '망각' 이것이야." 뭐, 대략 이런 내용이었다.[1]

3

돌이켜보면 민족문제연구소의 회보인 『민족사랑』에 매달 원고를 게재한 것이 벌써 10년이 다 되었다. 지난 2014년 9월에 처음 「미리 보는 식민지역사박물관 전시자료」 코너를 맡았다가 이듬해인 2015년 5월부터는 글감을 좀 더 풍성하게 꾸미고자 편집체제를 교체하였는데, 그때 정해진 제목이 — 전해 듣기로는 당시 박한용 교육홍보실장과 강동민 자료팀장의 아이디어에 따라 — 「식민지 비망록」이었다. 그 이후 8년이라는 세월에 걸쳐 총 94회의 연재물을 생성한 다음 2023년 9월에 이르러 이를 마무리하고 지금은 「이 땅에 남아있는 저들의 기념물」이라는 제목 아래 새로운 연재를 이어오고 있는 상태이다.

이들 가운데 용산 지역과 관련된 내용은 2022년에 펴낸 『용산, 빼앗긴 이방인들의 땅』(전2권)의 기초원고로 이미 사용하였고, 잔여분에 해당하는 72꼭지의 글을 새로 다듬고 보충하여 정리한 것이 이번에 첫선을 보이는 『(그 시절을 까맣게 잊고 사는 사람들을 위한) 식민지 비망록』(전3권)이다. 처음 쓴 원고가 그때그때 생각나는 주제를 정리하거나 근대 사료를 탐독하다가 새로

---

[1] 언젠가 옛 신문자료를 훑어보던 도중에 『경향신문』 1960년 5월 10일자의 조간(朝刊) 4면에서 「제일 무서운 것은」이라는 기고문이 눈에 띄었다. 무척이나 반갑게도 이것이 바로 옛 교과서에서 보았던 딱 그 내용이었다. 여기에 필자로 표시된 '신지식'이란 이는 암만 봐도 이화여고 국어교사이면서 아동문학가로 활동했던 신지식(申智植, 1930~2020) 선생이 아닌가 한다. 그가 이 글의 원작자인지 아닌지는 잘 가늠하기 어려우나, 아무튼 이때 신문지상에 소개된 것이 계기가 되어 교과서에 수록되는 기회를 얻게 된 것인지도 모르겠다.

알게 된 사실을 소개하는 방식으로 구성된 것이긴 하지만, 책의 가독성과 짜임새를 고려하여 비슷한 내용끼리 묶어 각권마다 4개의 파트로 재배치하였다. 여기에는 우리 주변에 남아 있는 일제잔재, 고단했던 식민지의 일상, 항일의 현장과 친일군상의 면면, 혹독한 전시체제기와 침략전쟁의 광풍, 일제의 기념물과 여러 공간에 얽힌 기억들, 그리고 식민통치기구와 학원통제의 실상에 관한 얘기 등 이 땅에서 무수하게 벌어졌던 뼈아픈 고초들과 별스러운 일제침탈사의 흔적들이 두루 포함되어 있다.

새삼 강조하지 않더라도 역사의 흔적을 잊지 않고 잘 기억하는 것은 정말 중요하다. 어쩌면 지팡이 노인의 얘기처럼 시간이 흐르면 마치 빛깔이 바래듯이 점점 잊어버리게 되는 '망각'이야말로 정말 세상에서 제일 무서운 일인지도 모르겠다. 그리고 제대로 기억하기 위해서는 ― 그것이 아무리 자질구레한 것일지라도 ― 많은 기록을 정리하여 남겨두는 것도 매우 절실하다. 아무쪼록 '비망록'이라는 이름을 달아 이 책에 담아놓은 일제강점기에 대한 기록과 이야기 하나하나가 기억의 연결고리가 되어 좀 더 길게 후대로 이어지기를 희망할 따름이다.

4

2년 전에 『용산, 빼앗긴 이방인들의 땅』(전2권)이 나왔을 때도 마찬가지였지만, 이번에 나오는 세 권의 책이 다시 꾸려지기까지 우리 연구소의 여러 구성원들에게서 많은 도움을 받았다. 무엇보다도 원고집필과정은 물론 연구소의 일상생활에서 곧잘 격려와 배려의 말씀을 주시곤 하는 조세열 상임이사님이 가장 큰 힘이 되었고, 박수현 사무처장님을 비롯한 상근직원들 모두의 관심과 응원에도 감사의 뜻을 전하고자 한다. 또한 하루의 대부분을 공유하는 강동민 자료실장과 자료실 식구들에게도, 그리고 책을 다듬기까지 큰 수고를 해주신 유연영 사무차장과 손기순 편집디자이너께도 특별한 고마움을 표시한다.

끝으로 내 삶의 활력소이자 존재이유이기도 한 예쁜 두 여자, 아내 김경미와 딸 상미에게 한결 같은 사랑의 마음을 전한다.

2024년 7월의 마지막 날에
이순우

식민지 비망록 3

목 차

제1부 그 시절에 횡행했던 식민통치기구의 면면

01 조선통치에 관한 사상 관측소, 총독부도서관의 건립 내력 ········· 12
　　도서관을 지어주고 광통관(廣通館)을 얻은 조선상업은행

02 인왕산 자락이 채석장으로 누더기가 된 까닭은? ········· 25
　　쌈지공원으로 남은 총독부 착암공양성소와 발파연구소의 흔적

03 "일제에 끌려간 게 사람만이 아니었더라" ········· 36
　　이출우검역소를 거쳐 일본으로 간 조선소는 160여만 마리

04 일제의 삼림수탈을 증언하는 영림창 제작 '압록강 재감(材鑑)' ········· 47
　　지금도 경복궁 땅 밑에 고스란히 남아 있는 9,388개의 소나무 말뚝

05 식민통치기간에 이 땅에는 얼마나 많은 일제 신사가 만들어졌을까? ········· 61
　　'1군 1신사(神社)'와 '1면 1신사(神祠)'의 건립을 강요하던 시절

06 흑석동 한강변 언덕 위에 한강신사가 건립된 까닭은? ········· 84
　　서울 지역 곳곳에 포진한 일제 침략 신사들의 흔적

제2부 그 거리에 남겨진 식민지배의 흔적들

07 도로원표는 왜 칭경기념비전 앞에 놓여 있을까? ········· 98
　　일제강점기에 모든 길은 '황토현광장'으로 통했다

08 독점기업 경성전기(京城電氣)의 마지못한 선물, 경성부민관 ········· 112
　　부민관폭파의거의 현장에 얽힌 근현대사의 굴곡 반세기

09 딱 100년 전 가을, 경복궁에서는 무슨 일이 벌어졌을까? ········· 125
　　식민통치의 치적 자랑을 위해 벌인 난장판, '조선물산공진회'

10 기억해야 할 을사조약의 배후공간, 대관정(大觀亭) ········· 135
　　호텔신축공사로 곧 사라질 위기에 놓인 근현대사의 현장

11 포방터시장으로 남은 홍제외리 조선보병대 사격장의 흔적 ········· 146
　　헌병보조원 출신 항일의병의 처형장소로도 사용된 공간

12 '천황즉위'기념으로 지은 일본인 사찰에 갇힌 명성황후의 위패 157
　　탁지부 청사와 화개동 감모비각을 옮겨 만든 묘심사(妙心寺)

제3부 낯선 풍경으로 남아 있는 근대역사의 공간들

13 일제가 경성(京城) 지역에만 두 곳의 감옥을 만든 까닭은? 172
　　장기수 전담감옥이었던 경성감옥 혹은 경성형무소의 건립 내력

14 '녹두장군' 전봉준은 왜 좌감옥(左監獄)에서 최후를 맞이했을까? 189
　　근대시기 이후 사형제도의 변경과 처형장의 공간 변천사

15 행주산성이 내선일체의 대표 유적으로 지목된 까닭 204
　　군국주의와 황국신민화의 도구로 전락한 역사왜곡의 현장들

16 경학원 명륜당이 1937년 이후 느닷없이 혼례식장으로 변신한 까닭은? 218
　　정신작흥과 사회교화의 광풍 속에 탄생한 '의례준칙(儀禮準則)'

17 소개공지(疎開空地), 미군 공습에 기겁한 일제의 방어수단 232
　　결국 패망 직전 서울의 도시공간을 할퀴어 놓다

18 종로경찰서(鍾路警察署), 반도 민심의 근원을 차단하는 억압기구 250
　　다른 경찰서에 비해 빈번하게 청사의 위치를 옮긴 까닭은?

제4부 결국 학교도 예외는 아니었다

19 위문대(慰問袋) 모집의 시초는 의병토벌 일본군대를 위한 것 270
　　친일귀족 이완용도 한몫 거든 위문품주머니의 제작 풍경

20 멀쩡했던 교가(校歌)와 교표(校標)가 무더기로 개정된 연유는? 282
　　조선어 가사는 금지되고 무궁화와 태극 문양은 지워지던 시절

21 군국주의에 짓밟혀 헝클어진 조선인 여학생들의 꿈 296
　　부산항공립고등여학교 졸업앨범, 1944년

22 마침내 조선인 학교에도 출현한 군사교련제도와 배속장교의 존재 310
　　미성년자 금주금연법과 삭발령도 학원통제의 수단으로 사용

23 일제패망기의 학교운동장이 고무공 천지로 변한 까닭은? 327
　　일본의 남방군(南方軍)이 보내온 침략전쟁의 전첩기념선물

24 학교이름에 도(道), 방위, 숫자 명칭의 흔적이 성행했던 시절 338
　　내선일체 완성을 위한 식민교육제도의 변경이 빚어낸 부산물

제1부   그 시절에 횡행했던 식민통치기구의 면면

01

조선통치에 관한 사상 관측소,
총독부도서관의 건립 내력

도서관을 지어주고
광통관을 얻은 조선상업은행

    서울 을지로입구역 쪽에서 남대문로를 따라 보신각 방향으로 걷다보면 이내 도로의 동측에 해묵은 2층 벽돌건물 한 채를 만나게 된다. 지난 2002년 3월 5일에 서울시 기념물 제19호로 지정된 이 건물은 '광통관(廣通館, 남대문로 1가 19번지)'이라 하며, 이는 이곳과 바로 이웃한 자리에 청계천 광통교(廣通橋, 광교)가 있다는 데서 붙여진 명칭이다.

    이곳은 원래 1909년에 탁지부건축소(度支部建築所)가 수형조합사무소(手形組合事務所)의 용도로 건립했으며, 2층에는 회합소가 따로 마련되어 있어서 곧잘 강연회나 경축연, 만찬회와 같은 모임들이 개최되곤 하였다. 그 시절 한국의 고건축 조사를 맡았던 일본 동경제대 건축과 교수 세키노 타다시(關野貞, 1867~1935)도 1909년 11월 23일 이곳에서 강연회를 열고 그 결과를 담아 『한홍엽(韓紅葉; 카라모미지)』(탁지부건축소, 1909)이라는 소책자를 남기기도 했다.

    광통관의 준공 당시부터 이곳에는 대한천일은행(大韓天一銀行)의 본점이 옮겨와 상주하였고, 1911년 2월 조선상업은행(朝鮮商業銀行)으로 개칭된 시기를 거쳐 1924년 9월에 조선실업은행 건물(남대문로 2가 111번지)로

조선상업은행이 총독부도서관 건립비용의 제공을 매개로 하여 그 대가(代價)로 총독부에서 소유권을 취득한 광통관(廣通館)의 현재 모습이다. 지금은 우리은행 종로금융센터로 사용되고 있다.

본점 위치를 변경한 이후에도 은행의 용도로 사용되는 일은 지속되었다.[1] 지금도 우리은행 종로금융센터가 이곳에 자리하고 있다는 사실 자체가 그러하지만, 무엇보다도 건물 전면의 출입구 상단에 여전히 부착되어 있는 '조선상업은행 종로지점'이라는 돌판이 이 건물의 오랜 내력을 짐작케 한다.

이 광통관은 애초에 대한제국 정부의 소유이며 대한천일은행은 세를 들어 있었던 것에 지나지 않았는데, 이 건물의 소유권이 끝내 조선상업은행으로 귀속된 데는 남다른 숨은 사연이 있었다. 이에 관해서는 『동아일보』 1923년 7월 13일자에 수록된 「상은 건물(商銀 建物)과 교환(交

---

[1] 대한천일은행은 1899년 1월 30일 설립 직후인 그해 3월 10일 청계천 북측의 장통방 정만호계 1통 1호(즉, 관철동 249번지)에 사무소를 두었다가 1909년 6월에 광통관(廣通館)이 완공되자 이곳으로 본점의 소재지를 옮겼다. 그 이후 1911년 6월 20일 조선상업은행으로 개칭하여 설립 등기를 하였고, 1914년 2월 9일에 발생한 광통관 화재사건으로 한때 옛 봉명학교 자리(황금정 1정목 181번지)의 임시영업소(1914.2.16~12.27)로 옮겼다가 수선이 완료되자 광통관으로 복귀하였다. 1924년 8월 31일에는 경성은행(京城銀行)을 승계한 조선실업은행(朝鮮實業銀行)을 흡수합병하면서, 이때 조선실업은행의 신축건물(1923년 5월 15일 준공, 남대문통 2정목 111번지)로 본점을 이전하였다.

換)」제하의 기사를 통해 그 내막을 엿볼 수 있다.

> 남대문통 1정목 조선상업은행(朝鮮商業銀行)의 기지 건물(基地 建物)은 총독부(總督府)의 소유물(所有物)로 계상(階上)은 조선우선회사(朝鮮郵船會社)가 차용(借用)이던 바 총독부는 남대문통 2정목 광선문내(光宣門內) 조선도서관(朝鮮圖書館)을 건축하게 되었는데 건축자금이 무(無)하여 기 건축비(其 建築費) 25만 원을 조선상업은행에서 지출케 하고 기 대상(其 代償)으로 남대문통 1정목 기지 건물을 상업은행에 제공하기로 하여 목하 신축중(目下 新築中)이며 조우(朝郵, 조선우선)는 광화문통(光化門通)으로 이전하였으나 10월까지 사용권(使用權)이 유(有)하므로 10월 이후에는 조선상업은행에서 전부 사용하게 되리라더라.

여기에서 보듯이 경술국치 이후 총독부의 소유로 전환되어 있던 광통관이 조선상업은행으로 넘어가게 만든 매개체는 '총독부도서관(總督府圖書館)'이었다. 이를 테면 조선상업은행이 총독부도서관의 건립비용을 대고 그 대신에 총독부로부터 광통관의 소유권을 넘겨받았다는 얘기였다.

총독부도서관은 1922년 2월 칙령 제19호를 통해 「조선교육령(朝鮮敎育令)」이 새로이 개정 발포된 것을 기념하는 사업의 하나로 구체화하여 1923년 11월 29일에 제정된 칙령 제493호 「조선총독부도서관관제(朝鮮總督府圖書館官制)」를 통해 설립되었다.[2] 설립 초기에는 별도의 도서관 건물이 없었기 때문에 조선헌병대사령부 진단소(診斷所, 위수병원) 내에 가사무

---

[2] 초대 도서관장에는 중추원 촉탁과 학무국 촉탁을 지낸 오기야마 히데오(荻山秀雄)가 1923년 11월 30일에 임명되어 일제 패망 때까지 교체되지 않고 줄곧 그 자리를 지켰다.

소(假事務所, 대화정 2정목 소재)만 설치하였다가 도서관 건물이 대략 완공이 되자 1924년 4월에 신축 건물로 옮겨 정식으로 사무소를 개설하였다.

하지만 실상 총독부도서관의 설립에 관해서는 이보다 앞서 하세가와 총독(長谷川總督) 시절부터 계획수립이 검토된 흔적이 눈에 띈다. 더구나 1918년 11월에는 진남포(鎭南浦)의 실업가 나카무라 세이시치로(中村精七郎)가 경성에 도서관건립기금으로 거액을 기부할 의사를 밝혔고, 이때 총독부 영선과의 건축설계와 더불어 도서관 건립위치도 조선호텔 동편의 광선문(光宣門) 안쪽 옛 석고단(石鼓壇, 소공동 6번지 구역; 지금의 롯데백화점 자리)으로 사실상 확정단계에 이른 적이 있었다.[3] 이 일은 결국 기부자의 기증의사번복으로 유야무야되고 말았지만, 바로 이 자리는 불과 몇 년 후 총독부도서관의 신축 공사 때의 실제 건립 위치와 그대로 일치한다.[4]

아무튼 이러한 과정을 거쳐 총독부도서관의 건립이 마무리되자 1925년 4월 3일 신무천황제일(神武天皇祭日)에 맞춰 일반공중을 대상으로 한

---

[3] 이 과정에 대해서는 『매일신보』 1918년 11월 15일자, 「경성(京城)에 도서관(圖書館)이 머지 아니하여 생길 터이다, 장소는 조선호텔 뒷문앞」; 『매일신보』 1919년 5월 14일자, 「경성 도서관 계획이 중지된다, 이러한 소문이 있다」; 『매일신보』 1919년 5월 16일자, 「도서관(圖書館), 일 년이 연기됨, 중지라 함은 헛소문」; 『매일신보』 1920년 6월 21일자, 「도서관 설립(圖書館 設立)?」 제하의 기사 등을 참조할 수 있다.

[4] 총독부도서관은 해방 이후 1945년 10월 15일 '국립도서관'으로 재출범하였고, 1963년 10월 28일 「도서관법」의 제정에 따라 '국립중앙도서관'으로 개칭하였다. 그 이후 1974년 12월 2일에 이르러서는 본관의 소재지를 남산공원 옛 어린이회관으로 변경하였다가 다시 1988년 5월 28일 서초 반포동에 본관을 신축 이전하였다. 옛 총독부도서관이자 국립도서관으로 사용하던 '소공동 6번지(옛 석고단 구역) 일대'는 1974년 10월에 롯데그룹에 매각되면서 '반도호텔'과 함께 일체의 건물이 헐려 사라지게 되었다. 국립중앙도서관 구역을 포함하여 반도호텔 및 산업은행 본점 일대가 롯데그룹의 수중에 들어가면서 그 자리에 롯데쇼핑센터와 호텔롯데 등이 건립되는 일련의 과정에 대해서는 손정목, 『서울 도시계획 이야기 2』(한울, 2003), 207~306쪽에 수록된 「을지로 1가 롯데타운 형성과정 — 외자유치라는 미명하에 베풀어진 특혜」라는 글에 잘 정리되어 있다.

도서열람이 개시되었다. 출입자에 대한 열람료는 1회에 4전씩 징구(10회권은 35전에 판매)되었으며, 신문열람(新聞閱覽)은 무료제공이었다. 개관 당시 총독부도서관의 열람시간은 계절별로 다르지만 오전 8시 내지 10시부터 오후 9시까지였고, 매주 수요일, 기원절, 시정기념일, 천장절축일, 연말연시(12월 28일~1월 6일 사이)는 정기휴관일로 정하였다.

『매일신보』1924년 1월 16일자에 수록된 「개관(開館)이 불원(不遠)한 총독부도서관(總督府圖書館), 25만 책을 수용하도록 이상적으로 지은 것이라고」제하의 기사에는 총독부출입기자단인 청구구락부(靑邱俱樂部) 일동에 대한 총독부 학무국 당국의 설명형식으로 공표된 총독부도서관의 운영방침이 다음과 같이 나열되어 있다.

…… 동(同) 도서관의 이상(理想)은 (가) 특히 조선통치의 주의 방침에 의하여 사상(思想)을 잘 지도하며 교육의 보급, 산업의 진흥 등에 관한 신구참고도서를 갖출 것, (나) 조선민족의 문헌(文獻)을 모을 것, (다) 널리 조선연구에 관한 화한양서(和漢洋書)를 모을 것, (라) 전선(全鮮)에 도서관의 보급발달을 도모하여 그 지도자가 될 것 등인데, 이상(以上)의 이상을 실현함에는 많은 경비와 세월을 요할 터인 고로 동관은 점진주의(漸進主義)를 취하여 가장 건실한 발달을 기할 터이라는데 동관은 하루라도 바삐 개관케 하여 일반의 기대에 당하려고 목하 내부의 장식과 그 외 모든 준비에 착착 공사를 진행중인데 늦어도 오는 3월 중에는 개관되리라더라.

1935년 10월 경성에서 개최된 전국도서관대회에서는 당시 우가키 총독(宇垣總督)이 도서관의 2대 사명으로 '사상(思想)의 관측소(觀測所)'이자 '양서선본(良書善本)의 선택소(選擇所)'라고 규정한 바 있었다.[5] 이러한 방침을 반영이나 하듯이 총독부도서관은 이때 『문헌보국(文獻報國)』이라는 이름의 기관지(機關誌)를 창간했다. 여기에는 신착도서 분류목록, 선만관계 중요잡지 기사목록, 선내(鮮內) 발매금지도서목록, 경무국 납본목록, 문부성 추천도서소개, 총독부도서관 비치 잡지신문목록, 선내계속발행 출판물일람표, 관세월보(館勢月報) 등의 항목이 고정적으로 수록되었다.

1935년 10월에 창간된 총독부도서관의 기관지 『문헌보국』 제1권 제1호의 표지이다. 여기에는 우가키 총독이 설파한 '조선통치의 사상관측소' 역할과 관련한 항목들이 주내용으로 채워졌다.

이밖에 1937년 1월에 발족한 조선독서연맹(朝鮮讀書聯盟)과 1939년 4월에 창립된 조선도서관연맹(朝鮮圖書館聯盟) 등 이들 도서관 유관단체들의 기관지인 『독서(讀書)』와 『문화원천양서(文化源泉良書)』에도 동일한 방식이 적용되었다. 이곳에도 이른바 '불온서적(不穩書籍)'은 사전에 차단되고 총독정치에 충실한 도서와 서지의 목록만이 선정되어 소개됨으로써 조선인 대중을 사상적으로 통제하고 지도하려는 문화적 침탈을 보조하는 역할에 충실하고자 했다.

『조선총독부관보』 1944년 5월 12일자의 '휘보(彙報)'에 수록된 「조선총독부도서관월보」를 살펴보면, 이 당시 총독부도서관의 장서규모는

---

[5] 이 당시의 강연 내용은 총독부의 기관잡지인 『조선(朝鮮)』 1935년 12월호의 1~8쪽 부분에 「도서관의 이대사명(圖書館의 二大使命)」이라는 제목으로 채록되어 있다.

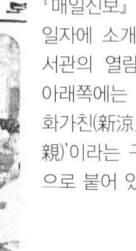

『매일신보』 1931년 9월 8일자에 소개된 총독부 도서관의 열람실 광경이다. 아래쪽에는 '신량입교 등화가친(新涼入郊 燈火可親)'이라는 구절이 소제목으로 붙어 있다.

   정본(正本) 275,870책에 별본(別本) 47,251책을 더하여 합계 323,121책에 달하는 것으로 집계되었다. 이 자료들은 국립중앙도서관에 고스란히 남아 있어서 '역설적이게도' 조선에 대한 식민통치의 내막과 실상을 살펴볼 수 있는 유용한 통로를 제공해주고 있다.

   그런데 총독부도서관에 관한 얘기를 꺼내놓고 보니, 건립부지로 사용된 석고단 영역의 문화재수난사도 함께 살펴보지 않을 수 없다. 석고단이라는 것은 1902년 당시 반관반민(半官半民) 형태의 송성건의소(頌聖建議所)가 고종황제의 칭경기념(稱慶記念, 등극40년 망6순)을 위해 건립된 시설물이다.[6] 고종의 중흥공덕을 '돌북'에 새기는 것이 원래의 목적이었으나 제왕(帝王)의 업적은 오로지 서책(書冊)을 통해 후세에 전해지는 것이라는

---

[6] 이 당시 현직고위관리가 중심이 된 '조야송축소(朝野頌祝所, 1902년 9월 조직)'가 만든 것이 황토현(광화문네거리)의 '칭경기념비(稱慶紀念碑, 1903년 9월 2일 완공)'이고, 반관반민(半官半民) 형태의 관변단체인 '송성건의소(頌聖建議所)'가 주도하여 조성한 기념물이 바로 석고단의 석고였다.

『경성과 인천』(1929)에 수록된 총독부도서관의 전경이다. 앞쪽에 정문 팻말이 보이는 곳이 원래 석고단의 정문인 광선문(光宣門)이 서 있던 자리이다. 이 일대는 원래 석고단이 있던 구역이며, 지금은 롯데백화점이 들어서 있다.

이유로 제작이 중단되었다고 알려진다.

이와 관련하여 『대한민보』 1909년 11월 24일자에 수록된 「석고준공(石鼓竣工)」 제하의 기사는 느지막이 석고의 조성이 마무리된 상황을 이렇게 알리고 있다.

> 남부(南部) 소공동내(小公洞內) 석고단(石鼓壇)에 삼좌 석고(三座 石鼓)를 불일 준공(不日 竣工)한다는데 송성건의소(頌聖建議所)를 준공소(竣工所)로 개칭(改稱)하고 해 단내(該壇內)에 차입(借入)한 한성부민회(漢城府民會)는 타처(他處)로 이접(移接)케 하고 준공소장(竣工所長)은 전건의소 상의장(前建議所 上議長) 이건하(李乾夏) 씨가 잉임출석(仍任出席)한다더라.

이 자리는 이미 1911년 무렵 경성부민회관(京城府民會館)으로 사용되던 시절에 점포 설치를 위해 중문(中門)과 남문(南門), 기타 석재(石材)가 방매 처분된 일이 있었을 정도로 진즉부터 수난의 역사는 시작되고 있었

『경성부사』 제2권(1936)에 수록된 남산 동본원사의 정문 모습이다. 석고단 시절과 마찬가지로 '광선문'의 편액글씨가 또렷하며, 왼쪽 위에 보이는 건물은 옛 조선총독부 남산청사이다.

다.[7] 더구나 총독부도서관이 건립된 이후에는 석고단 정문인 광선문은 물론이고 석고각 자체가 해체되어 잇달아 옮겨지는 등의 수난은 지속되었다.

석고단(石鼓壇) 영역의 문화재수난사 연혁

구분	최초 건립	이전 장소	이전 시기	비고
광선문(光宣門)	1902년 11월	동본원사 대문	1927년 6월	성균관대 정문(대성문) (1964~1976)
석고각(石鼓閣)	1903년 5월	박문사 종각	1935년 4월	창경원 야외무대 (1966~1984)
석고(石鼓)	1909년 11월	원구단 황궁우	1936년 여름	조선호텔 구내(현존)

이 가운데 광선문은 1927년 남산총독부 바로 아래에 터를 잡고 있던 일본인사찰 동본원사(東本願寺)로 팔려 나갔다가 해방 이후까지 용케도

---

7) 이에 관해서는 『매일신보』 1911년 7월 20일자에 수록된 「부민회관(府民會館)의 개시(開始)와 공사(工事)」 제하의 기사에 자세한 내용이 채록되어 있다.

『성대신문』 제327호(1964년 6월 1일자)에 수록된 '대성문(옛 광선문)'의 모습이다. 이 문은 1976년에 다시 해체되어 사라졌다. 이 신문에는 "교문이 원래 '경희궁 개양문'이던 것을 남산 동본원사를 거쳐 옮겨온 것"으로 설명하고 있으나 이는 명백히 잘못된 설명이다.

잔존하였으나, 1964년에 성균관대학교 정문으로 재이건되어 '엉뚱하게도' 대성문(大成門)이라는 이름을 달게 되었다. 하지만 1976년에 이르러 이 문은 철거 해체되었고 그 부재의 행방은 알 수 없는 상태에서 주춧돌만 성균관대학교 박물관 출입구 앞에 남아 있는 상태이다.[8]

---

8) 원래 석고단의 대문이었다가 남산 동본원사로 옮겨진 '광선문(光宣門)'이 다시 성균관대학교의 정문으로 이건되어 '대성문(大成門)'으로 변신하는 과정에 대해서는 성균관대학교의 학보인 『성대신문』 제317호(1964년 3월 17일자), 「고전식 건물(古典式 建物)로 교문(校門)을 개축(改築)」; 『성대신문』 제318호(1964년 3월 24일자), 「경(鏡)과 경(景)」 새 교문 이건공사 사진화보」; 『성대신문』 제327호(1964년 6월 1일자), 「본교 정문 해설(本校 正門 解說) 경희(慶熙) 사문중(四門中)의 하나, 이조건축미술(李朝建築美術)의 귀(貴)한 자료(資料)」 제하의 기사 등에 자세히 서술되어 있다. 다만, 여기에 수록된 해설 내용에 따르면 이 문이 "경희궁의 개양문(開陽門)이 남산동 텔레비젼방송국 터에 있던 일인(日人) 서본원사별원(西本願寺別院, 동본원사의 착오) 정문으로 전하다가 현재 우리 대학교로 옮겨진 것"이라고 적고 있는데, '경희궁 개양문 운운' 하는 부분은 명백한 오류라는 점에

머지않아 박문사의 종각으로 변신하기 위해 '석고각'이 이전된다는 사실을 알리고 있는 『매일신보』 1935년 3월 23일자의 보도내용이다. 사진에 보이는 것은 총독부도서관 후면에 간신히 남아 있는 시절에 포착된 '석고각'의 전경이다.

『문헌보국』 제2권 제3호(1936년 10월호)에 소개된 석고각 내 '석고'의 모습이다. 원래 고종황제의 중흥공덕(中興功德)에 관한 내용을 새기려던 계획이 중단됨에 따라 아무런 글씨도 새겨지지 못한 채 바닥에 눕혀진 상태로 보관중인 모습을 엿볼 수 있다. (민족문제연구소 소장자료)

유의할 필요가 있다. 참고로, 문화재청에서 펴낸 『서울문묘 실측조사보고서(상)』(2006), 174쪽에도 "이 문은 본래 경희궁의 남쪽 대문이었던 개양문(開陽門)이었다"는 잘못된 내용을 채록하고 있는 것이 눈에 띈다. 그리고 성균관대학교의 교문인 '대성문'이 해체되어 사라지는 과정에 대해서는 역시 『성대신문』 제715호(1976년 8월 28일자)에 수록된 「교문(校門), 현대식(現代式)으로 개축(改築), 소방도로로 활용(活用) 못해 대성문(大成門) 철거」 제하의 기사에 자세히 서술되어 있으므로 이를 참조할 수 있다.

조선호텔 구내 황궁우 옆으로 옮겨진 석고의 현재 모습이다. 이것은 원래 원구단 쪽과는 전혀 무관한 유물이며, 총독부도서관을 매개로 수난을 겪게 된 '석고단' 구역이 남겨놓은 거의 유일무이한 흔적이다.

    석고의 보호각에 해당하는 석고각은 1935년에 이토 히로부미(伊藤博文)를 위한 추모사찰인 박문사(博文寺)로 옮겨져 종각(鍾閣)으로 사용되다가 영빈관(迎賓館) 건립공사의 여파로 1966년에 다시 창경원(昌慶苑, 창경궁)으로 옮겨져 그곳에서 야외무대로 변신하였다. 그러나 창경궁 복원계획과 맞물려 1984년에 철거되어 사라지면서 지금은 전혀 그 흔적을 찾을 수 없다.

    또한 석고각 안에 놓여 있는 '미완성 상태'의 석고 3개는 1936년 여름 바로 이웃하는 황궁우(皇穹宇) 옆에 이전 배치되었다.9) 이 석고는 지금도 조선호텔의 구내에 그대로 잔존하고 있으나 간혹 원구단(圜丘壇)에

---

9) 석고단 관련 유적의 조성과 이전에 관한 세부적인 내용에 대해서는 『문헌보국』 1939년 7월호와 8월호에 걸쳐 연속 게재된 손호익(孫澔翼)의 연구자료인 「남별궁고(南別宮考)」(상)(하)에 수록된 것을 참조할 수 있다.

부속된 유적으로 종종 오해를 사기도 한다. 하지만 원구단과 석고단은 건립연대는 물론이고 유래를 달리하는 별개의 공간이라는 점을 명확히 인식할 필요가 있다. 총독부도서관을 매개로 하여 이 석고들이 엉뚱한 장소에 터를 잡게 된 연혁에 대한 적절한 안내문안의 제공이 간절한 대목이라고 하겠다.

● 이 글은 『민족사랑』 2017년 4월호에 게재하였던 것을 수정 보완하였다.

02

인왕산 자락이 채석장으로
누더기가 된 까닭은?

쌈지공원으로 남은 총독부 착암공양성소와
발파연구소의 흔적

『매일신보』 1937년 6월 22일자의 지면에는 임사일(林士一)이라는 사람이 기고한 「창의문(彰義門) 밖의 기억(記憶)」이라는 연재물의 첫 회가 수록되어 있다. 이 기사는 그 다음 달 7월 2일에 이르기까지 6회에 걸쳐 분할 연재되었는데, 창의문 밖을 벗어나 부암동 중턱의 무계동천(武溪洞天)과 윤웅렬 별장(尹雄烈 別莊)에서 시작하여 석파정(石坡亭)을 거치고 골짜기 아래의 부침바위, 세검정(洗劍亭), 연융대(鍊戎臺), 홍지문(弘智門), 보도각 백불(普渡閣 白佛) 일대를 죽 탐방하는 행로가 그려져 있다.

이 글을 따라 읽다 보면, 지금의 모습과는 다른 듯 아닌 듯 이 일대의 옛 모습을 상상으로나마 그려보는 재미가 쏠쏠하다. 그런데 이 연재물에는 여기 저기 채석장에 관한 언급이 유달리 많이 등장하는 것을 발견할 수 있다. 예를 들어, 『매일신보』 1937년 6월 27일자에 수록된 '4회' 연재분에는 다음과 같은 구절이 묘사되어 있다.

…… 부침바위 정면으로 건너편에 새로 지은 한씨(韓氏)의 정자(亭子)를 바라보면서 큰길을 그대로 잡아 내려가면 인왕산(仁王山) 후록(後麓) 둔부

(臀部)에 당(當)할만한 위치에 채석장(採石場)이 있다. 자하문(紫霞門) 밖에서 채석장이 한두 군데가 아닌데 이곳이 초입(初入)의 채석장이다. 벌써 인왕산의 삼분의 일은 파먹어 들어갔다. 그대로 하여 인왕산을 횡단(橫斷)하면 옥인동 아방궁(玉仁洞 阿房宮, 윤덕영의 집)의 후정(後庭)이 삼각산(三角山)을 통거리로 들이마실 것이다. '따이나마이트'의 폭발(爆發)하는 그 소리에 이전 세상 같으면 적군(敵軍)이 대포(大砲)를 놓고 쳐들어온다고 피난준비(避難準備)에 야단법석이 날 것이다. 이전 세상이 아니라도 그 어마어마한 소리를 처음 들을 때에는 그랬을는지도 모른다. 그러나 지금(只今)은 어린 아이들도 '캉' 소리가 나면 또 돌 깨트렸다고 할 뿐 태연자약(泰然自若)이다. 그리하여 자하문 밖 경치는 벌써 반 이상이 감쇄되는 중이다.

실상 인왕산 주변을 살펴보면 예전에 채석장으로 사용한 지점이 한두 군데가 아닌데, 홍제동 쪽에 자리한 문화촌현대아파트 104동의 후면에도 바로 이러한 흔적이 고스란히 남아 있다. 여기에는 '쌈지마당놀이터'라는 이름으로 남은 작은 공터가 보이고, 그 동편에 절개지 절벽이 병풍처럼 두르고 있는 광경에서 이곳이 한때 채석장이던 공간임을 실감하게 된다.

가만히 살펴보니 한쪽 바위면에는 가히 이곳의 명물이라고 할 만한 '마애관음보살입상' 한 구가 새겨진 모습도 눈에 띈다. 기껏해야 반 세기 남짓 그 안쪽 시기에 만들어졌을 이 보살상이 정확하게 어느 때 누구에 의해 조성된 것인지는 전혀 알려진 바가 없다. 듣기로는 1972년 이후 1994년까지 문화촌현대아파트 101동 자리에 사현사(沙峴寺)라는 사찰이 옮겨와 있던 기간에 이 절에 다니는 독실한 신자가 이를 조성했

서울 홍제동 문화촌현대아파트 104동의 후면에 자리한 '쌈지마당놀이터'의 전경이다.

옛 홍제동 채석장의 한쪽 바위면에 새겨진 마애관음보살입상의 모습이다. 아쉽게도 불상의 정확한 조성시기와 작가 등에 대해서는 자세히 알려지지 않고 있다.

다는 얘기도 있지만, 자세한 상황은 알지 못한다.

그렇다면 이곳 홍제동채석장은 어떤 내력을 지닌 곳이었을까? 이 장

산금(産金) 5개년 계획의 수행과 관련하여 경성부 홍제정에 착암공양성소가 개설될 예정임을 알리는 『매일신보』 1938년 5월 28일자의 보도내용이다.

소에 관해서는 『조선총독부관보(朝鮮總督府官報)』의 부록으로 간행되던 『통보(通報)』 제118호(1942년 6월 18일자)에 탐방기 하나가 남아 있다. 여기에는 「현지보고 ⑵ 착암공양성소」라는 제목이 붙어 있는데, 이 글을 쓴 목적에 대해 "본란(本欄)은 고도국방국가건설(高度國防國家建設)을 목표로 조선 내에 약동하는 각종시설을 있는 그대로 평이 간명하게 소개시키기 위해 만들어진 것"이라고 기획의도를 설명하고 있다.

…… 홍제정(弘濟町)의 정류소에서 버스를 내려, 오른쪽으로 꺾어 야채밭을 반천(半粁, 0.5킬로미터) 남짓 나아가면 눈앞에 황색 빛을 띤 밝은 건물이 나타난다. 경성부 홍제정(弘濟町) 산(山) 1번지, 이런 복잡한 지번인 '조선총독부 착암공양성소(朝鮮總督府 鑿岩工養成所)'. 산금반도(産金半島), 지하자원 적극개발의 요청에 응하여 소화 13년(1938년) 8월 1일에 개설된 광산전사(鑛山戰士)의 연성도장(鍊成道場)이다.

4월, 8월, 12월, 1년을 3기(期)로 나눠 1기에 약 4개월, 이미 530여 명의 졸업자를 배출한 이 양성소에는 지금 제12기생, 이번 4월 입소한 50여 명의 젊은 산남(山男, 산사나이)들이 착암부(鑿岩夫)로서 홀로서는 어봉공(御奉公)의 날을 마음에 그려가면서, 인왕산 뒤편 암벽에 묵묵히 수행(修行)의 투혼(鬪魂)을 끓어오르게 하고 있다.

…… 실습지(實習地)는 인왕산(仁旺山)의 이측(裏側), 사무소에서 5분도 걸리지 않는 거리에 있다. 이곳은 아름다운 아카시아의 꽃그늘을 누비며 작은 언덕을 하나 넘으면 벌써 현장이다. '다다닥'하고 연속하는 모타의 소리가 격하게 귀를 때렸다. 단야장(鍛冶場)에서는 700도(度)라는 고열(高熱)에 진적(眞赤)으로 타오르는 착(鑿, 정)이 선열(鮮烈)한 불똥을 흩뿌리고 있다.

"착암기에는 전기착암기(電氣鑿岩機)와 공기착암기(空氣鑿岩機)가 있지요……."

그 조용한 구조(口調)는 까딱하면 소음(騷音)에 묻힐 듯하면서도 착암기 담임(擔任)인 젊은 기술자 마츠나가 강사(松永 講師)는 착암기의 제일보(第一步)부터 떠듬떠듬 설명하신다. 전착(電鑿)의 역사는 비교적 새로워서 우리나라에 들어온 것은 겨우 대정 12년(1923년)이지만, 공기착암기는 멀리 명치 19년(1886년) 족미동산(足尾銅山, 아시오 구리광산)에서 사용된 것이 시초이다. 공착(空鑿)은 이 실(室)에서 압집(壓集)된 공기가 이 파이프로 갱도(坑道)에 보내져 …… 라고 하는 듯하다.

전착의 갱도가 2본(本), 공착 갱도가 2본(本), 거기에 15미(米, 미터) 가량 굴하(掘下)한 종갱(縱坑, 수직갱도)이 1본(本)인데 노(櫓, 망대)를 조합하여 펌프로 용수(湧水)를 급출(汲出)하고 있다.

전착에게도 공착에게도 각기 적합한 용도(用途)도 특장(特長)도 있고 선내(鮮內)의 광산에서도 적의병용(適宜倂用)되고 있는데, 이곳에서도 물론 그 어느 쪽이건 충분한 지도가 행해진다는 뜻이다. 과연 말을 듣고 보니 전착과 공착에는 사용되는 착(鑿. 정)도 서로 다른데 공착의 정은 매형(梅型)이라 부르며 십문자(十文字)에 매화의 모양으로 열려 있다. 이에 반해 전착의 정은 합형(蛤型. 조개모양)이라 불리고 있다. 다만 그 어느 것도 중공강(中空鋼)으로 가운데를 물이 통하도록 되어 있는 것이, 수굴(手掘. 손으로 파는 것)의 정밖에 알지 못했던 눈에는 어딘지 신기한 느낌이 있었다.

…… 매일 아침 6시 기상, 7시 아침밥, 궁성요배(宮城遙拜), 황국신민(皇國臣民)의 서사(誓詞)를 제창, 라디오체조를 행하고 발랄하게 현장으로 향한다. 매주 화요일에는 소장인 키노(木野) 본부 산금과장(本府 産金課長)의 수양훈화가 행해진다. 1일 8시간의 실습을 마치고 숙사(宿舍)로 돌아오면 즐거운 저녁밥이다. 그리고 밤은 녹초가 되어 피곤해진 몸으로, 내일의, 또 한 번 큰 미래의 설계를 그리면서 유쾌한 잠자리로 빠져들어 간다. 그리하여 4개월, 배우고 익힌 이 팔뚝에 착암기를 힘차게 쥐고, 지하자원개발의 기운찬 광산전사(鑛山戰士)로서 성장해 가는 것이다.

여기에 나오는 '홍제동 산 1번지'는 실상 인왕산의 서쪽면 대부분을 차지하는 지번이다. 이 가운데 지금의 홍제동 채석장 터 일대에 들어선 것이 '착암공양성소'였던 것이다. 공기착암기와 전기착암기를 다루는 숙련공을 배출하는 실습교육장인 이곳은 일제가 1937년에 추진한 이른바 '산금(産金) 5개년 계획'과 관련하여 만들어졌다.

이 당시 중일전쟁의 발발로 전시체제가 본격화하면서 광물자원의 확보가 더욱 긴요한 상황이 되었고, 그 가운데 특히 금(金)은 결제수단으

『통보』 제118호(1942년 6월 15일 발행)에 수록된 착암공양성소의 실습 광경이다.

로서 전통적인 위상과 더불어 장차 '동아공영권(東亞共榮圈)' 내에서 기준화폐로 사용될 엔화(圓貨)의 통화 신용유지를 위해서라도 증산의 필요성이 우선적으로 강조되던 시절이었다. 이에 따라 조선총독부는 금 생산을 획기적으로 늘리기 위한 방안을 집중 강구하여 1936년 기준 연간 20톤 규모이던 것을 5년 사이에 연간 75톤으로 확장하는 정책을 국책(國策)으로 삼게 되었다.

1938년 5월 12일에 공포된 제령 제20호 「조선중요광물증산령(朝鮮重要鑛物增産令)」도 이러한 맥락에서 나온 것이었다. 금을 비롯한 주요 전시 광물자원의 생산은 대개 함량미달로 채산성이 떨어진다고 해서 놀려두고 있던 저품위 광산(低品位 鑛山)을 개발하거나 매광(賣鑛)을 촉진하는 형태로 진행되었는데, 이를 위해 조선총독이 중요광물을 목적으로 하는 광업권자에 대해 사업의 착수 또는 사업의 계속을 명령할 수 있다거나 중요광물의 증산을 꾀하기 위해 산금장려비와 시설보조비를 지급할 수 있다는 등의 내용이 이 법령에 포함되어 있었다.

이와 관련하여 『매일신보』 1938년 5월 28일자에 수록된 「지하자원기술자(地下資源技術者)를 연(年) 3회(回) 대량산출(大量産出), 착암공양성(鑿岩工養成)에 본부(本府) 대마력(大馬力)」 제하의 기사에는 이 당시의 상황을 이렇게 설명하고 있다.

오늘 27일로서 발표된 금증산(金增産) 계획에 따르는 탐광장려금규칙(探鑛獎勵金規則)이라든지 선광설비(選鑛設備)에 대한 장려금규칙과 한 가지로 착암공(鑿岩工) 양성에 대한 규칙도 발표되었는데 이 규칙들은 전부 산금 5개년계획 수행에 한 큰 원동력이 될 것으로서 그 운용은 많은 기대를 가지고 있다. 더욱이 착암공 양성은 지하자원발굴에 가장 긴요한 기술자의 양성인만큼 총독부 산금과에서는 여기에 적극적으로 힘을 기울이기로 되었는데 금년에는 오는 8월부터 정식으로 착암공양성소를 개소(開所)하게 되었다.

그리하여 위선 50명을 입소케 하되 연령은 18세 이상 35세까지로 현재 광산에 종사하는 사람을 주로 양성하겠고 장소는 경성부내 홍제정(弘濟町)으로 결정하였다 한다. 명년부터 1년을 3기로 하여 한 기에 50명씩 매년 150명씩의 착암공을 양성할 터이며, 매월 10원씩의 수당과 기숙사 등의 설비도 있으리라고 한다. 초대 소장은 현재 키노(木野) 산금과장이 겸임할 터이며 경무국 안도(安藤) 기사 등이 간사로 임명하리라고 한다.

이와 동시에 총독부 식산국(殖産局) 내에는 종래의 광산과에서 산금과(産金課)를 분리 신설하여 산금정책을 전담하게 하였고, 이때 착암공양성소도 함께 만들어 산금과장으로 하여금 이곳의 운영을 책임지도록 했다. 착암공양성소의 설치 이유는 무엇보다도 실무적으로 원활한 금생산을 위해서는 광산도로의 개설, 송전시설의 보강, 착암공과 광부의 알선이 뒷받침되어야 했기 때문이었다.

그런데 『매일신보』 1938년 7월 31일자에 수록된 「착암공양성소(鑿岩工養成所), 8월 1일 개소(開所)」 제하의 기사를 보면, 착암공양성소가 홍제동 일대에 설정된 데는 또 다른 이유가 있었던 것으로 드러난다.

일찍이 총독부에서 그 개소를 준비중이던 착암공양성소는 키노(木野) 산금과장을 소장으로 하여 부내 홍제정(弘濟町) 발파연구소(發破研究所)의 일부를 빌려서 8월 1일부터 개소하기로 되었다. 강습생은 응모자 250명 중에서 50명이 전형 결정되어 이미 양성소 전용의 압기기공장(壓氣機工場) 75마력도 완성하여 이것을 요하는 착암기는 부내 각 판매점에서 다투어가며 기부신청이 있어 벌써 십 수 대가 준비되어 있다. 그리고 동소의 본관 건축은 발파연구소 인접지에 10월 중에는 완성될 모양이다.

여길 보면 착암공양성소가 들어선 곳은 원래 발파연구소가 있던 구역이라고 되어 있다. 광산개발과 떼래야 뗄 수 없는 발파연구소는 1936년 6월에 만들어졌으며, 화약(火藥)의 제조 및 취급과 관계된 이유로 애당초 총독부 식산국이 아닌 '경무국(警務局)'의 소관 기관으로 설정되었다.

그 이후 산금장려정책이 본격적으로

총독부 경무국에 의해 홍제내리 화장장 부근 국유임야가 발파연구소 후보지로 선정되었음을 알리는 『매일신보』 1936년 7월 3일자의 보도내용이다.

『매일신보』 1938년 11월 16일자에 수록된 착암공양성소 입소허가자 명단을 살펴보면, 전체 50명 가운데 일본인은 9명에 불과하고 절대다수는 조선인으로 구성되어 있음을 알 수 있다.

추진되자 이에 발맞춰 1940년 7월에 부설기관인 '발파기술원양성소(發破技術員養成所)'가 정식으로 설립되기에 이른다. 이에 관해서는 『매일신보』 1940년 7월 20일자에 수록된 「발파기술원양성소 신설(新設)」 제하의 기사에 다음과 같은 내용이 채록되어 있다.

> 지하자원개발과 철도, 항만, 발전소, 도로공사 등 허다한 국책사업에 가장 중요한 역할을 가지고 있는 화약과 발파법(發破法)은 각 방면에서 이에 대한 연구를 열심히 하고 있는데 이 기술자를 양성해내고자 총독부에서는 이번 '발파기술원양성소'를 설치하기로 하고 19일부 관보에 발표하였다.

입소자격자는 중등학문 정도의 실력이 있는 자로 6개월간 화약취체 관계법령과 화약학, 발파법, 기타 실제와 이론을 공부하고 한 달에 20원씩 수당을 주리라고 한다. 졸업한 후에는 시험성적에 의하여 면허증을 주며 당당한 기술자를 만들어 조선에서 활동케 한다는 바 이 양성소는 현재 홍제정(弘濟町)에 있는 발파연구소를 사용하리라고 한다.

이처럼 두 기관이 하나의 공간에 들어서서 앞서거니 뒤서거니 폭약을 터뜨리고 또한 착암기로 쉴 새 없이 뚫어대니 아무리 바위산인들 어찌 온전할 리가 있었겠는가 말이다. 지금에야 어찌 어찌 세월이 흘러 그 앞에 들어 선 아파트 숲으로 인해 조금은 시야에서 가려진 형국이 되어 있지만, 바로 눈앞에 펼쳐지는 이곳의 속살을 대면하게 되면 일제가 이 땅에 남긴 생채기들이 이토록 많았던가 하는 점을 저절로 수긍하게 된다.

● 이 글은 『민족사랑』 2017년 11월호에 게재하였던 것을 수정 보완하였다.

03

"일제에 끌려간 게 사람만이 아니었더라"

이출우검역소를 거쳐 일본으로 간 조선소는 160여만 마리

반도(半島, 조선)의 소는 논갈기, 밭갈기와 농사짓기에는 물론이고 일반 운수용으로 혹은 피혁용, 식용으로도 그 이름이 널리 전동아(全東亞)에 떨쳐서 해마다 내지(內地, 일본)를 비롯하여 만주(滿洲), 남양(南洋) 방면으로 대량적으로 수이출(輸移出)되어 축산반도의 명성은 해를 거듭할수록 드높아가고 있다. 이에 반도에서도 전선(全鮮) 2천만 농가에 외쳐서 그동안 축우증식에 철저한 지도 장려를 거듭하여 온 결과 현재에는 175만 여 두(頭)의 소가 총후농촌에서 씩씩한 식량증산의 일꾼이 되고 있다. 그러나 지금 농촌 노무력이 상당히 긴박한 내지의 농촌을 비롯하여 만주 방면에서는 반도의 소를 더욱 많이 보내어달라고 얼마 전 총독부에 부탁하여 왔으므로 본부 농림국에서는 금년도에는 내지에 7만 마리, 만주에 2만 5천 마리, 합계 9만 5천 마리를 수이출키로 결정하고 각도 축산과와 연락하여 전북(全北)을 제외한 12도에 각각 그 수량을 결정한 다음 근근 일제히 현지로 보내기로 되었다. 이것으로써 반도의 소는 결전하의 식량증산과 수송전선의 씩씩한 일꾼으로 또는 피혁용, 식용으로 더욱 커다란 책무를 완수케 될 것이다.

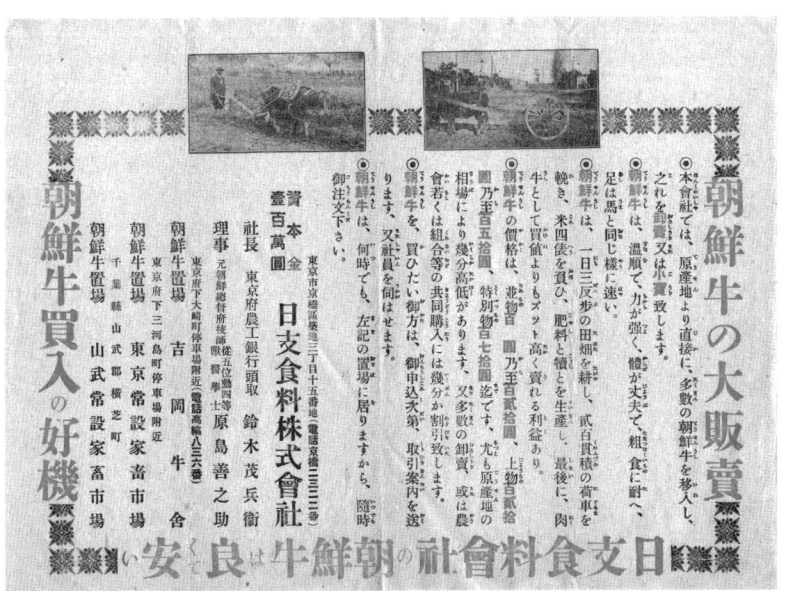

일본 도쿄에 근거를 둔 일지식료회사(日支食料會社)가 배포한 1920년대 초반 무렵의 조선우 판매광고이다. 광고문안에 이르기를 "조선우는 하루에 3반보(反步, 300평)의 밭을 갈고, 200관적(貫積)의 짐수레를 끌고, 쌀 4표(俵, 가마니)를 지고, 비료와 송아지를 생산하며, 최후에는 고기소로 하여 산 가격보다도 아주 비싸게 파는 이익이 있다"고 소개하고 있다. (민족문제연구소 소장자료)

이것은 『매일신보』 1943년 4월 25일자에 수록된 「조선우(朝鮮牛) 9만 5천 두(頭), 내지와 만주 방면으로 이수출(移輸出)」 제하의 보도내용이다. 이 기사가 나온 때는 일제의 패망이 불과 2년 남짓 남은 시점이었다. 이를 테면 식민통치기의 막바지에 이르도록 그들의 침략전쟁을 위해 사람이건 동물이건 물자건 간에 닥치는 대로 총동원하는 국면이 이어지고 있던 시절이었다.

위의 기사에는 일 잘하고 죽어서까지 가죽과 고기로도 활용할 수 있는 조선소가 일본과 만주 등지로 대량 반출되고 있는 상황이 잘 묘사되어 있다. 이렇게 일본으로 건너간 소들은 통칭 '이출우(移出牛)'라고 하였다. 통상 '수출'은 국경선을 넘어 다른 나라와 교역하는 것으로 가리

통감부의 영문판 홍보책자인 『애뉴얼 리포트(1908~1909)』에 수록된 부산 우암동 소재 '수출우검역소(1909년 개설)'의 전경이다. 이곳은 경술국치 이후 '이출우검역소'로 이름만 변경된 채 그대로 사용되었다.

키는 표현인 반면 '이출'이라는 용어는 한 나라 안에서 다른 지역으로 물자가 옮겨지는 것을 말하는데, 이 말에는 식민지로 전락한 조선이 일본의 한 지방으로 간주될 뿐이라는 뜻이 반영되어 있다.

　이러한 이출우의 연원이 궁금하여 몇 가지 자료를 뒤져봤더니, 츠즈미 요시오(鼓義男)가 편찬한 『조선흥업주식회사 삼십주년기념지(朝鮮興業株式會社 三十周年記念誌)』(1936), 168쪽에 다음과 같은 내용이 보인다. 여기에 나오는 조선흥업은 부산이출우검역소에 계류된 소들의 우사(牛舍) 및 사양관리(飼養管理)를 담당하는 회사였다.

　　대체로 조선우의 내지(內地, 일본) 수출에 관해서는 …… 근대에 있어서는 명치 17년(1883년) 오이타현(大分縣) 사람 사토 이사고로(佐藤伊佐五郎)와 시모노세키(下關)의 미치모리 만지로(道森萬次郎) 양씨(兩氏)가 이, 삼십 두를 부산에서 수입한 것을 효시로 한다. 그 후 청일, 러일 양 전역(戰役, 전쟁)

의 결과는 군수용 우육 공급상 내지에 있어서 축우의 감소를 가져왔고, 이것의 보충을 계기로 하여 해마다 다수의 축우가 수출되어지기에 이르렀던 것이다. 그런데 그러한 진출에 동반하여 당연 문제가 된 것은 우역(牛疫)의 전파와 그 예방이었다. 명치 연간 내지에 있어서 우역의 유행은 전후 11회에 이르고 그 손실은 7만 두에 달하고 있지만 그 병원지(病源地)는 항상 조선에 있었다고 칭해지고 있다. 명치 37년(1904년) 농상무성(農商務省)은 후쿠오카현 수입수역검역소(福岡縣 輸入獸疫檢疫所)를 설치하고 내지 축우의 옹호에 나섰는데 명치 41년(1908년)에는 또 다시 2부(府) 14현(縣)에 걸쳐 우역의 대유행을 보게 됨에 따라, 마침내 한국정부에 대해 부산진(釜山鎭)에 이출우검역소의 건설을 교섭하였고 이로써 발본색원의 방책을 강구하려고 했다.

여길 보면 일본에서 발생한 우역의 근원지를 조선으로 지목하고, 한국정부에 대해 검역소의 설치를 요구한 것으로 묘사하고 있다. 실제로 1909년 7월 10일에 법률 제21호 「수출우검역법(輸出牛檢疫法)」과 칙령 제65호 「수출우검역소관제(輸出牛檢疫所官制)」가 제정 공포되었는데, 이 당시는 아직 대한제국의 실체가 남아 있던 시절이었으므로 의당 '이출'이 아닌 '수출'이라는 표현이 사용되었다. 이에 따라 경상남도 동래부 용주면 우암동(慶尙南道 東萊府 龍珠面 牛巖洞)에 수출우검역소가 처음 설치되어, 이곳에서 우역(牛疫), 탄저(炭疽), 유행성아구창(流行性鵝口瘡, 구제역)에 대한 검역을 실시할 목적으로 9일간 계류검사가 이뤄졌다.[10]

---

10) 현재 수출우검역소(일제강점기 이후로는 '이출우검역소')와 관련한 공간의 일부는 지난 2018년 5월 8일에 국가등록문화재 제715호 '부산 우암동 소막마을 주택(부산광역

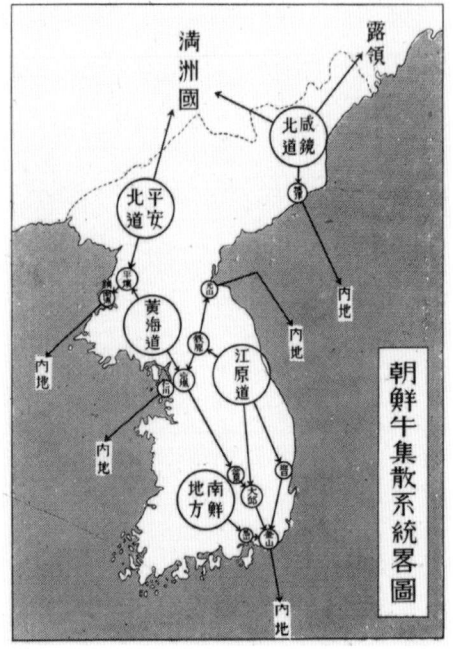

『조선흥업주식회사 삼십주년기념지』(1936)에 수록된 '조선우 집산계통 약도'이다. 여기에는 조선 각지에서 수집된 소들이 각 항구를 통해 일본 또는 만주로 빠져나간 흐름이 일목요연하게 정리되어 있다. (민족문제연구소 소장자료)

    1910년 경술국치 이후로는 '이출우검역소'로 명칭이 변경되는 한편 부산세관(釜山稅關)에 부속된 기구로 변했다가 1912년 3월에 칙령 제28호 「총독부 경찰관서관제」의 개정에 따라 위생관련업무 일체가 경찰사무로 귀속되면서 이곳은 다시 경무총감부 위생과의 소관 기구로 바뀌기에 이른다. 곧이어 1919년 8월에는 경찰관서관제의 폐지와 더불어 도지사(道知事)의 소관에 속하는 검역기구로 전환되는 변화가 있었다.

    그 사이에 1915년에 제정된 「수역예방령(獸疫豫防令)」과 「이출우검역규칙」에 따라 이출우에 대한 검역이 점차 강화되어 부산항은 물론이고 마산항, 원산항, 성진항, 행암만(行嚴灣, 진해), 청진항, 웅기항 등지로 검역

시 남구 우암동 189-1123 외 16필지'으로 등재된 상태로 남아 있다. 이곳은 원래 소막사였던 것을 해방 이후 귀환동포와 한국전쟁 때의 피난민들에 의해 주거시설로 변용되었고, 그 이후 산업화 시기에도 유입 노동자들의 생활공간으로 기능했던 장소라는 의미를 지니고 있다.

대상항구가 계속 확장되었다. 특히 1925년 8월에는 총독부령 제78호 「축우(畜牛)의 이출에 관한 건」을 제정하여 "수역예방령 제13조의 규정에 의해 행하는 검역을 받지 않은 것이 아니면 이를 이출할 수 없다"고 정하는 한편 총독부령 제79호를 통해 「이출우검역규칙」도 전면 개정하여 "경기도 인천항, 경상남도 부산항, 평안남도 진남포항, 함경남도 원산항 및 함경북도 성진항에서 의무적으로 이뤄지도록" 하였다.

이에 따라 기존의 부산이출우검역소를 제외한 나머지 네 곳의 항구에는 해당 이출우검역소가 신설된 바 있다. 그 이후 1937년 11월에 이르러 경상북도 포항항에도 이출우검역소가 추가되었다.

이출우검역소의 개설 및 폐지 연혁

명칭	개설일자	개설 당시 소재지	비고
부산이출우검역소	1909.8.20	경상남도 동래부 용주면 우암동	1943.7.1 승격(관제)
인천이출우검역소	1925.10.1	경기도 인천부 내리	1943.7.1 폐쇄
진남포이출우검역소	1925.10.1	평안남도 진남포부 억양기리	1943.7.1 승격(관제)
원산이출우검역소	1925.10.1	함경남도 원산부 포하동	1943.7.1 승격(관제)
성진이출우검역소	1925.10.1	함경북도 성진군 성진면 욱정	1943.7.1 폐쇄
포항이출우검역소	1937.12.1	경상북도 영일군 포항읍 두호동	1943.7.1 폐쇄

이러한 이출우검역소의 제도가 다시 한번 크게 변경된 때는 1943년 7월이다. 이 당시 조선총독부에서는 결전식량증산(決戰食糧增産)을 위해 일본으로 건너가는 이출우가 격증함에 따라 검역의 철저를 기하는 동시에 여러 항구에 흩어져 있는 각 검역소를 통합정리하기 위해 종래 도지사 소관이던 부산, 진남포, 원산 등 세 곳은 총독부 직할로 승격시키는 동시에 나머지 검역소는 일괄 폐지하게 되었다.

이러한 조치를 취하게 된 배경에 대해서는 『매일신보』 1943년 6월

1925년에 설치되었다가 1943년에 폐쇄된 인천 이출우검역소(인천 항동 소재)의 전경이다. (『일본제국가축전염병예방사』, 1938)

『조선흥업주식회사 삼십주년기념지』(1936)에 수록된 부산진역의 이출우 하역 장면이다. (민족문제연구소 소장자료)

26일자에 수록된 「이출우검역소 관제 공포, 본부 직속(本府 直屬) 검역소를 창설, 가축전염병예방령 개정」 제하의 기사에 시오다 마사히로 농림국장(鹽田正洪 農林局長)이 직접 밝힌 담화 내용을 통해 그 일면을 엿볼 수 있다.

…… 종래 조선우(朝鮮牛)는 자원이 우량한 경제가축이기 때문에 내지농촌(內地農村)의 노력보급(勞力補給) 및 자급비료증산용(自給肥料增産用)으로서 해마다 굉장히 이출되고 있어 이런 이출우는 조선과 만주의 축우전염병(畜牛傳染病) 사정에 비추어 내지에 병독(病毒)을 전파할 위험이 없도록

하기 위하여 각 이출항 소재 도지사 소관하에 엄중한 검역을 실시하고 있었는데 전시하(戰時下) 조선우 이출은 내지의 식량증산상(食糧增産上) 더욱 중요성을 증가하게 된 것과 근년 조선이출우의 수하범위(受荷範圍)가 전선적(全鮮的)으로 됨에 따라 현행제도로서는 검역의 완전을 기하기 어렵게 된 관계상 이를 전관(專管)하는 본부 직속관서 소관으로 옮기는 동시에 전선을 통하여 6개소의 검역항(檢疫港)을 부산, 원산 및 진남포 등 3항(港)으로 정리통합함으로 검역사무의 완벽과 간이화(簡易化)를 도(圖)하여써 이출상 편의에 자(資)함이다. …… (하략)

이를 테면, 전세체제하 일본 국내의 식량증산에 이출우가 큰 역할을 담당하게 됨에 따라 검역의 중요성이 더욱 커졌기 때문이라는 것이다. 또한 종래의 이출우 검역사무에 더하여 황해도 신계군과 장연군에 각각 모리나가제과(森永製菓)와 메이지제과(明治製菓)의 목장을 설치하고 1944년부터 100마리씩의 젖소를 이식함과 동시에 연유, 분유, 버터 등을 생산하는 시설을 갖추는 등 조선에서 낙농사업(酪農事業)을 본격적으로 추진할 계획에 따라 일본에서 이입되는 유우(乳牛, 젖소)에 대한 결핵병검사도 이곳에서 수행하도록 했다.

이와 함께 「조선가축전염병예방령」의 개정을 통해 우역(牛疫), 탄저(炭疽), 기종저(氣腫疽), 우폐역(牛肺疫), 구제역(口蹄疫), 비저(鼻疽), 양두(羊痘), 돈콜레라(豚コレラ), 돈역(豚疫), 돈단독(豚丹毒), 광견병(狂犬病), 가금콜레라(家禽コレラ) 등 12종이었던 법정가축전염병의 종류에 우(牛)의 야수역(野獸疫), 가성피저(假性皮疽), 마(馬)의 전염성빈혈(傳染性貧血), 가금페스트(家禽ペスト) 등 4종이 추가되었고, 종래 도지사에게만 속했던 가축전염병예방에 관한 처분권한을 이출우검역소장에게도 부여하는 내용이 신설된 바 있다.

『조선흥업주식회사 삼십주년기념지』(1936)에 수록된 이출우 수송전용선 닛쵸마루(日朝丸)의 모습이다. 탑재능력 500두에 달하는 이 배는 부산에서 시모노세키 후쿠우라(下關 福浦)까지 불과 13시간이면 도착하며, 이곳에 도착한 이출우는 다시 5일간의 검역을 거친 이후 일본 전역으로 팔려나가게 된다. (민족문제연구소 소장자료)

각 항구별(이출우검역소별) 이출우 누적표 (1909~1942년)[11]

연도	인천	포항	부산	진남포	원산	성진	기타	누계(두)
1909	–	–	737	–	–	–	–	737
1910	–	–	1,312	–	–	–	–	1,312
1911	–	–	2,224	–	–	–	–	2,224
1912	–	–	3,938	–	–	–	–	3,938
1913	–	–	8,514	–	–	–	–	8,514
1914	–	–	12,214	–	–	–	–	12,214

11) 이 자료에 관한 유의사항으로는 ① 1925년 9월까지는 자유이출제(단, 부산을 경유하는 것만 검역을 실시)였고, 그 이후로는 검역소에서 검역을 받지 않으면 이출할 수 없었다는 점, ② 이출우총누계(1,473,711두)는 항구별 세부내역의 총합(1,470,070두)과 3,641두의 차이를 보이며, 1916년, 1921년, 1925년의 경우 각각 '+4,000두', '+1두', '–360두'로 집계 차이가 나타난다는 점, ③ 『조선흥업주식회사삼십주년기념지』(1936) 169쪽에 정리된 조선우이출두수표(朝鮮牛移出頭數表)에는 1929년 총이출두수가 55,068두로 다르게 표시되어 있다는 점 등이다.

연도	C1	C2	C3	C4	C5	C6	C7	합계
1915	–	–	10,927	–	–	–	–	10,927
1916*	569	–	10,821	–	–	475	3,905	19,770
1917	623	–	23,669	–	74	75	5,513	29,954
1918	627	–	31,216	–	570	2,361	4,121	38,895
1919	1,714	–	26,475	–	1,292	2,529	10,666	42,676
1920	10,077	–	35,813	–	1,545	1,718	6,173	55,326
1921*	5,912	–	34,914	–	1,482	579	526	43,414
1922	5,559	–	31,391	–	2,127	546	538	40,161
1923	8,331	–	34,770	141	3,198	1,744	485	48,669
1924	8,279	–	39,663	3,060	6,203	2,459	1,561	61,225
1925*	5,847	–	31,291	3,750	5,754	1,921	610	48,813
1926	4,148	–	37,082	1,658	3,085	1,776	–	47,749
1927	4,007	–	34,179	275	3,067	1,600	–	43,128
1928	6,085	–	41,707	5,008	4,739	1,493	–	59,032
1929	5,578	–	31,444	3,849	4,389	4,425	–	49,685
1930	5,384	–	22,127	2,950	2,805	3,778	–	37,044
1931	5,470	–	24,932	4,875	4,052	3,889	–	43,218
1932	8,197	–	30,923	6,256	5,841	5,679	–	56,896
1933	11,386	–	38,869	5,660	7,810	4,795	–	68,520
1934	10,165	–	40,744	6,812	6,660	5,029	–	69,410
1935	7,111	–	37,105	8,927	6,998	8,280	–	68,421
1936	4,898	–	37,708	7,179	7,002	6,011	–	62,798
1937	4,416	93	39,618	3,413	6,168	2,930	–	56,638
1938	5,867	1,294	50,272	5,630	10,316	1,147	–	74,526
1939	5,562	1,655	52,586	5,387	9,667	2,247	–	77,104
1940	7,683	1,949	51,487	6,105	8,352	4,473	–	80,049
1941	2,492	344	39,932	1,820	6,161	1,650	–	52,399
1942	582	–	51,324	122	6,297	–	–	58,325
총누계	146,569	5,335	1,001,928	82,877	125,654	73,609	34,098	1,473,711

[*] 이 자료는 조선총독부경무국, 『소화 9년 조선가축위생통계』(1935) 및 조선총독부농상국, 『소화 17년 조선가축위생통계』(1944)에서 해당항목을 발췌정리하였다.

그렇다면 이러한 이출우검역소를 통해 일본으로 건너간 조선소는 과

『매일신보』 1912년 4월 24일자에 수록된 기사를 보면, 총독부의 공식집계 이전 시기인 1907년과 1908년에도 이미 각각 19,787마리와 18,060마리의 이출우가 있었던 것으로 드러난다.

연 어느 정도의 규모였을까? 조선총독부가 해마다 펴낸 『조선가축위생통계』에 따르면 1909년 이후 1942년에 이르는 기간에 무려 147만여 마리가 이출되었으며, 그 가운데 부산항을 통해 빠져나간 것만 100만 마리에 달할 정도로 이 지역의 비중이 가장 압도적이었던 것으로 드러난다. 하지만 이 수치에서 빠진 1943년 이후에도 해마다 최소 7만 마리 정도가 일본으로 유출되었으므로 이를 추계하면 일제강점기를 통틀어 이출우의 총규모는 160만 마리를 상회하는 것으로 볼 수 있다.

일제에 의해 수난을 겪은 분야가 어디 한 둘이랴마는 이렇듯 이 땅의 소들에게도 수탈의 손길이 비껴나지 않았음을 더욱 실감하게 된다. 이들은 대개 뼈 빠지게 일만 하고 결국 한 줌의 고기소가 되어 사라졌을 테지만, 이 대목에서 불현듯 일본 땅 어디에 조선소의 혈통을 이은 후손들이 얼마나 남아 있는 것인지 그 현황이 자꾸 궁금해진다.

• 이 글은 『민족사랑』 2018년 2월호에 게재하였던 것을 수정 보완하였다.

04

일제의 삼림수탈을 증언하는 영림창 제작 '압록강 재감(材鑑)'

지금도 경복궁 땅 밑에 고스란히 남아 있는 9,388개의 소나무 말뚝

러일전쟁 당시 만주지역으로 막 진입한 일본군대는 압록강 유역에서 '뜻하지 않은' 전리품(戰利品)을 얻게 된다. 러시아 측에 의해 강 양쪽에 산더미처럼 버려져 있던 목재가 그것들이었다. 이에 따라 1905년 11월에 그들에게는 큰 횡재(橫財)였을 이들 목재를 수습하여 군사용으로 전용하고자 일제가 청국(淸國) 안동현(安東縣) 지역에 신설한 것이 바로 '군용목재창(軍用木材廠)'이었다.

이 무렵 일본 측에서는 압록강과 두만강의 삼림은 가장 풍요한 이원(利源)이 된다는 사실을 간파하고 한국정부에 강요하여 1906년 10월 19일에 「압록강 두만강 삼림경영에 관한 협동약관」의 체결을 관철시켰다.[12] 이 당시의 상황에 대해서는 『황성신문』 1906년 10월 19일자에 수록된 「삼림협동약관(森林協同約款)」 제하의 기사에 다음과 같이 요약 정리

---

12) 이와 동시에 일본 측에서는 1907년 3월 28일 법률 제24호 「한국삼림특별회계법(韓國森林特別會計法)」(시행일은 1907년 4월 1일)과 1907년 3월 29일 칙령 제88호 「한국삼림특별회계규칙(韓國森林特別會計規則)」을 제정 공포하였다.

압록강 유역의 삼림지대에 속한 함경남도 갑산군 지역에서 벌채작업이 진행중인 광경이 담긴 사진자료이다. (압록강채목공사, 『압록강임업지』, 1919)

되어 있다.

연전(年前) 정부에서 서북연변(西北沿邊) 삼림식채권(森林植採權)을 아인(俄人; 러시아인)에게 한삼십년 계약(限三十年 契約)하였다가 일아개장후(日俄開仗後; 러일전쟁 개전 이후)에 자귀폐지(自歸廢止)한지라, 향일(向日)에 이토 통감(伊藤統監)이 정부대신(政府大臣)에게 향(向)하여 삼림회사(森林會社)를 아(我) 정부에서 설립하고 삼림벌채를 주관하라고 권고(勸告)하였다더니 일작(日昨)에 탁지대신 민영기 씨(度支大臣 閔泳綺氏)와 농부대신 권중현 씨(農部大臣 權重顯氏)가 해(該) 회사에 대하여 협동약관서를 정부에 청의(請議)하였다는데

1. 압록강(鴨綠江) 급(及) 두만강(豆滿江)의 삼림은 한국국경(韓國國境)에 제일풍옥(第一豊沃)한 지단(地段)이라, 한국 급(及) 일본 양정부의 협동을 경유(經由)할 사(事).

2. 한일(韓日) 양국정부에서 경영(經營)의 자본금(資本金) 120만 원(圜)으로 하고 각자(各自) 60만 원씩 지발(支撥)할 사(事).

3. 삼림경영의 사업 급(及) 수지(收支)에 계산은 특별히 회계(會計)를 명료

히 하되 해(該) 회계는 매년 1회씩 한일 양정부에서 호상통지(互相通知)를 필요로 함.

4. 삼림사업의 손익(損益)은 기(其) 출자(出資)를 응(應)하여 양정부간에서 분배(分配)할 사(事).

5. 삼림사업의 출자를 타일(他日) 증가할 필요가 유(有)한 시(時)에는 양정부에서 호상승인(互相承認)할 사(事).

6. 본 조약 시행할 시에 세칙(細則)을 설(設)할 필요가 유할 시에는 양정부 위원(委員)에게 명령결정(命令決定)할 사(事).

7. 본 사업을 진행차(進行次)로 양국인민의 가입(加入)함을 득(得)하기 위하여 회사조직에 필요가 유한 경우에 재(在)하여는 양정부에서 기(其) 방법을 협정(協定)할 사(事)니더라.

이 협약의 말미에는 대한제국 측의 대표자로서 의정부 참정대신 박제순(朴齊純), 탁지부대신 민영기(閔泳綺), 농상공부대신 권중현(權重顯), 그리고 일본 측의 체결 당사자로서 통감 후작 이토 히로부미(伊藤博文)의 이름과 이들의 직인이 나란히 등장한다. 이 협약에 따라 이내 통감부 영림창(統監府 營林廠)이 개설되었으며, 이와 동시에 한국 측에서도 허울뿐인 서북영림창(西北營林廠)이 거의 동시에 설치되었다.[13] 이와 관련하여 1907년 3월 28일에 제정된 칙령 제72호 「통감부 영림창 관제」(시행일은 1907년

---

[13] 1907년 4월 16일에 제정된 한국 칙령 제21호 「서북영림창 관제」에 따르면, 제9조에 "창장(廠長), 기사(技師), 기수(技手)는 통감부 영림창 직원으로 촉탁(囑託)함이라"고 규정하였으므로 이곳의 창장 역시 통감부 영림창장이 그대로 겸임하는 등 조직 전체가 전적으로 일본 측의 통제 하에 놓인 상태였다.

『조선요람(대정 12년판)』(1922)에 수록된 조선총독부 영림창 제재소(신의주)의 내부 모습이다. 이곳은 압록강 상류 쪽에서 내려오는 뗏목을 수습하여 이를 목재로 가공하여 판매하는 역할을 했던 공간이다.

THE WOOD'S OFFICE NEW-WIJU. 朝鮮總督府營林廠 (新義州)

삼림수탈의 본거지였던 총독부 영림창(신의주 소재)의 청사 전경이다. 최초에는 중국 쪽 안동현 군용목재창 구내에 자리하였으나 '압록강채목공사'가 출범하면서 신의주로 옮겨왔다. 영림창이 폐지되면서 1926년 12월 1일 이후 이곳은 도립의주의원 신의주출장진료소(道立義州醫院 新義州出張診療所)로 전환되었다. (민족문제연구소 소장자료)

4월 1일)의 제1조에는 이러한 내용이 서술되어 있었다.

> 통감부 영림창은 통감(統監)의 관리에 속하며 협약(協約)에 기초하여 압록강(鴨綠江) 및 두만강 연안(豆滿江 沿岸)에 있어서 삼림경영(森林經營)에 관한 사무를 관장함.

말이 '삼림경영'이지 그것은 무진장(無盡藏)의 보고로 여겨지던 압록강 유역의 원시림(原始林)을 무한 벌채하여 그것으로 큰 이득을 얻겠다는 속셈이었으며, 더구나 겉으로는 '협동'이라고 하면서도 실제적인 지배권은 전적으로 그들의 수중에 놓여 있었다. 실제로 군용목재창의 지휘관(현역 육군장교의 신분)이던 코지마 요시타다(小島好問, 육군공병대좌)가 그대로 이곳의 운영을 떠맡았고, 그러한 탓에 청사 소재지도 역시 청국 안동현(淸國 安東縣)에 자리한 군용목재창의 구내로 정해지게 되었던 것이다.[14]

통감부 및 조선총독부 시기의 역대 영림창장

재임기간	성명	비고
1907.4.30~1908.7.1	코지마 요시타다(小島好問)	목재창장(육군소장)
1908.7.1~1914.6.3	토키오 젠자부로(時尾善三郎)	육군공병대좌
1915.3.31~1918.3.7	사이토 오토사쿠(齋藤音作)	총독부 기사

---

14) 1907년 3월 28일의 칙령 제72호 「통감부 영림창 관제」(시행일은 1907년 4월 1일, 이하 칙령도 동일)와 동시에 제정된 칙령 제74호 「통감부 영림창 직원 특별임용령(特別任用令)」, 칙령 제75호 「통감부 영림창 고등관의 관등(官等)에 관한 건(件)」, 칙령 제76호 「육군현역장교 동 상당관(陸軍現役將校 同相當官)으로서 통감부 영림창 직원에 임명된 자(者)에 관한 건(件)」 등에 따라 "육군장교 동 상당관으로서 삼림사무(森林事務)에 종사하는 자 또는 종사했던 자"는 육군현역장교의 신분을 유지하면서 통감부 영림창장 및 영림창 사무관에 임용될 수 있었다.

1918.3.7~1921.2.12	야노 큐사부로(矢野久三郎)	총독부 세관장
1921.2.12~1921.9.30	오카 케사오(岡今朝雄)	총독부 사무관
1921.10.24~1924.12.8	노데 타에루(野手耐)	체신사무관
1924.12.8~1925.8.11	미즈구치 류조(水口隆三)	총독부 사무관
1925.8.11~1926.5.12	스도 모토(須藤素)	전매국 사무관

통감부 영림창의 청사 소재지 변경 연혁

일자	청사 소재지	비고
1907.5.13	청국 안동현 군용목재창 구내	개청 당시
1908.10.10	신의주이사청 청사	압록강채목공사 설립 관련
1909.10.31	신의주 운정정(雲井町)	통감부 고시 제109호

    이와는 별도로 1908년 9월에는 청국과 합동으로 압록강채목공사(鴨綠江採木公司)가 결성되었다.15) 이곳에서는 "압록강 우안지역(右岸地域: 북쪽 연안) 모아산(帽兒山)에서 이십사도구(二十四道溝) 간의 강면(江面)에서 60청리

---

15) 일제가 러일전쟁의 전승 결과로 획득한 일로강화조약(日露講和條約, 1905년 9월 5일 포츠머스강화조약)의 내용을 실현하기 위해 청국(淸國)을 상대로 그 이익과 권리를 즉각 재확인 받은 것이 1905년 12월 22일 북경(北京)에서 조인한 「만주(滿洲)에 관(關)한 조약(條約)」이다. 이때 12개조의 「부속협약(附屬協約)」도 함께 체결하였는데, 여기에는 "제10조 청국정부는 일청합동재목회사(日淸合同材木會社)를 설립하여 압록강 우안지역(鴨綠江 右岸地域)에 있어서 삼림절벌(森林截伐)에 종사할 것. 그 지구(地區)의 광협(廣狹), 연한(年限)의 장단(長短) 및 회사설립의 방법과 합동경영에 관한 일체의 장정(章程)은 따로 상세한 약속(約束)을 취극(取極, 결정)토록 할 것을 승낙(承諾)함. 일청 양국 주주(株主)의 이권(利權)은 균등분배를 기약함"이라는 내용이 포함되어 있었다. 이를 근거로 1908년 5월 28일에는 「만주에 관한 일청조약 부속협약 제10조의 규정에 근거한 일청합동재목회사의 장정(章程)」이 체결되면서 압록강채목공사(鴨綠江採木公司; 1908년 9월 25일 개업)가 정식으로 설립되었다. 특히 이 장정의 제13조에는 "본 회사 개업 후에는 일본정부는 현재의 압록강 목재창(鴨綠江 木材廠)을 완전 철거(撤去)할 것에 동의(同意)함"이라고 정하였으므로, 이에 따라 압록강 유역의 벌채는 압록강채목공사(우안; 북쪽연안)와 통감부 영림창(좌안; 남쪽연안)으로 관할구역을 나눠 진행하는 형태로 변하였다.

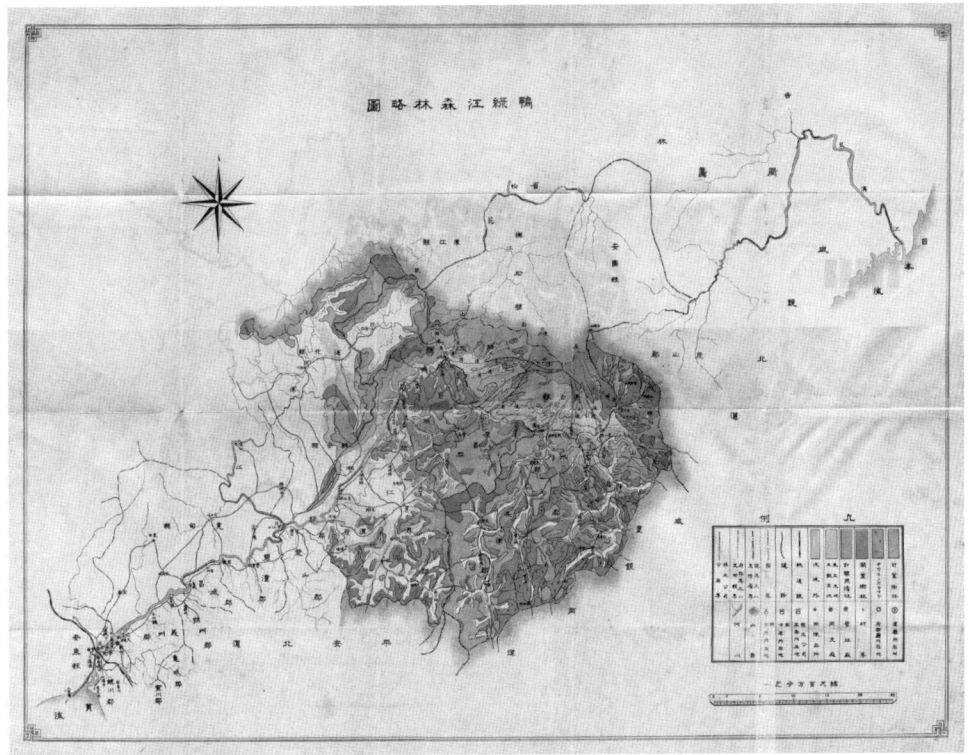

압록강 유역의 벌채 지역(침엽수림, 활엽수림, 낙엽송 지역 등)이 일목요연하게 표시되어 있는 「압록강 삼림약도(鴨綠江 森林略圖)」이다. 압록강을 경계로 각각 북쪽은 '압록강채목공사'가, 남쪽은 '총독부 영림창'이 관할하는 구역으로 나뉘어져 있다. (압록강채목공사, 『압록강임업지』, 1919)

(淸里) 내를 획정(劃定)한 경계 지역"을 대상으로 벌채 사업을 담당하였다. 그 결과 압록강을 경계로 삼아 남북으로 통감부영림창과 압록강채목공사가 나란히 포진하여 광범위한 지역의 삼림수탈을 가속화하는 주체로 떠올랐다.

이 당시 통감부 영림창이 이 지역에서 어떠한 실적을 올렸는지에 대해서는 통감부(統監府)에서 펴낸 『제2차 한국시정연보(第二次 韓國施政年報)』(1910), 143~145쪽 부분에 수록된 「영림창(營林廠)의 성적(成績)」이라는 내용에 다음과 같이 잘 정리되어 있다. 여길 보면 해송(海松, 잣나무)과 낙엽송(落葉松) 위주로 벌채한 목재는 대부분 한국주차군(韓國駐箚軍)의 병영지 건축(兵營地 建築), 관동도독부(關東都督府)와 통감부 통신관리국(統監府 通信管理局)의 전신주 재료, 한국탁지부건축소(韓國度支部建築所)의 건축재료 등으로 공급된 것으로 파악된다.

명치(明治) 40년(1907년) 5월 통감부 영림창 개청(開廳) 이래 41년도(1908년도) 말에 이르는 동창(同廠)의 작업성적을 거론하면, 그 소관(所管) 삼림구역 중 압록강유역(鴨綠江流域)에 있어서는 40년도(1907년도)의 벌목수(伐木數) 202,000척체(尺締)16) 여(餘, 남짓) 가운데 집재(集材), 운재(運材) 및 유벌(流筏, 뗏목)의 작업에 의해 동창 본청(同廠 本廳)에 착재(着材)시킨 것이 41,800척체여, 41년도(1908년도)의 벌목수 114,000척체여, 동년도 중 유벌의 작업에 의해 동창 본청에 착재시킨 것이 143,800척체여이다. 본 유역 벌채의 수종(樹種)은 해송[海松; 화명(和名, 일본명) テウセンゴヨウ, 청명(淸名, 중국명) 홍송(紅松)], 낙엽송[落葉松; 화명 カラマツ, 청명 황화송(黃花松)]을 주(主)로 히고 또한 청명 단목[檀木; 화명 オノオレカンバ]으로 부르는 청국식 하마차용(淸國式 荷馬車用)에 적합한 목재가 섞인다.

두만강유역(豆滿江流域)에 있어서는 40년도(1907년도)의 벌목수는 30,000척체이며, 동년도는 이것의 집재 운재의 작업을 완료하는 것에만 그치고 아직 유벌의 작업을 개시하는 것에 이르지 못하였다. 41년도(1908년도)의 벌목수는 121,900척체여이며 동년도 중 유벌의 작업에 의해 회령출장소(會寧出張所)에 착재(着材)시킨 것이 11,000척체여가 된다. 본 유역의

---

16) '척체(尺締)'는 '1자(尺)×1자(尺)×12자(尺)'의 부피를 나타내는 단위이다.

벌채의 수종은 역시 해송과 낙엽송을 주로 하며, 소량(少量)의 당회류[唐檜流: 화명 トウヒ, 청명 삼송(三松)]17) 및 잡목(雜木)이 섞여 있다. 이밖에 41년도 (1908년도) 중 목재창에서 매수한 목재는 24만 연(連)에 이른다.

영림창 목재는 40, 41의 양년도(즉, 1907년과 1908년)에 있어서는 주로 한국주차군 병영건축재료 및 관동도독부, 통감부 통신관리국 전주재료(電柱材料)로서 공급하였고, 41년도(1908년) 말부터 새롭게 한국탁지부건축소의 건축재료로서 그 일부를 공급했다. 민간의 수요에 대해서는 극히 근소(僅少)한 공급을 하는 것에 그치면서 아직 광범위하게 이에 응하는 것에 이르지 못하였으나, 42년도(1909년도) 이래로는 용산(龍山)에 파출소 (派出所)를 신설하여 한국 내 일반(一般)에 그 판로(販路)를 확장할 계획을 하였고, 더욱이 동창(同廠)은 일정한 원목료(原木料)를 징수하고 소관삼림 (所管森林)에서 개인(個人)의 벌목반출(伐木搬出)을 허가할 방침을 가지고 40년도(1907년도) 이래 이미 이를 실시하였다.

영림창 삼림수입 결산액(森林收入 決算額)은 각 익년도(各翌年度) 조월생산품가격(繰越生産品價格)을 제하고 40년도(1907년도) 98,000여 원(餘圓), 41년도 (1908년도) 431,000여 원, 삼림작업비 결산액은 40년도(1907년도) 375,000여 원, 41년도(1908년도) 1,224,000여 원이다. 그 손익감정결산(損益勘定決算)은 40년도(1907년도)에 있어서는 사업창설상의 실비(失費) 탓에 46,000여 원의 결손이 생겼음에도 41년도(1908년도)에 있어서 84,000여 원의 이익을 얻었고, 이 이익금 중에서 전년도의 결손을 보전(補塡)하고도 여전히 37,000여 원의 과잉(過剩)을 보았다. 지금 41년도(1908년도) 이익금

---

17) '당회(唐檜)'는 '가문비나무'를 가리키는 표현이다.

전액을 동년도말 현재 자본총액(資本總額) 122만여 원에 비하면 그 이율(利率)이 6푼(分) 9리(厘) 강(强)에 상당(相當)한다.

농상공부 소관 서북영림창(農商工部 所管 西北營林廠)은 단지 그 명목(名目)만 존재하는 것뿐으로 삼림경영의 사업은 거개가 이를 통감부 영림창에 일임(一任)함으로써 해창(該廠)의 시설에 관해서는 기재할 사항이 없다.

1910년 경술국치 이후 총독부 영림창으로 전환된 이후에는 벌목을 통한 경제적 이득을 극대화하는 데에 몰두하였고, 그 결과 무분별한 벌채에 의한 삼림파괴는 더욱 가중되는 상황이 이어졌다. 여기에서 소개하려는 '압록강 재감(鴨綠江 材鑑; 민족문제연구소 소장유물)'은 이러한 삼림수탈의 실상을 엿볼 수 있는 유력한 증거물의 하나이다.

이것은 총독부 영림창에서 제작 배포한 부채 모양의 목재샘플을 말한다. 여기에는 바깥살대로 사용된 주목(朱木, イチヰ)을 비롯하여 부채살을 이루는 조각마다 피나무(皮木, アムウルシナノキ), 황벽나무(黃蘗木, キハダ), 박달나무(檀木, ヲノヲレカンバ), 백양(白楊, テウセンヤマナラシ), 엄나무(楸木, マンシウグルミ), 자작나무(白樺, シラカンバ), 전나무(杉松, テウセンハリモミ), 들

『매일신보』 1924년 1월 7일자에 수록된 '조선총독부 영림창' 명의의 근하신년광고(謹賀新年廣告)이다. 표면상으로는 새해인사를 드리는 용도이지만 네 모서리의 표시에서도 보듯이 '각종목재(各種木材)'의 판매촉진을 위한 목적도 겸하고 있는 것이 잘 드러나 있다.

총독부 영림창에서 제작 배포한 압록강 재감(鴨綠江 材鑑, 부채 모양의 목재샘플)의 모습이다. 여기에는 주목을 비롯하여 압록강 유역에서 벌채된 14종의 나무가 가지런히 부채살을 이루고 있다. (민족문제연구소 소장자료)

메나무(栜, ヤチダモ; 訛稱 シホヂ), 가문비나무(杉松, タウヒ), 느릅나무(楡, ハルニレ), 잣나무(紅松, テウセンマツ), 잎갈나무(落葉松, テウセンカラマツ), 신갈나무(楢, モンゴリナラ) 등 압록강 유역에서 벌목한 14종 나무의 이름이 차례대로 인쇄되어 있다.

영림창 관련 기구개편 연혁

▲ 통감부 영림창(1907.4.1) → 조선총독부 영림창(1910.10.1) → 조선총독부 영림서(1926.6.12; 국유림 관리, 영림창 + 지방관관제 삼림주사)
▲ 산림부(山林部, 1926.6.12; 식산국 산림과 확대) 신설 → 농림국(1932.7.26; 산림부 + 토지개량부 + 식산국 농무과) 전환 → 농상국 및 광공국으로 분리(1943.11.30)

이 대목에서 영림창과 관련한 특이사항을 한 가지 덧붙이면, 1916년 조선총독부 신청사(경복궁) 건립 때 지반강화를 위해 사용된 기초말뚝의 존재도 빼놓을 수 없다. 이에 관해서는 『매일신보』 1916년 12월 3일자에 수록된 「신영광하(新營廣廈) 일만 칸(一萬間), 새로 짓는 총독부의 지정

1916년 총독부신청사 건립 때 지반을 다지기 위한 항타공사(杭打工事)가 한창 진행되고 있는 장면이다. (조선총독부, 『조선총독부청사신영지』, 1929)

여기에 사용된 9,388본의 나무말뚝은 모두 압록강 유역에서 벌채한 낙엽송으로 총독부 영림창을 통해 공급되었다. (조선총독부, 『조선총독부청사신영지』, 1929)

닿는 역사」 제하의 기사에 다음과 같은 장면이 묘사되어 있다.

…… 광화문을 들어서서 역사터를 들여다본즉 공진회 제1호관을 지었던 터전에서 근정전에 들어가는 근정문 앞까지는 넓은 지면이 입구자[口] 형상으로 열다섯 자 이상이나 되게 깊이 패여 있고 서편의 이전 두루미 놀던 연못 자리에는 그 파내인 흙이 산 같이 쌓여 있다. 마침 전기와 증기로 말뚝 박는 일이 시작하는데
◇ 25, 6척이나 될 전기선대 같은 소나무가 자꾸자꾸 땅 속으로 들이박히는데 이것을 박는 장도리는 중량이 280관이나 되는 네모의 쇠덩이요, 이것을 강철의 사슬로 매어달아 사슬이 올라갔다 내려갔다 탕탕 기둥나무의 머리를 쳐서 지정 닿는 곳에다가 들이박는 것이라. 간역하는 총독부 사람의 말을 들은즉 "이 장도리를 인부의 힘으로 쓰려면 약 백 명의 힘이 드는데 일시는 말로도 시험하여 보았으나 말은 한 필이
◇ 사람 여덟의 힘을 당하기는 하지만은 오후부터는 아무리 때리고 아무리 끌어도 가만히 있고 꼼작도 아니하는 고로 할 수가 없었습니다" …… 하고 "여기는 중앙탑집을 지을 터인 고로 조금도 틈이 없이 땅속에다가 비인 틈이 없이 기둥말뚝을 들이 박습니다" 하는 말을 들으면서 내려다본즉 길고 짧고 층층의 큰 기둥나무가 철벅철벅하는 물속에 들이박혀 있다. 말뚝 박는 기둥나무는 총수 9,300개인데 지금에 박은 것이 반분쯤 된다 하며 이것은 총독부의 관청인
◇ 압록강 영림창에서 가져와도 값이 한 개에 5원이라 하더라. 금년에는 12월 그믐께까지 역사를 마치고 내년에는 그 위에 양회와 바둑돌 등으로 지정을 닿고 그 위에 파내인 흙은 메우고 다시 들어다져서 지정 닿는 역사는 마칠 예정이라 …… (하략).

이 당시에 총독부 영림창에서 공급한 9,388본(本)에 달하는 낙엽송(落葉松; 잎갈나무)이 경복궁의 땅 속에 박히게 되었다.[18] 하지만 지난 1995년 총독부청사 철거 때 이 말뚝들은 말끔히 제거되지 못한 채로 경복궁 복원공사가 그대로 진행되었다는 것이다.[19] 그 바람에 백년의 세월이 흐르도록 일제에 의한 삼림수탈의 흔적은 여전히 땅속에 응어리가 맺힌 듯이 간직된 상태가 이어지고 있다.

- 이 글은 『민족사랑』 2017년 3월호에 '미리보는 식민지역사박물관'으로 게재하였던 것을 수정 보완하였다.

---

18) 이에 관한 것으로는 조선총독부 내무국 경복궁건축출장소에서 정리 편찬한 『조선총독부청사신영지(朝鮮總督府廳舍新營誌)』(1929), 3쪽 부분에 "기초(基礎) : 근벌(根伐, 땅파기) 깊이 15척(尺), 항타지형(抗打地形)으로 하였고, 항재(抗材)는 낙엽송(落葉松) 말구(末口, 얇은쪽 직경) 8촌(寸) 길이 15척 내지(乃至) 26척의 것으로 총수(總數) 9,388본(本)을 타입(打込), 철근콘크리트(鐵筋コンクリート) 기초(基礎)로 함"이라는 구절이 남아 있다.

19) 『연합뉴스』 2021년 3월 23일에 송고된 「조선총독부 지하 말뚝 왜 제거 안 했을까 ... 관련 기록물 공개」 제하의 기사에 따르면 국가기록원에서 새로 공개한 자료들 가운데 '1995년 조선총독부 건물 철거 관련 문서철'이 포함되어 있었는데, 이를 통해 1997년 4월 현재로 국립중앙박물관 건립사무국장이 문화체육부장관에게 올린 「구 조선총독부 건물 철거지의 지하말뚝 처리 계획 보고」에 "건물 지하에 설치한 말뚝(백두산 낙엽송 9,388본)은 건물의 안정을 위해 설치한 것으로 80여년 전부터 현재까지 지반이 안정되어 있는 상태이므로 그대로 둠"이라고 기재된 사실이 확인된 바 있다.

05

식민통치기간에 이 땅에는 얼마나 많은 일제 신사가 만들어졌을까?

'1군 1신사(神社)'와 '1면 1신사(神祠)'의 건립을 강요하던 시절

2020년 정초 무렵에 경기도 양주시 남면행정복지센터(옛 남면사무소) 앞에 일제 때 만들어진 비석 하나가 남아 있다는 얘길 듣고 서둘러 그곳을 탐방하러 길을 나선 적이 있다. 그런데 재밌는 것은 이곳은 분명 '남면(南面)'인데 그 위치가 정작 양주시의 제일 북쪽에 붙어 있다는 사실이다.

알고 봤더니 원래 이 지역은 경기도 연천군에 속했으나 해방 이후 1945년 11월 3일에 이르러 군정청 법령 제22호 「북위 38도 이남에 연접한 군촌면읍시(郡村面邑市)의 관할구역 임시이전」에 따라 '파주군 남면'으로 조정되었다가 다시 1946년 2월 5일 '양주군' 관할로 이관 처리된 내력을 지녔다. 그러니까 일제강점기에 이곳은 어디까지나 연천군 남면이었던 것이다.

아무튼 양주시 남면행정복지센터의 창고 옆쪽에서 바닥에 뉘어놓은 옛 비석 하나를 살펴보았더니 거기에는 "학무위원 겸 면협의회원 히라누마 젠쵸 송덕비(學務委員兼面協議會員 平沼善長頌德碑)"라는 글씨가 또렷하다. 이를 단서로 관련 자료를 뒤져보니 이 이름은 윤선장(尹善長, 1879~?)의

경기도 양주시 남면행정복지센터에 남아 있는 '히라누마 젠쵸(윤선장) 송덕비'의 모습이다. 1940년 11월에 건립된 이 비석은 신산체육공원과 남면사무소의 구내에 배치되어 있었으나 친일잔재논란과 관련하여 2019년에 철거되어 별도로 보관중인 상태이다.

창씨명이며, 그가 연천군 남면 상수리 구장(1937.6)을 지냈다거나 양주세무서 관내 조선주 제조업자 총회에서 탁주 1등상을 수상(1937.10)했다거나 연천군 남면 면협의회원(1939.5)의 당선자라거나 하는 등의 경력이 있는 인물이라는 사실이 드러난다.

그리고 비석의 뒷면에도 별도의 내용이 새겨져 있는데, 그 뜻을 간추려보니 대략 이러하다.

옥전(신사)을 지어/ 숭신의 기풍을 일으키고/ 쌀과 재물을 내어/ 이웃을 돌보며 흉년을 구제하네/ 사사로움을 버리고 공익에 봉사하여/ 한 고을에서 본보기가 되었으니/ 그 공적을 간략히 적어/ 부족하나마 송덕을 표하노라/ 연천군 남면 일동/ 히라누마 아마네가 적고/ 소화 15년(1940년) 11월에 이를 세우다(營造玉殿 興起崇神 捐出米財 保隣救歉 滅私奉公 垂範一鄕 略記功蹟 聊表頌德/ 漣川郡南面一同/ 平沼周識/ 昭和十五年十一月 建之).

여기에 나오는 옥전(玉殿)은 여러 가지 의미로 풀이될 수 있는 표현이지만, 그 뒤에 나오는 숭신(崇神)이라는 구절과 맞물려 생각건대 이는 필시 일제가 각 고을마다 설립을 강요했던 '신사(神祠)'의 존재를 가리키는 것으로 풀이된다. 그 시절 '경신숭조(敬神崇祖)'라거나 '숭신경조(崇神敬祖)'라거나 하는 것은 널리 통용되던 관제용어(官製用語)의 하나였다. 그러니까 이 구절은 그가 신사의 건립과 관련하여 상당한 비용을 부담했다는 뜻으로 읽혀지는 대목이기도 한 것이다.

이 비문을 정리한 이로 표시된 히라누마 아마네(平沼周)는 1933년 이후 연천군 남면 면장(面長)을 지낸 윤태혁(尹太赫, 1896~1959)의 창씨명으로 확인되는데, 그의 이름은 『조선총독부관보』 1940년 12월 8일자에 수록된 「휘보(彙報)」의 '신사설립허가(神祠設立許可)' 관련 항목에서도 포착되고 있다.

경기도 연천군 남면(京畿道 漣川郡 南面)에 신사 설립의 건(件) 윤태혁(尹太赫) 외 11명의 원출(願出)에 대해 본년 11월 28일부로 이를 허가함.

『조선총독부관보』 1940년 12월 3일자에 수록된 '경기도 연천군 남면 신명신사'의 신사설립허가내역이다. 여길 보면 연천군 지역의 경우 관인면, 삭녕면, 영근면, 중면, 미산면 등이 동시에 신사설립허가(대표원출자는 그 지역의 면장)를 받은 것으로 나타나는데, 이는 '1면 1신사' 조영계획과 맞물려 진행되었기 때문이다.

『매일신보』 1940년 12월 24일자에는 '황기 2600년'에다 '황태자 탄생일'에 맞춰 경기도 연천군내 11개면 신사의 진좌제(鎭座祭)가 일괄하여 거행되었다는 소식이 실려 있다.

그런데 바로 이 시기와 고스란히 겹치는 때에 나온 『매일신보』 1940년 12월 24일자에는 「연천군(漣川郡) 일면일신사 완성(一面一神祠 完成), 23일, 일제 진좌제 집행(一齊 鎭座祭 執行)」 제하의 기사가 수록된 것이 퍼뜩 눈에 띈다. 여기에 나오는 '산와 군수'는 1939년 1월에서 1942년 6월 사이에 연천군수를 지낸 최탁(崔卓, 1892~?)을 가리키며, 그의 창씨명이 바로 산와 타쿠(三和卓)였던 것이다.

성전하(聖戰下)에 맞이한 황기(皇紀) 2600년의 심원(深遠)한 의의(意義)를 자자손손에게까지 전하고자 연천군 8만 군민이 계획하여온 군내 11개면 신사 어조영공사(神祠 御造營工事)는 산와 군수(三和 郡守)의 열의와 군민의 적성(赤誠)을 다한 근로작업과 소에 나오지(副直司) 씨의 헌신적인 공사봉사로 이즘 전부 준공되었으므로 23일 황태자전하 어탄신(皇太子殿下 御誕辰)의 가일(佳日)을 기(期)하여 조선신궁(朝鮮神宮)으로부터 어영대(御靈代)를 봉천(奉遷)하와 전신사(全神祠)에서 일제히 진좌제(鎭座祭)를 엄숙히 거행하였다. 이에 대하여 산와 군수는 여좌(如左)히 말하였다.

"각 면민의 간절한 열망에 의하여 일면일신사(一面一神祠) 어조영의 계획은 작년말경부터 시작되어 꼭 1개년이 되었는데 기간 면민의 눈물겨운

봉사와 소에(副) 씨의 희생적 공사봉사로 드디어 준공을 보게 되었다. 특히 작년의 한해(旱害)로 인하여 식량의 고통을 받으면서도 면민이 신사에 대하여 진지한 봉사를 한 것은 실로 그들이 얼마나 경신관념(敬神觀念)이 불타고 있는가를 표시하는 것으로 깊이 감사한다."

이 기사는 연천군 남면에 만들어진 신사라는 것도 사실은 '1면 1신사' 조영계획에 따라 연천군 전역에서 일괄 조성된 결과물의 하나라는 것을 말해주고 있다. 그렇다면 일제패망기에 이르러 이처럼 면 단위의 지역까지 소규모 신사들이 광범위하고 촘촘하게 설립된 까닭은 무엇이었을까?

이 땅에 건립된 각종 신사들의 연혁을 살펴보면 일제에 의한 식민지배가 본격적으로 개시되기 이전에도 이미 여러 신사들이 두루 존재했던 것으로 확인된다. 여기에는 일본 최초의 해외신사(海外神社)로 일컬어지는 용두산신사(1678년)를 비롯하여 원산신사(1882년), 인천신사(1890년), 경성신사(1898년), 진남포신사(1900년), 군산신사(1902년), 용천신사(1905년), 대구신사(1906년), 대전신사(1907년), 삼랑진신사(1907년), 성진신사(1909년), 마산신사(1909년), 송도신사(1910년) 등이 포함된다.

하지만 1915년 8월 16일에 조선총독부령 제82호 「신사사원규칙(神社寺院規則)」이 제정되면서 신사의 창립은 조선총독의 허가를 받아 엄격한 조건에 따라 이뤄지도록 바뀌게 된다. 특히 부칙규정에 따라 "본령 시행 당시 현존하는 신사는 시행일(1915.10.1일)부터 5개월 이내에 신사창립의 허가수속을 할 것"으로 정하였기 때문에 기존의 신사들도 모두 일괄하여 이 절차에 따라 재창립되었다. 이를 테면 이를 기점으로 새로운 신사의 제도적인 창립절차가 비로소 적용되기 시작했던 것이다.

이와 아울러 1917년 3월 22일에는 별도의 조선총독부령 제21호 「신사(神祠)에 관한 건(件)」을 제정하였는데, 이에 따르면 "신사(神祠)라고 칭함은 신사(神社)가 아니면서 공중(公衆)에 참배를 시키기 위해 신기(神祇)를 봉사(奉祀)하는 곳을 말한다"고 규정하였다. 이러한 결과로 신사(神社, 진쟈)와 신사(神祠, 신시)는 명확하게 구분되는 용어로 간주되었고, 조선총독에 의한 허가(許可)에 있어서도 각각 창립(創立)과 설립(設立)의 형태로 다르게 처리되었다.

그리고 신사(神社)의 명칭은 대개 그 지역의 이름을 따서 붙이는 것이 보통이지만, 신사(神祠)는 특별한 경우가 아니고서는 '신명신사(神明神祠, 신메이신시)'라고 부르는 것이 가장 흔한 방식이었다. 여기에서 말하는 신메이는 아마테라스 오미카미(天照大神)의 별칭(別稱)이므로, '신메이신사'는 이를테면 이세신궁(伊勢神宮)을 총본산으로 삼아 아마테라스 오미카미를 주된 제신(祭神)으로 모시는 가장 보편적인 형태의 신사(神祠, 격이 낮은 소규모 신사)인 셈이다. 일제패망기에 접어들수록 신설되는 신메이신사마다 아마테라스 오미카미에 곁들여 '메이지천황(明治天皇)'도 함께 제신으로 설정되는 사례들이 급증하는 현상도 확연히 드러나는 특징의 하나이다.

신사(神社)의 창립 요건과 신사(神祠)의 설립 요건

구분	신사(神社)	신사(神祠)
관련법령	신사사원규칙(1915.8.16)	신사에 관한 건(1917.3.22)
허가형태	창립(創立)	설립(設立)
숭경자	30인 이상	10인 이상
구비요건	신전(神殿)과 배전(拜殿)	–
법령개정	신사규칙(1936.8.11)	신사에 관한 건 개정(1936.8.11)
숭경자	50인 이상	10인 이상
구비요건	신전, 옥원, 신찬소, 배전, 수수사, 조거(鳥居) 및 사무소(社務所)	–
숭경자 총대회	총대, 총대장, 부총대장으로 구성	총대(總代), 총대장으로 구성

일제강점기를 거치는 동안 이 땅에 존재했던 신사의 총숫자에 대해서는 모리타 요시오(森田芳夫, 1910~1992)가 지은 『조선종전의 기록 ― 미소양군의 진주와 일본인의 인양(朝鮮終戰の 記錄 ― 米ソ兩軍の 進駐と 日本人の 引揚)』(1964), 108쪽에 수록된 것을 가장 유용한 근거자료로 활용할 수 있다. 이 내용은 조선신궁 권궁사(朝鮮神宮 權宮司)를 지낸 타케시마 요시오(竹島榮雄)의 소장자료를 바탕으로 정리된 것으로 표시되어 있다.

여기에는 조선신궁(朝鮮神宮)과 부여신궁(扶餘神宮)을 포함하여 조선 전체의 각종 신사(神社)와 신사(神祠)를 합쳐 모두 1,141개소(1945년 6월말 현재)가 존재했던 것으로 적고 있는데, 이 당시 부읍면(府邑面)의 총수(總數)가 2,346개소였으므로 얼추 잡아 면(面) 단위로 보면 하나 건너 한 곳마다

第14表 朝鮮における神宮・神社・神祠 (20年 6月末)

道	府邑面數	神社・神祠總數	官幣社	国幣社	一般神社	神祠
總數	2,346	1,141	2	8	69	1,062
京畿道	234	162	1	1	5	155
忠淸北道	106	74	-	-	3	71
忠淸南道	173	39	1	-	8	30
全羅北道	177	34	-	1	10	23
全羅南道	254	255	-	1	9	245
慶尙北道	252	68	-	1	5	62
慶尙南道	242	47	-	1	5	41
黃海道	211	185	-	-	3	182
平安南道	141	34	-	1	1	32
平安北道	172	139	-	-	5	134
江原道	174	46	-	1	3	42
咸鏡南道	132	26	-	1	5	20
咸鏡北道	78	32	-	-	7	25

注 竹島榮雄氏所有資料による。

모리타 요시오(森田芳夫)의 『조선종전의 기록』(1964)에 수록된 조선 관련 신궁(神宮), 신사(神社), 신사(神祠) 집계표이다. 관폐사는 조선신궁과 부여신궁을 말하며, 국폐사는 경성신사(1936), 용두산신사(1936), 대구신사(1937), 평양신사(1937), 전주신사(1939), 함흥신사(1939), 광주신사(1941), 강원신사(1941) 등이다.

충청남도 홍성군 홍주면 오관리에 조성된 홍성신사(洪城神祠)의 전경을 담은 엽서자료이다. 입구의 토리이는 1931년 10월에 세워진 것으로 표시되어 있다. 이곳에 대한 신사설립허가는 1923년 10월 25일에 있었던 것이 맞지만, 정작 『조선총독부관보』에는 관련사실이 전혀 게재된 바가 없는 것으로 드러난다. (즈시 미노루 기증 민족문제연구소 소장자료)

이러한 일제의 신사가 두루 포진했다는 말이 된다. 이를 다시 지역별로 살펴보면, 부읍면의 숫자에 대비하여 전라남도(100%), 황해도(87.7%), 평안북도(80.8%), 충청북도(69.8%), 경기도(69.2%)의 순서로 집약도가 유난히 높았던 것으로 나타난다.

그런데 『조선총독부관보』의 「휘보(彙報)」에 수록되는 '신사 창립 허가'와 '신사 설립 허가'의 내역을 전부 취합하여 이를 도표로 만들어 그 추이를 살펴보면, 이러한 숫자라는 것도 대개 1930년대 중반 이후에 집중적으로 늘어난 것이라는 사실이 포착된다.

신사(神社)와 신사(神祠)의 창립, 설립, 폐지 허가에 관한 연도별 추이

구분	신사 창립 (神社創立)	신사 폐지 (神社廢止)	신사 설립 (神祠設立)	신사 폐지 (神祠廢止)
1915년	1	-	-	-
1916년	16	-	-	-
1917년	14	-	11	-
1918년	3	-	21	1
1919년	2	-	10	-
1920년	1	1	5	-

1921년	2	1(효력상실)	6	-
1922년	1	-	8	-
1923년	2	-	6	-
1924년	1	-	-	-
1925년	1	-	10	-
1926년	1	-	-	1
1927년	-	-	17	1
1928년	4	-	24	1
1929년	2	-	24	1
1930년	-	-	8	-
1931년	1	-	2	-
1932년	-	-	12	-
1933년	-	-	17	-
1934년	1	-	25	1
1935년	-	-	32	-
1936년	2	-	25	-
1937년	3	-	22	1
1938년	1	-	9	1
1939년	2	-	172	2
1940년	-	-	123	-
1941년	1	-	156	1
1942년	1	1(허가소멸)	52	1
1943년	6	-	63	4
1944년	9	-	26	-
1945년	2	-	-	-
총계(개소)	80	3	886	16

(*) 이 자료는 『조선총독부관보』의 「휘보(彙報)」에 게재된 내역을 취합하여 정리하였다.

여기에 취합된 자료에 나타난 숫자(즉, 2+80-3+886-16=949개소)와 모리타 요시오의 책(1964)에 수록된 그것(즉, 1,141개소)이 현격한 차이가 나는 것은 신사 창립과 신사 설립에 관한 허가 사항이 『조선총독부관보』에

100퍼센트 다 게재되는 것이 아니라 누락된 사례들도 제법 존재하기 때문으로 풀이된다. 예를 들어, 경기도 지역의 경우에도 『조선총독부관보』에는 아무런 흔적이 없지만 『경기도보(京畿道報)』를 통해 '신사설립허가'의 내역이 확인된 사례가 무려 14곳이나 있는 것으로 파악된다. 또한 대륙신도연맹(大陸神道聯盟)의 『대륙신사대관(大陸神社大觀)』(1941)에 정리된 신사 목록을 대조해 본 결과, 여기에서도 동일한 사례가 3곳 더 포함되어 있는 것이 드러난다.

그리고 이 시기에 이르러 신사 설립의 건수가 두드러지게 증가세를 나타낸 것에 대해서는 무엇보다도 일본어 신문인 『조선신문』 1935년 4월 6일자에 수록된 「전반도(全半島)에 고조되는 경신열(敬神熱), 신사(神祠)의 인가 격증(認可 激增), 작년(昨年)부터 33신사 늘어, 심전개발(心田開發)의 일증좌(一證左)」 제하의 기사를 통해 그 이유를 어느 정도 가늠할 수 있다.

> 일본정신(日本精神)의 고양(高揚)과 심전개발(心田開發)의 기운(機運)에 사로잡혀 최근 선내 각지(鮮內 各地)에 신사(神社)의 건립이 많아지고 있는데, 수년 전까지는 손에 꼽을 정도였던 것이 작년 9년(1934년)에는 충주신사(忠州神社) 외에 27신사(神祠)의 설립이 인가되었으며 금년에 들어와 다시 6신사(神祠)가 인가(認可)되고 또한 출원중(出願中)인 것이 14곳에 달하고 있는 상태이다. 그런데 이것의 특이한 현상으로서 종래 그 출원자는 전부 내지인(內地人)뿐이었으나 최근에는 건설발기인(建設發起人) 가운데 조선인 유지(朝鮮人 有志)의 이름이 동반되기에 이르렀던 것인데, 조선인 방면의 경신열(敬神熱)이 고조되어왔다는 증좌(證左)로서 총독부도 가능한 한 인가의 방침(方針)을 취하고 있다.

『조선신문』 1935년 4월 6일자에 수록된 관련기사에는 이른바 '심전개발(心田開發)'과 관련하여 신사의 인가 건수가 크게 늘어나고 있다는 소식이 담겨 있다.

여기에 나오는 '심전개발'은 우가키 총독(宇垣 總督) 시기에 조선총독부가 주창한 일종의 정신계몽운동이었다. 1936년 1월 15일에 경성부민관 중강당에서 총독부 학무국이 주최한 '심전개발 관민간담회'의 결과를 담아 최종 공표한 내용에 따르면, 심전개발은 "⑴ 국체관념(國體觀念)을 명징(明徵)케 할 것, ⑵ 경신숭조(敬神崇祖)의 사상(思想) 및 신앙심(信仰心)을 함양(涵養)할 것, ⑶ 보은(報恩), 감사(感謝), 자립(自立)의 정신(精神)을 양성(養成)할 것"을 3대 목표로 삼고 있었다.

이때 이를 실천하는 방안의 하나로 크게 부각된 것이 바로 각지에 신사 또는 사원(寺院)을 건설하는 것이었다. 이를 통해 "일본정신(日本精神)을 고취하는 동시에 농산어촌(農山漁村)의 자력갱생(自力更生)에 심적 조성(心的 助成)을 이루게 하려고" 했으며, 특히 '1군 1신사(一郡 一神社)'니 '1면 1신사(一面 一神祠)'니 하는 표현이 본격 등장한 것도 이 시기의 일이었다.

여기에 더하여 신사설립허가가 기하급수적으로 늘어난 것은 1939년 이후의 일인데, 이 당시의 상황에 대해서는 『매일신보』 1939년 3월 29일자에 수록된 「1군 1신사(一郡 一神社)를 목표(目標)로 강원(江原)서 건립을 계획, 명(明) 14년도부터 동(同) 20년까지, 1면 1신사(一面 一神祠)도 촉진(促進)」 제하의 기사를 통해 그 단서를 찾아낼 수 있다.

> [춘천(春川)] 강원도내에는 현재 신사(神社)가 건립되어 있는 곳이 춘천, 강릉 두 곳뿐이므로 도당국에서는 소화 14년도(1939년도)부터 동 20년(1945년)까지 1군 1신사주의로 신사를 세우고자 계획중인데 14년도에는 우선 원주와 철원 2개군에 건립하기로 내정되었다 한다. 그리고 명년이 마침 황기(皇紀) 2600년에 해당하므로 각군(各郡)에서 그의 기념사업으로 신사를 건립하겠다는 희망이 상당히 있을 모양인데 신사 1사를 세우자면 약 3만 원의 경비가 들게 되므로 급속한 실현은 보기 어렵게 될 터이라 한다. 그리고 신사(神祠)는 현재 30개소 가량 되는 바 1면 1신사를 계획한 일도 있었으나 경비관계로 역시 속히 실현할 수 없으므로 도(道)로서는 될 수 있는 대로 각군에서 분발하여 1면 1신사를 실현하기 바란다 하며 철원(鐵原) 같은 곳에서는 벌써 황기 2600년 기념사업으로 관하 각면(各面)에 1신사를 건립하고자 계획을 세웠다 한다.

여기에서 보듯이 1940년은 이른바 '황기 2600년(기원 2600년; 초대 천황의 즉위를 기점으로 계산하는 방식)'이 되는 해가 되므로 이를 기념하는 사업으로 곳곳에서 '1면 1신사'의 형태로 신사의 건립을 추진하는 통에 자연히 허가건수가 급증세를 나타내게 되었다는 얘기가 된다. 이러한 흐름은 그 이후에도 여러 해에 걸쳐 이어졌는데, 『매일신보』 1942년 5월 2일자에 수록된 「경신사상(敬神思想)을 발양(發揚), 경기도(京畿道)의 일면일사(一面一

『매일신보』 1940년 12월 21일자에 수록된 경기도 고양군 뚝도면의 '신명신사' 진좌제 모습이다. 신사(神社) 규모 이상의 것은 제법 사진자료들이 남아 있으나, 면(面) 단위에서 조성된 신사(神祠)는 이러한 모습이나마 제대로 관련자료가 남아 있는 경우가 그리 많지 않다.

祠) 완성불원(完成不遠)」 제하의 기사는 경기도 일대에서 벌어진 신사 설립의 추세를 이렇게 정리하고 있다.

유구 3천 년을 꿰뚫고 내려오는 경신숭조(敬神崇祖)의 황국정신을 한층 빛나게 하여 성전관철에 3백만 도민이 돌진케 하는 도움이 되게 하려고 경기도에서는 일찍부터 1면(面) 1사(祠)를 제창하고 황기 2천 6백년 기념사업으로 계속하여온 이래 도내 일 면민들은 앞을 다투어 정재를 모두어서 신사(神祠) 어조영에 총후의 적성을 바치고 있다. 그리하여 지난 소화 15년(1940년) 4월 이래로 금년 4월 11일 현재까지의 만 2개년 사이에 73개면에서 새로이 면진호(面鎭護)의 신사 어조영을 완성시켜 현재 도내의 총신사는 111사에 이르렀다. 그중 수원군(水原郡)에는 15사, 연천군(漣川郡)에는 11사, 김포군(金浦郡)에는 8사, 시흥군(始興郡)에는 6사를 각각

이른바 '국민정신작흥운동'이라는 명분 아래 천조황대신궁(天照皇大神宮, 이세 신궁의 내궁을 일컫는 말)이라고 쓴 이러한 신궁대마(神宮大麻, 진구타이마)가 광범위하게 배포되어 이를 카미다나(神棚)에 봉안하도록 강요되었다.
(민족문제연구소 소장자료)

어조영하여 1면 1사를 벌써 완성시켰다. 그런데 이 많은 신사에 봉사할 신직(神職)이 부족하여 경기도에서는 금년도에 3천 원의 예산을 세워 각 관공립학교의 교원, 군관리, 경찰관리와 및 신사의 숭경자 총대(總代) 중에서 희망하는 자를 선발해서 황전강구소(皇典講九所) 조선분소에 의뢰하여 신직의 봉무를 수강케 하기로 되었다.

이와 아울러 국민정신을 작흥(作興)하고 경시숭조의 관념을 철저히 하기 위해 집집마다 신궁대마(神宮大麻: 신궁에서 배포하는 일종의 종이부적)를 봉안토록 하는 일이 광범위하게 권장되었다는 점도 주목할 만한 부분이다. 실제로 대륙신도연맹에서 펴낸 『대륙신사대관』(1941), 176쪽에 수록된 신궁대마의 반포(頒布)에 관한 통계 추이를 살펴보면, 1937, 8년도의 시기에 이르러 급증세를 나타내고 있는 것을 확인할 수 있다.

신궁대마의 반포 추이

연도	1935	1936	1937	1938	1939	1940
반포수(체)	81,060	74,515	178,076	575,195	870,049	1,263,640

이러한 신궁대마의 반포와 함께 각 가정과 학교, 그리고 관공서와 직

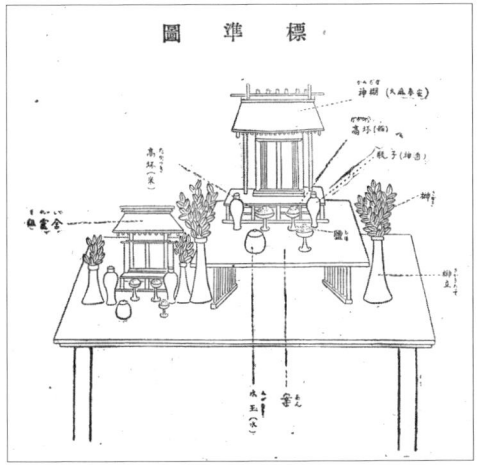

조선신기학회(朝鮮神祇學會)가 펴낸 『대마의 제사방법(大麻の祀リ方)』(1938)에 수록된 '대마봉안 표준도(大麻奉安標準圖)'의 모습이다. 여기에는 이를 보관하는 카미다나(神棚)의 형태도 자세히 묘사되어 있다. (민족문제연구소 소장자료)

장마다 이를 모시는 공간으로서 카미다나(神棚; 찬장이나 선반 형태의 작은 제단)의 설치가 강요되기도 했다. 그런데 이 자료의 말미에는 이러한 성과에도 불구하고 더 한층 분발하여 지속적인 대마반포의 확산을 독려하는 내용을 덧붙이고 있는 것이 유달리 눈길을 끈다.

…… 이와 같이 반도(半島, 조선)에 있어서 대마반포는 실로 약진일로(躍進一路)의 호성적(好成績)을 보여주고 있다. 그러나 소화 15년도(1940년도)의 반포수 126만 3,640체(體)는 이를 반도의 총호수(總戶數) 428만 2,754호(戶)에 비하면 약 4분의 1에 지나지 않으므로 대마반포의 진정신(眞精神)인 것으로서 일호일체봉재(一戶一體奉齋)의 견지(見地)에서 본다면, 반도에 있어서 대마반포는 더욱 일층(一層)의 노력과 열의로 대중(大衆)에 대해 그 진정성의 체득(體得)과 봉재배수(奉齋拜受)의 이해를 다시 일단(一段) 깊이 완수하지 않으면 안 될 것이다.

특히 이 시기는 이른바 '지나사변(支那事變, 중일전쟁)'으로 촉발된 비상시

『매일신보』 1937년 3월 4일자에는 신임 경기도 광주군수인 전예용이 부임 즉시 '광주신사'를 먼저 참배하고 군청에 초등청(初登廳)하였다는 소식이 수록되어 있다.

『매일신보』 1938년 6월 13일자에 수록된 최초 지원병 합격자인 최덕윤(崔德潤)이 관내 '숭인신사(崇仁神祠)'에서 봉고제를 올리는 장면이다.

국(非常時局)이 지속되고 있었으므로 이러한 신사라는 공간은 무엇보다도 전시체제 아래 내선일체와 황국신민의 정신을 한층 더 고조시키는 일차적인 수단으로 사용되곤 했던 것이다. 이에 따라 새로운 임지(任地)를 부여받은 관리들은 으레 부임 첫날에는 제일 먼저 그 지역의 신사를 찾아 참배를 하는 것이 하나의 관례로 정착되었고, 지원병에 선발되는 경우에도 입영기(入營旗)를 앞세우고 관내 신사에 봉고제(奉告祭)를 올리는 것이 흔하게 볼 수 있는 풍경의 하나가 되고 있었다.

예를 들어, 『매일신보』 1938년 6월 1일자에 수록된 「지원병 경성합격자(志願兵 京城合格者) 봉고제(奉告祭)와 축하회(祝賀會), 12일 숭인신사(崇仁神

경기도 파주군 소재 문산신사 앞에서 애국반원의 성금으로 마련한 고사기관총의 헌납식이 벌어지는 광경을 소개한 『매일신보』 1941년 11월 18일자의 보도내용이다.

社)에서」 제하의 기사에는 이러한 내용이 수록되어 있다.

초년도 지원병 전형시험에 합격된 202명 중 경성부내에도 영예의 군문을 돌파한 자가 두 명이나 있다는 것은 기보하였거니와 그 중 부내 제기정(祭基町) 137번지 최덕윤(崔德潤) 군의 영예의 합격을 신전(神前)에 봉고하는 봉고식(奉告式)은 12일 오전 8시부터 부내 숭인신사(崇仁神社)에서 소관 당국 대표, 동정회 대표, 생도 대표, 국방부인, 방호단원, 기타 유지 참렬하에 엄숙히 거행하기로 되었다. 그리고 이어서 경마장(競馬場) 장내에서 축하회도 개회할 터이라 한다.

그리고 1941년 12월에 이르러 이른바 '대동아전쟁(大東亞戰爭, 태평양전쟁)'의 개전에 따라 침략전쟁의 또 다른 양상이 펼쳐지고, 그 이후 전세가 패망을 향해 치닫게 되면 될수록 그에 비례하여 신사라는 존재의 효용가치를 강조하는 식민통치자들의 목소리는 높아져갔다. 『매일신보』

1943년 8월 6일자에 수록된 「일면일사(一面一祠) 목표로 하여 신사(神社), 신사(神祠)를 어건조(御建造), 경신숭조사상(敬神崇祖思想)을 철저(徹底)히 주입(注入)」제하의 기사는 이러한 전시체제기의 한 단면을 잘 보여주고 있다.

대망의 징병제도와 해군지원병제도는 드디어 실시되어 반도청년도 내지동포와 어깨를 겨누고 육지로 바다로 나라의 방패가 되어 마음껏 싸울 때가 다가왔다. 이 얼마나 영광이며 영예인가. 그러나 우리는 영예를 치부하고 감격에만 잠겨서는 안 된다. 부르심을 받자올 청년은 수양연성을 하고 그 가정 또한 훌륭한 군인의 가정이 되어 무적황군으로서 손색이 없는 군인이 많이 나오도록 힘써야 된다. 일본은 신국(神國)이오, 만세일계의 천황폐하가 다스리시는 황국(皇國)이라는 국체의 근본을 경신숭조(敬神崇祖)의 실천에 의하여 체인(體認)하는 것이 훌륭한 군인이 되는 길이다.

총독부에서는 경신사상의 근본인 신사를 일면일사(一面一社)를 목표로 어건조의 계획을 세우고 있다. 지금 2,346 부읍면 가운데에 신사 신사(神社 神祠) 수는 9백 사밖에 안 되는 부와 읍은 전부 어건조를 보았으나 면에는 3분지 2나 경신사상의 중심되는 시설이 없는 실정이다. 그러나 신사의 어조영(御造營) 같은 존엄한 일은 각 지방민의 적성에 의함이 마땅하므로 당국으로서는 직접 어조영을 하는 것은 아니고 지방관민의 경신사상을 앙양하는데 도움이 되는 시설과 운동을 일으키기로 된 것이다.

그렇다면 전국에 걸쳐 횡행했던 이러한 신사들은 일제가 패망한 이후에 어떻게 처리되었을까? 이 점에 관해서는 세세한 사례들까지 다 추

『대륙신사대관』(1941)에 수록된 평양신사(平壤神社, 1937년에 국폐사로 승격)의 전경이다. 이곳은 일제가 패망하던 1915년 8월 15일 바로 그날 밤에 전국에서 제일 먼저 조선인의 손에 의해 불태워졌다고 알려져 있다. (민족문제연구소 소장자료)

적하기는 어렵지만 우선 모리타 요시오(森田芳夫)의 『조선종전의 기록』(1964), 111~113쪽에 정리된 내용에서 몇 가지 개략적인 단서를 얻어낼 수 있다. 여기에 나오는 '승신식(昇神式)'은 신사를 폐쇄하면서 제신(祭神)의 신령(神靈)을 하늘로 돌려보내는 의식절차를 가리키는 표현이다.

총독부로부터의 지시에 따라 경성신사(京城神社)는 8월 16일 오후 3시에 승신식(昇神式)을 행하였다. 원산신사(元山神社)는 16일 오후 8시, 강원신사(江原神社)는 17일 오전 5시, 인천신사(仁川神社)는 17일, 대구신사(大邱神社)는 18일 밤, 전북의 이리(裡里), 군산(群山), 남원(南原), 대장(大場), 김제신사(金堤神社)는 18일, 전남의 순천신사(順天神社)는 17일, 완도신사(莞島神社)는 18일, 황해도의 해주신사(海州神社)는 17일, 사리원신사(沙里院神社)도 그 무렵에, 평남의 진남포신사(鎭南浦神社)는 17일, 평북의 강계신사(江界神社)는 19일, 강원도의 장전신사(長箭神祠)는 18일에 각각 승신식을 행하였다. 평북의 만포신사(滿浦神社)는 8월 18일에 승신식을 행하고, 신체(神體)

를 소각했다. 마산신사(馬山神社)는 9월 4일, 밀양신사(密陽神社)는 10월 5일에 승신식을 행하였다.

소련군이 진공(進攻)했던 나남(羅南)에서는 8월 15일 오전 3시에 오자와 요시쿠니 궁사(小澤芳邦 宮司)가 나남호국신사(羅南護國神社)의 신체를 받들어 나남에서 12킬로 떨어진 회향동(檜鄕洞)의 산중에 피난하여 조석(朝夕)으로 승전기원제(勝戰祈願祭)를 올리다가, 18일 밤 삼동령(三洞嶺)에 깊이 5척(尺)의 구덩이를 파서 신체를 넣어 두었다. 그 이후 오자와 궁사는 다시 8킬로 산속으로 피난하였고, 그대로 도피행(逃避行)이 지속되었으므로 신체를 되찾을 기회를 잃어버렸다.

용두산신사(龍頭山神社, 부산), 인천신사(仁川神社)의 신보(神寶)는 해중(海中)에 가라앉혔다. 전주신사(全州神社)는 18일 승신식을 할 때에 가소각(仮燒却)으로 신보(神寶)를 처리하고 신체(神體)를 뒷산에 옮겨서 봉사를 계속하다가 11월 8일에 인양(引揚)할 제에 미군의 허가를 얻어 이등차(二等車)에 신체를 모시고 일본으로 가지고 돌아왔다.

조선인의 손에 의해 불태워진 것으로 15일 밤에 평양신사(平壤神社), 16일에 정주신사(定州神社), 안악신사(安岳神社), 온정리신사(溫井里神祠), 17일에 안주신사(安州神社), 삭주신사(朔州神祠), 영변신사(寧邊神社), 천내리신사(川內里神祠), 재령신사(載寧神祠), 18일에 겸이포신사(兼二浦神社), 선천신사(宣川神社), 박천신사(博川神社), 소록도신사(小鹿島神社), 21일에 용천신사(龍川神社), 22일에 희천신사(熙川神社), 신막신사(新幕神社)도 그맘때였다. 신막신사의 신체는 17일경 씨자총대(氏子總代)의 손에 소각되었다. 8월 말에 안동신사(安東神社, 경상북도), 9월 2일에 강계신사(江界神社), 9월 7일에 해주신사(海州神社) 등이 불태워졌다는 보고가 있었다. 장연신사(長淵神社)는 8월 20일 무렵 재주민(在住民)과 일본군(日本軍)의 손으로 소각했고, 몽금

포신사(夢金浦神祠), 태탄신사(苔灘神祠)는 조선인에 의해 부서졌다. 만포신사(滿浦神社)의 봉재전(奉齋殿)은 19일 밤 조선인에 의해 소각되었다. 포항신사(浦項神社)는 토리이(鳥居)가 땔감으로 되고 사전(社殿)이 부서졌고, 경주신사(慶州神社)는 사전의 자물쇠가 부서지고 방화(放火)의 흔적이 있었으며, 통천신사(通川神祠)는 불타고, 간성신사(杆城神祠)는 사전 파괴(社殿破壞), 혜산신사(惠山神社)와 남원신사(南原神社)는 폭행(暴行)을 만나 약탈되었다. 구성신사(龜城神社)는 17일 주민의 손에 파괴되었으나 신체(神體)는 우편국장댁(郵便局長宅)으로 옮겨졌다. 청진신사(淸津神社)는 소련군의 병화(兵火)를 만나 전소되고 궁사(宮司)는 불타 죽었다. 성진신사(城津神社)는 소련군의 군용시설이 되었다. 이상(以上), 폭행 방화를 받은 보고는 북조선(北朝鮮) 지방이 많았다.

그리고 이 책의 405~406쪽 부분에는 신사처리방침의 개요에 관해 다음과 같은 내용도 함께 정리되어 있다.

…… 9월 21일, 일반명령 제5호에 따라 신사에 관한 규정이 폐지되고, 신궁 신사의 재산은 미군정청(米軍政廳)에 접수되었다. 조선신궁(朝鮮神宮)의 회계는 세출(歲出)은 이해 8월 31일, 세입(歲入)은 8월 22일로서 중지되고, 9월 22일에 결산보고서, 자금명세서와 현금을 군정청에 건넸다. 각지(各地)의 신사(神社)도 재산목록, 결산보고서 등을 지방의 군정청에 보고하였고, 토지건물은 군정청에 접수되었다. 11월 2일에 군정청은 각 도지사(各道知事)에 대해 "각신사의 본전은 당국의 허가를 얻어 소각(燒却)해도 지장이 없다. 다만, 신사 소유의 서류 및 재산은 도지사가 보관한다. 소각에 있어서는 관리(官吏)의 입회가 필요하고, 또한 10마일 이

내에 주류(駐留)하고 있는 미군 부대장에게 보고하지 않으면 안 된다"고 통달(通達)했다. 이에 근거하여 지방의 신사 본전은 대다수 일본인(日本人)의 손에 의해 해체, 소각되었다.

신사는 대체로 경승지(景勝地)에 있으므로 이것을 혹은 도서관(圖書館, 춘천신사)으로, 혹은 양로원(養老院, 광주신사)으로, 혹은 학교(學校) 등으로 이용하고 싶다고 하는 요망(要望)이 있었다. (하략)

위의 내용에도 언급되어 있듯이 군정장관(軍政長官) 아놀드 소장 명의로 공포된 미군정청 「일반명령 제5호(1945년 9월 21일)」의 앞머리에는 특별법의 폐지 항목이 포함되어 있었던 사실이 확인된다. 『경성일보』1945년 9월 22일자에 수록된 관련보도에는 일제의 의해 생성된 특별법의 목록이 이렇게 서술되어 있다.

(イ) 정치에 관한 범죄처벌의 건(1919년 4월 15일 공포, 조선법령집람 제6권 제14집 1024엽)

(ロ) 예방구금규칙(1941년 5월 15일 공포, 조선법령집람 제2권 제8집 8엽)

(ハ) 치안유지법(1925년 5월 8일 공포, 조선법령집람 제2권 제8집 16엽)

(ニ) 출판규칙(1910년 1월 공포, 조선법령집람 제2권 제8집 255엽)

(ホ) 사상범보호관찰규칙(1936년 12월 12일 공포, 조선법령집람 제2권 제8집 230엽)

(ヘ) 신사에 관한 건(1919년 7월 18일 공포, 조선법령집람 제2권 제6집 188엽)

이 내용은 그 이후 「미군정청 법령 제11호」 '일반명령 제5호의 개정(1945년 10월 9일)'에 그대로 재반영되었는데, 여기에 즉시 폐지의 대상으로 언급된 특별법이란 것은 일제가 조선인 탄압의 통치수단으로 사용해왔 일제 패망 직후의 시점에 『경성일보』 1945년 9월 22일자에 게재된 미군정장관 일반명령 제5호의 내용이다. 여기에는 즉시 폐지될 일제의 대표적인 악법(惡法)으로 치안유지법과 사상범보호관찰령, 사상범예방구금령 등과 더불어 '신사에 관한 규정'이 포함되어 있었던 것을 확인할 수 있다.

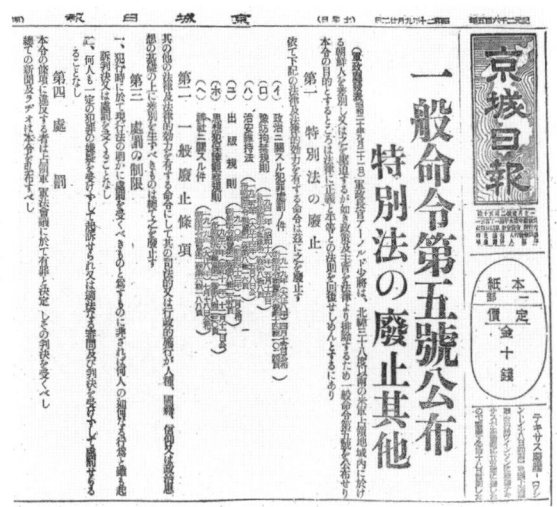

으며 대표적인 악법(惡法)으로 간주되었던 것들을 가리킨다. 치안유지법(治安維持法)이라든가 조선사상범예방구금령(朝鮮思想犯豫防拘禁令)이라든가 조선사상범보호관찰령(朝鮮思想犯保護觀察令)이라든가 하는 것들과 동일한 반열에 '신사에 관한 규정'이 포함되어 있다는 사실은 일제에 의한 식민통치기간에 신사라는 존재가 이 땅의 사람들에게 끼친 폐해가 그만큼 깊었고 또 고약했다는 얘기가 되는 셈이다.

• 이 글은 『민족사랑』 2021년 8월호에 게재하였던 것을 수정 보완하였다. 이와는 별도로 「조선 전역의 신사(神社) 및 신사(神祠) 총목록」은 『민족사랑』 2021년 9월호와 10월호에 걸쳐 2회 분할 연재하였는데, 이 책에서는 지면이 제약된 관계로 그 내용을 재수록하지 않기로 한다.

06

흑석동 한강변 언덕 위에 한강신사가 건립된 까닭은?

서울 지역 곳곳에 포진한 일제 침략 신사들의 흔적

한강대교를 남쪽으로 건너 서울현충원 방향으로 500미터 남짓 걷다 보면, 지하철 9호선 흑석역(중앙대입구)에 조금 못 미쳐 한강변 쪽으로 약간 솟아오른 작은 봉우리 하나를 만나게 된다. 지난 1955년 6월 25일에 제막된 학도의용병현충비(學徒義勇兵顯忠碑) 앞을 지나 돌계단을 따라 올라가면 효사정(孝思亭)이라는 이름의 정자가 나타난다.

효사정은 원래 세종 때 우의정을 지낸 공숙공 노한(恭肅公 盧閈, 1376~1443)의 별서(別墅)였다고 전해지는 유적이다. 그는 어머니가 돌아가시자 시묘살이를 했던 곳에다 정자를 짓고 때때로 이곳에 올라 모친을 그리워했고, 멀리 개성 땅에 묘지를 쓴 부친을 추모했다고 하여 '효사정'이라는 이름이 붙게 되었다. 『신증동국여지승람』 경기 금천현(衿川縣) '누정(樓亭)' 조에 "노량나루 터 남쪽 언덕에 있는 정자"라는 정도의 간략한 내용이 남아 있긴 하나 사실상 이것만으로는 더 이상의 정확한 원위치 고증이 어려운 상태이다.

하지만 지난 1994년에 서울정도 600년을 맞이하여 이를 기리는 사업의 하나로 한강주변의 유적지를 복원 정비하는 계획이 추진되었고 이

옛 한강신사 터를 활용하여 지난 1994년에 재건된 '효사정'의 현재 모습이다.

때 편의상 부득이하게 지금의 자리를 선정하여 정자를 재건하기에 이르렀다. 이곳이 진짜 효사정 자리인지에 대한 논란을 차치하고라도 이 정자에 오르는 사람이라면 누구나 한강 쪽 전망이 참으로 빼어나다는 점에 공감하기 마련이지 않을까 한다.

그런데 이 장소는 일제강점기를 거치는 내내 '한강신사(漢江神社)'라는 시설물이 터를 잡고 있었던 곳이라는 사실도 꼭 함께 기억할 필요가 있다. 후지이 카메와카(藤井龜若)가 펴낸 『경성의 광화(京城の 光華)』(조선사정조사회, 1926)를 보면, 이 한강신사의 건립 유래가 다음과 같이 정리되어 있다.

> 한강신사는 인도교(人道橋)를 건너 동쪽의 작은 언덕에 숲 속에 한줄기 끈과 같은 가느다란 길이 산꼭대기까지 걸쳐 있는데 그 산부리의 약간 높은 상두산령(象頭山嶺)의 영지(靈地)에서 제사를 지낸다. 제신(祭神)은 미야지대사(宮地大社), 코토히라대신(金刀羅大神), 스가와라대신(菅原大神)의 삼신(三神)으로 인도교 가교 청부인(請負人)이던 시키 신타로(志岐信太郎) 씨가 대정 원년(1912년) 금상폐하(今上陛下, '대정천황'을 가리키는 표현)의 즉위를 기념

『일본지리대계(조선편)』(신광사, 1930)에 수록된 흑석동 한강변의 풍경이다. 강쪽으로 살짝 튀어나온 얕은 봉우리가 바로 '한강신사'가 들어선 공간이다. (민족문제연구소 소장자료)

경성전기주식회사에서 펴낸 『뻗어가는 경성전기』(1935)에 수록된 명수대 주택지(현 흑석동)의 전경이다. 이곳은 1931년 키노시타 사카에가 주도하여 개발한 문화촌이자 장수향(長壽鄕)으로 선전된 공간이며, '경성의 모란봉(牡丹峯)'이라는 별칭으로도 불렸다. 왼쪽으로 한강변 봉우리 위에 보이는 건물이 바로 '한강신사'이다. (민족문제연구소 소장자료)

하고 아울러 고국을 멀리 떠나온 재선민(在鮮民)을 비롯하여 동포선인(同胞鮮人)에게 경신숭조(敬神崇祖)의 미풍을 가르치려는 돈독한 뜻에 따라 이곳 산자수명한 정지(淨地)를 택해 사재 십수 만 원을 들여 한강수호(漢江

守護)의 신(神)으로 삼아 헌립(獻立)한 것이며, 매년 봄 가을(5월 4일, 10월 4일)에 행해지는 대제례일에는 내선인의 참배자가 원근에서 운집하여 번잡함이 흡사 대공원의 모습을 보여준다.

섭사(攝社)에는 이나리신사(稻荷神社), 시키신사(志岐神社), 야신신사(矢心神社)를 모시며, 이 지역은 예로부터 영산(靈山)으로서 조선인들이 숭배하던 곳이다. 경내의 바위 사이에는 기이한 한 그루의 소나무가 있다. 와룡송(臥龍松)이라 부르는 유명한 나무로 수령이 수 백 년이 넘는 신목(神木)이다.

여기에 나오는 시키 신타로는 1869년생으로 일본 후쿠오카현(福岡縣) 출신이며, 자신의 토목건축회사인 시키구미(志岐組)를 통해 경부철도 속성공사를 비롯한 철도관련 청부업에 주력하여 부를 축적한 인물이었다. 그는 특히 1921년에 조선의 특산물이라고 일컬어지던 천연빙(天然氷), 즉 겨울철 한강 얼음을 채취하여 저장 판매하기 위해 '조선천연빙주식회사' 및 '조선천연빙창고주식회사'를 설립하였고, 1936년에 이들 회사와 여타 제빙회사가 '조선제빙주식회사(朝鮮製氷株式會社)'로 통합 전환한 이후에도 사장의 자리를 지킨 바 있다. 따라서 그는 이래저래 한강과는 많은 인연을 지닌 사람이었던 것으로 풀이된다.

또한 『매일신보』 1925년 11월 14일자에 수록된 「10년 전에 발견한 한강반 대온천(漢江畔 大溫泉), 용출풍부 경개절승(湧出豊富 景槪絕勝), 목하(目下) 대온천장 건설계획중」 제하의 기사를 보면, 그가 흑석동 지역에서 온천을 발견하여 이곳을 장차 유원지로 개발할 계획에 착수할 거라는 소식이 전해지기도 했다.

지금으로 약 10여 년 전부터 한강연안에서 온천을 발견하였다는 것은

『매일신보』 1925년 11월 14일자에 소개된 '한강온천(시흥군 북면 흑석리 소재)'과 관련한 보도내용이다.

아직도 우리의 기억에 조그만치 남아 있기는 하지만은 그 동안 이것을 발견한 사람은 자금관계로 온천장 설립사에 착수를 하지 못하였었고 이 소문을 들은 사람들은 일종 풍설과 같이 들어버렸었는데 요 즈음에 와사 단독으로 한강신사(漢江神社)를 경영하는 시키 신타로(志岐信太郞) 씨가 재차로 이것을 발견하고 재작 12일에 총독부 쿠타 기사(驅田 技師)와 같이 현장을 답사한 결과 그 온천에 다량의 '라지움'을 함유하였고 온도가 20도 내지 28도에 달하여 썩 양호한 약이며, 그 지점은 시흥군 북면 흑암리(始興郡 北面 黑岩里; 흑석리의 잘못)로서 한강 인도교(人道橋)에서 15정(町)쯤 되는 곳인데 그 부근은 경치가 또 썩 좋게 되어 장래 경성부민의 유원지(遊園地)로 가장 적당하므로 발견자인 시키 씨 외 수 명은 이에 대한 온천을 건설하고자 계획중이라는 바 그리하자면 부근 토지 수 만 평을 사지 않으면 안되겠으므로 부근은 지가가 폭등이 되었으며 벌써 시키 씨는 수 만 원 어치를 매수하였다더라.

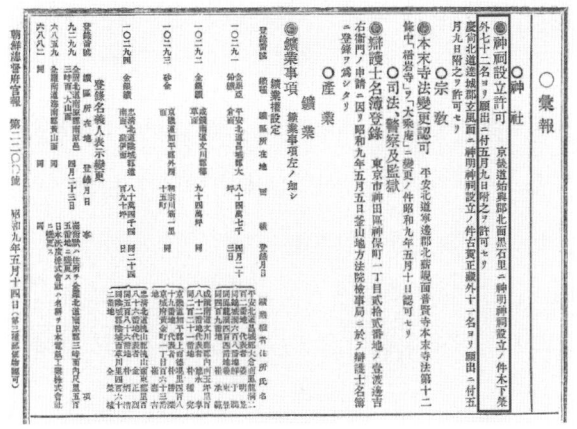

『조선총독부관보』 1934년 5월 14일자에는 키노시타 사카에(木下榮, 명수대토지경영사무소 대표자)를 대표원출자로 삼아 한강신사가 '신메이신사'라는 이름으로 새로 설립허가를 받은 내용이 수록되어 있다.

앞서 이곳 한강신사의 제신으로 언급된 '미야지대사'는 일본 후쿠오카 소재 '미야지다케신사(宮地嶽神社)'를 말하는데, 시키의 고향에 있는 신사 그 자체가 숭배의 대상이었던 듯하다. 또한 '스가와라대신'은 일본 헤이안시대의 정치가 스가와라노 미치자네(菅原道眞)를 말하며, 대개 '학문의 신'으로 추앙되는 인물이기도 하다.

그리고 '코토히라대신'은 불교에서 일컫는 약사십이신장(藥師十二神將)의 하나이며 원래 인도 갠지즈강에 살았다는 쿰비라(Kumbhira, 蛟龍)에서 유래된 것으로, 일본에서는 바다를 수호하는 신으로 인지되어 일반적으로 선박 안전을 비는 대상으로 자리매김되어 있다. 한강신사가 자리한 봉우리를 일컬어 상두산(象頭山)이라고 한 것은 일본 카가와현(香川縣)에 있는 콘히라궁(金刀比羅宮)의 소재지에서 그대로 따온 이름으로 받아들여진다.

오카 료스케(岡良助)가 쓴 『경성번창기』(박문사, 1915)라는 책에는 이곳이 웅진강신사(熊津江神社)라는 이름으로 소개되어 있는데, 한강신사는 그 이후의 시점에서 고쳐진 명칭인 듯하다. 아무튼 이곳은 일본인의 입장에서 한강 수호의 신으로 삼아 설립된 것이기도 하지만, 무엇보다도

1912년에 그네들의 천황이 등극한 것을 기념하는 뜻에서 이러한 신사가 탄생하게 되었다는 점에도 깊이 유념해야 할 것이다.

그런데 일제패망기에 대륙신도연맹(大陸神道聯盟)에서 엮어낸 『대륙신사대관(大陸神社大觀)』(1941)을 보면, 여기에는 한강신사의 명칭이 '神社'가 아닌 '神祠'로, 이곳의 제신(祭神)이 '천조대신(天照大神, 아마테라스 오미카미) 외 11신'으로, 창립일도 1912년이 아닌 '1934년 5월 9일'로 각각 변경 표기되어 있는 것이 확인된다. 이 점에 착안하여 『조선총독부관보』를 뒤져보았더니 1934년 6월 14일자에 수록된 "경기도 시흥군 북면 흑석리에 신메이신사(神明神祠) 설립의 건이 키노시타 사카에(木下榮) 외 72명으로부터 원출(願出)된 것에 대해 5월 9일부로 이를 허가함"이라는 기록이 눈에 띈다.

여기에 나오는 키노시타는 한강신사의 설립자인 시키의 고향 후배이면서 '시키구미'와 '조선천연빙주식회사'에 오랫동안 근무하면서 경력을 쌓았고, 1931년에는 지금의 흑석동 일대에 명수대토지경영사무소(明水臺土地經營事務所)를 꾸려 자신만의 이상향(理想鄕)으로 가꾸는 일에 주력했던 사람이었다. 1917년 3월 22일에 제정된 총독부령 제21호 「신사(神祠)에 관한 건」에 따르면 "신사(神祠)라고 칭함은 신사(神社)가 아니면서 공중(公衆)에 참배를 시키기 위해 신기(神祇)를 봉사하는 곳을 말한다"고 규정하고, 이를 설립하려는 때는 조선총독의 허가를 받도록 되어 있었다. 따라서 키노시타가 신사의 설립을 새로 청원한 것은 이에 따른 절차였다고 할 수 있다.

또한 신메이는 아마테라스 오미카미의 별칭이므로, '신메이신사'는 이를테면 이세신궁(伊勢神宮)을 총본산으로 삼아 아마테라스 오미카미를 주된 제신으로 모시는 가장 보편적인 형태의 신사(神祠, 격이 낮은 소규모 신

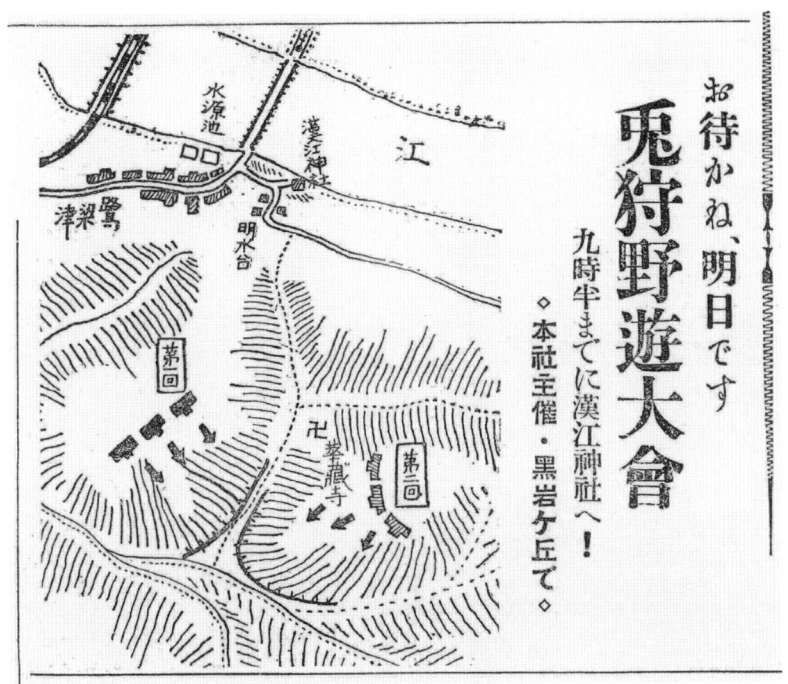

『경성일보』1934년 12월 2일자에 수록된 토끼사냥 야유대회 관련 명수대 주변 약도에는 '한강신사'의 위치가 또렷이 표시되어 있다. 오른쪽 아래에 '화장사'라고 표시된 사찰은 오늘날 서울현충원 구내에 있는 '호국지장사'를 말한다. 여기에는 특이하게도 명수대를 끼고 있는 구릉지를 제멋대로 '쿠로이와가오카(黑岩ヶ丘)'라고 부른 흔적이 남아 있다.

사)인 셈이다. 이런 사실에 비춰보면 1930년대 전시체제기로 접어들면서 이러한 시대의 변화에 맞물려 한강신사 자체의 기능과 성격에 있어서 제도적인 환골탈태가 진행된 것임을 짐작할 수 있다.

일반적으로 일제강점기 서울지역에 설치되어 있던 일제의 신사들을 얘기하면, 남산 왜성대에 자리한 경성신사(京城神社)와 남산 중턱 옛 한양공원 터에 들어선 조선신궁(朝鮮神宮, 1925년 10월 준공) 정도를 언급하는 것이 보통이다. 원래 경성신사는 1898년에 남산대신궁(南山大神宮)으로 설립되었다가 1913년에 경성신사로 개칭된 내력을 지녔다. 그리고 다시

『경성일보』 1932년 10월 22일자에 게재된 명수대 주택지의 분양광고이다. 여기에는 그 위치를 '한강신사'와 연접(連接)한 곳으로 소개하고 있다.

1936년 8월 1일부터 국폐소사(國幣小社, 조선총독부가 관리비용 일체를 부담하는 신사)로 승격되었으며, 경내에는 천만궁(天滿宮, 1902년 창립), 팔번궁(八幡宮, 1929년 창립), 남산도하신사(南山稻荷神社, 1930년 창립), 노기신사(乃木神社, 1934년 창립)를 섭사(攝社, 부속신사)로 거느리고 있었다.

이밖에 용산 일본군병영지의 후면 남산 기슭에 조성된 경성호국신사(京城護國神社, 1943년 창립)의 존재도 곧잘 언급되며, 이것들 말고도 태평로 쪽에 에비스신사(惠比須神社, 1913년 창립)를 비롯하여 원효로 인근 영정(榮町, 지금의 신계동 1번지 위치)에 있는 문평산(文平山)에는 카토신사(加藤神社, 1914년 창립)라는 것이 있었다. 그리고 신메이신사가 영등포동, 용두동, 신길동, 이태원동 등지에도 두루 포진하고 있었던 사실이 확인된다.

그런데『조선신문』1934년 8월 11일에 수록된「한강신사 경내에 국기게양탑(國旗揭揚塔) 건설, 경성(京城) 시라카와 씨(白川氏) 봉납(奉納)으로, 11일 지진제(地鎭祭) 거행」제하의 기사를 보면 다음과 같은 흥미로운 흔적 하나가 눈에 띈다.

[영등포(永登浦)] 대정 원년(1912년) 시키 신타로(志岐信太郎) 씨의 특지(特志)로 봉헌(奉獻)된 노량진 한강신사(漢江神祠)는 일작년(一昨年, 재작년) 동씨(同氏)의 후의에 따라 신사시설 일체를 동지(同地) 주민을 위해 기부했으며, 이 무렵 경성 대화정 1정목 45번지 시라카와 코조(白川光藏) 씨는 시키 씨와의 구정(舊情)을 잊기 어렵고 또한 동지 주민을 경애하는 후지(厚志)를 지니고 3백 원의 사재(私財)를 던져 신사 경내에 국기게양탑을 건설하기로 되어 오는 8월 11일 오전 8시부터 각 관공리 유지 등 다수 임석한 가운데 지진제를 거행하기로 되었다.

『매일신보』 1943년 5월 18일자에 수록된 한강신사 신마 출정 장행회 관련 보도사진이다.

그리고 『매일신보』 1943년 5월 18일자에는 「신사(神祠)의 신마(神馬)도 출정(出征), 금일 한강신사(漢江神祠)에서 장행회 거행」 제하의 기사가 수록되어 있는데, 이것이 한강신사에 관해 현재까지 드러난 막바지 기록이다.

미영격멸에 신마(神馬)도 출정 ― 부내 한강신사 앞에 모셔 논 구리로 만든 신마가 출정하기로 되어 17일 오전 10시 동 신사에서 장행회(壯行會)

를 거행하였다. 여기에는 군 애국부의 히라이 대위(平井大尉)와 키노시타(木下) 흑석정 총대 이하 정민 다수가 참렬한 아래 성대히 거행하였는데 이 신마는 대정 10년도(1921년도)에 건립하여 지금까지 23년 동안 동 신사 앞에서 있던 것으로 이번에 육군에 헌납키로 된 것이다.

여기에 흑석정 총대로 언급된 키노시타는 바로 명수대 토지경영의 사장과 동일인이다. 겉으로는 한강 수호의 성지인 듯이 말하지만 결국에는 출정황군의 무운장구를 빌거나 전쟁동원을 위한 총력체제의 결집장소로 활용되고 마는 것이 바로 일제가 만든 이들 침략신사의 본질이 아닌가도 싶다.

● 이 글은 『민족사랑』 2018년 6월호에 게재하였던 것을 수정 보완하였다.

제2부 ── 그 거리에 남겨진 식민지배의 흔적들

07

도로원표는 왜
칭경기념비전 앞에 놓여 있을까?

일제강점기에 모든 길은
'황토현광장'으로 통했다

    88서울올림픽을 앞두고 사라진 옛 문화유적지를 알리기 위해 서울시가 처음 10개의 표석(標石)을 설치한 것이 지난 1985년 10월 30일의 일이었다. 이 숫자는 세월이 흐르면서 꾸준히 증가하여 지금은 시내 곳곳에 대략 300여 개가 넘는 표석이 만들어져 있는데, 이 가운데 근대 시기 신문사 터와 관련한 것도 다섯 개가 포함되어 있다.

    예를 들어 '독립신문사 터' 표석은 최초에 설치된 10개의 표석군에 포함되어 정동 배재학당 구내에 자리하였고, 그 이후에 황성신문(2005년), 조선일보(2005년), 동아일보(2006년), 대한매일신보(2007년)의 표석도 차례대로 추가되었다. 다만, 독립신문사의 경우 2014년에 이르러 원위치 재고증 문제가 불거지면서 옛 독일영사관 자리에 해당하는 서울시립미술관 앞뜰에 새로운 표석으로 교체되어 설치된 상태이다.

근대 시기 신문사 창간사옥 터 관련 표지석 설치 현황

신문사명	창간일자	창간사옥 소재지	비고
독립신문	1896.4.7	서소문동 38번지(독일영사관)	표석설치(2014)
황성신문	1898.9.5	황토현 우순청 터	–

대한매일신보	1904.7.8	박동(磚洞) 법어학교 앞	표석설치(2007)
조선일보	1920.3.5	관철동 249번지	표석설치(2005)
동아일보	1920.4.1	화동 138번지	표석설치(2006)

『황성신문』 1902년 9월 10일자에는 조야송축소에서 추진하는 칭경기념비의 건립장소로 황성신문사 자리(옛 우순청 터)가 선정되어 다른 곳으로 신문사 사무소를 옮긴다는 내용의 사고가 수록되어 있다.

그런데 이들 신문사는 사옥의 위치를 여러 군데 옮겨 다닌 것이 대부분이었으므로 그 가운데 어느 장소에 표석을 설치하는지가 간혹 문제가 될 수 있다. 이런 논란을 피하고자 대개는 창간사옥(創刊社屋)을 기준으로 하는 방식을 따르는 것이 보통이며, 실제로 표석 표면에는 '무슨무슨 신문 창간사옥 터'라는 표제가 즐겨 사용되고 있다. 하지만 황성신문의 경우는 예외였다.

현재 '황성신문(皇城新聞) 터' 표석은 지하철 1호선 종각역 5번 출구의 계단 바로 옆 도로를 등진 자리에 설치되어 있다. 이곳은 이 신문사의 사옥이 있었다고 하는 '종로 백목전 후곡 전 면주전도가(鍾路 白木廛 後谷 前 綿紬廛都家)' 터와 인접한 지점이다. 서울시에서 이 표석을 세운 때가 2005년 12월이라 하였으니, 필시 '을사조약 100주년'을 되새기는 뜻에서 만들어진 것임을 짐작할 수 있다.

창간사옥도 아닌 장소에 구태여 표석이 설치된 까닭은 '시일야방성대곡(是日也放聲大哭)'이라는 논설의 산실이 바로 이곳이라는 사실과 직접 관련이 있다. 그런데 신문사 사옥 자체의 이동 연혁을 살펴보면, 황성신

황성신문사가 창간사옥으로 빌려 사용하고 있던 옛 우순청 건물을 헐어내고 1903년 9월 2일에 완성된 칭경기념비와 기념비전의 모습이다. 앞쪽에 보이는 돌문이 '만세문'이다. (개인소장자료)

문사는 창간 이후 무려 4차례나 이곳저곳을 옮겨 다녔고 더구나 현재 표석이 설치된 자리는 4번째이자 마지막 사옥에 해당하는 지점이었던 것으로 확인된다.

『황성신문』 1898년 9월 5일자 '창간호'에 수록된 내용에 따르면, 이 신문사가 처음 자리한 곳은 '중서 징청방 황토현 제27통 7호 전 우순청(中署 澄淸坊 黃土峴 第二十七統 七戶 前 右巡廳)'이었다. '황토현(황토마루)'은 지금의 광화문네거리 일대를 일컫는 지명이며, '우순청'은 한성부 서쪽 절반에 해당하는 구역의 순라(巡邏)를 맡아보던 관청이었다.

여기에서 보듯이 황성신문사는 옛 우순청 건물을 빌려 사용하였으나 그 이후 3년이 지나 이곳을 물러날 수밖에 없었는데 『황성신문』 1902년 9월 1일자에 게재된 '사고(社告)'에는 그 이유를 다음과 같이 적고 있다.

> 본사(本社)를 조야송축소(朝野頌祝所)에서 기념비(紀念碑)를 수립차(竪立次) 훼철(毁撤)하기로 본사 임시사무소(臨時事務所)를 송교 동대로 남일가(松橋 東大路 南一家)로 이정(移定)하고 본 신문은 내(來) 11일부터 부득이 정간(停刊)

하였다가 본사를 하처(何處)든지 확정한 후에 계속 발간하겠사오니 제군자(諸君子)는 조량(照亮).

여기에 나오는 '기념비'는 1902년에 해당하는 고종황제의 등극 40년과 보령(寶齡) 망육순(望六旬, 51세)을 기리는 칭경예식(稱慶禮式)과 관련하여 중흥송덕(中興頌德)의 내용을 담아 1903년 9월 2일에 완공된 비석이다. 이때 현직고위관리가 중심이 된 관주도 성격의 조야송축소(朝野頌祝所)에 의해 기념비의 건립 장소로 황토현에 있는 기로소(耆老所, 세종로 149번지)의 남쪽 옛 우순청(右巡廳, 세종로 142번지) 자리가 선택되었으므로 당시 이 건물을 빌려 사용하던 황성신문사는 이곳에서 퇴거할 수밖에 없었던 것이다.

이 비석의 전자(篆字)는 황태자(순종)의 글씨이며, 비문은 의정부 의정 윤용선(尹容善)이 짓고 원수부 회계국총장 민병석(閔丙奭)이 썼다. 비각의 전면에는 '기념비전(紀念碑殿)'이라는 편액이 걸렸는데, 이 글씨 역시 예필(睿筆)이라고 하여 황태자가 1902년 9월에 쓴 것으로 표시되어 있다. 도로쪽 전면에 조성된 돌문에는 영왕(英王, 영친왕)이 6세에 썼다는 '만세문(萬歲門)'이라는 글씨가 남아 있고, 이곳과 이어진 벽돌담장에는 '성수만세(聖壽萬歲)'라는 글자문양이 만들어져 있었다.

이것이 바로 광화문네거리의 북동쪽 모서리에 자리한 칭경기념비전(稱慶紀念碑殿)의 건립내력이다. 그런데 이 자리는 이 비석 말고도 일제강점기에 추가된 또 다른 공간적 의미가 중첩되어 있다. 이곳이 바로 '시가지원표(市街地元標)' 또는 '도로원표(道路元標)'의 설치장소라는 사실이 그것이다.

『조선총독부관보』 1914년 4월 11일자에 수록된 '조선총독부 고시 제

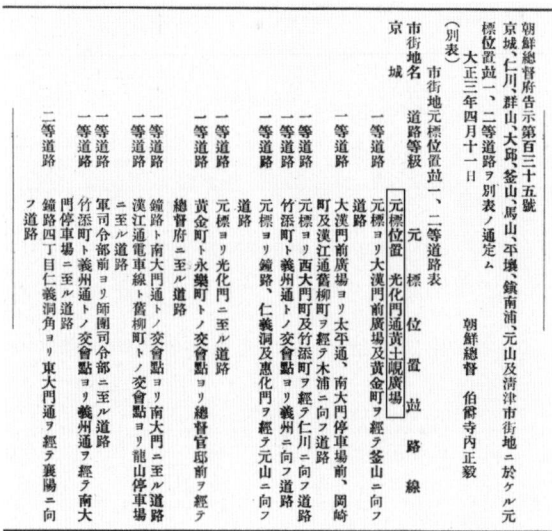

『조선총독부관보』 1914년 4월 11일자에 실린 시가지 원표 위치 및 1, 2등 도로표 가운데 '경성부' 관련 내용이다. 여길 보면 최초 시가지원표의 위치가 '광화문통 황토현광장'으로 설정된 것을 알 수 있다. 이 자리는 종로와 광화문통이 교차하는 지점을 가리킨다.

135호'를 통해 전국 각지 10개 도시에 대해 시가지원표의 위치와 일등 및 이등도로의 구간이 처음으로 지정되었는데, 이때 경성 지역에는 "광화문통 황토현광장(光化門通 黃土峴廣場)"이 원표위치로 선정되었다. 이에 따라 부산, 목포, 인천, 의주, 원산, 양양 등 사방팔방으로 이어지는 모든 도로는 이곳 시발점인 '황토현광장'으로 통하게 되었던 것이다.

총독부 고시 제135호(1914.4.11)에 의한 주요 도시 시가지원표 위치지정내역

도시명칭	원표위치	도시명칭	원표위치
경성	광화문통 황토현광장	인천	인천세관 본청사 앞
군산	본정 4번지 모퉁이	대구	대화정과 본정의 교차점
부산	부산정거장 앞	마산	본정 3정목과 잔교통의 교차점
평양	대화정과 서기통의 교차점	진남포	명협통 서4정목 모퉁이
원산	원산경찰서 부근 모퉁이	청진	부도정우편국 모퉁이

이와 아울러 해를 바꿔 『조선총독부관보』 1915년 1월 21일자에 수록

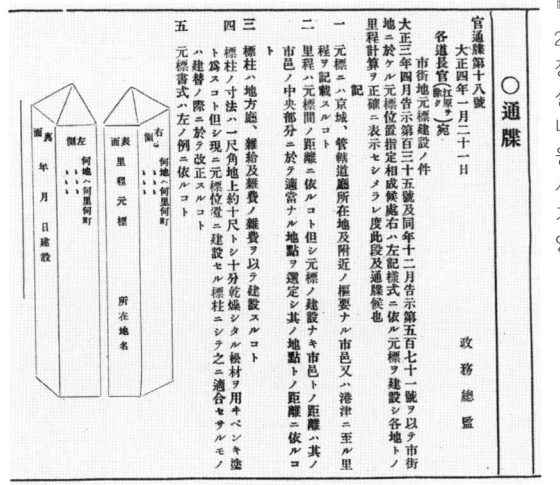

『조선총독부관보』 1915년 1월 21일자에는 정무총감이 각도 장관에게 '이정원표'를 제작 설치할 것을 알리는 '관통첩' 내용이 수록되어 있다. 이때 원표는 3미터 정도의 소나무 사각기둥에 페인트를 칠하여 거리를 표시하는 것으로 제작 양식이 규정되어 있었다.

된 '관통첩(官通牒) 제18호'에는 정무총감이 각도장관에게 시가지 원표로 지정된 자리에다 '이정원표(里程元標)'를 세울 것을 지시하는 내용이 다음과 같이 정리되어 있다.

1. 원표에는 경성, 관할도청 소재지 및 부근의 주요한 시읍(市邑) 또는 항진(港津)에 이르는 이정(里程)을 기재할 것.
2. 이정(里程)은 원표간의 거리에 따를 것. 단, 원표의 건설이 없는 시읍과의 거리는 그 시읍의 중앙부분에 있어서 적당한 지점을 선정하여 그 지점과의 거리에 따를 것.
3. 표주(標柱)는 지방청(地方廳), 잡급급잡비(雜給及雜費) 중에 '잡비'로써 건설할 것.
4. 표주(標柱)의 촌법(寸法, 치수)은 1척각(尺角, 사방 1자), 지상(地上) 약 10척(尺, 3.03미터)으로 십분 건조(十分 乾燥)한 송재(松材)를 사용하고 뻥키칠(ペンキ塗)을 할 것. 단, 현재 원표위치에 건설된 표주로서 이에 맞지 않는 것

은 건체(建替)할 때에 개정(改正)할 것.

5. 원표서식(元標書式)은 좌(左)의 예(例)에 따를 것.

광화문 칭경기념비전 주변의 거리풍경이 담긴 사진엽서이며, 이것은 현재까지 유일하게 확인된 '이정원표'의 모습이 담긴 사진자료로 평가된다. 이 엽서의 오른쪽 모서리 부분을 확대해 보면 경계부분에 간신히 '이정원표'의 실물이 포착되어 있는 것을 확인할 수 있다. (민족문제연구소 소장자료)

이 내용에 따르면 최초로 설치된 '이정원표'는 돌로 만든 것이 아니라 소나무 기둥으로 만들어 여기에 페인트칠을 하여 사용했던 것을 알 수 있다. 이때 설치된 '이정원표'의 실물이 궁금하여 여러 사진자료를 뒤져 보았으나 당최 그 흔적이 눈에 띄질 않더니, 어찌어찌 간신히 하나 찾아 낸 것이 광화문 칭경기념비전 일대의 거리 풍경을 담은 사진엽서이다.

1920년대 중반 무렵에 촬영된 것으로 추정되는 이 엽서의 오른쪽 가장자리에는 그렇게 찾으려고 했던 '표주'의 모습이 아슬아슬하게 경계지점 바로 안쪽에 포착되어 있는 것이 퍼뜩 눈에 띈다. 하얀색 나무 기둥에 '이정원표(里程元標)'라는 글씨를 또렷이 새겨놓은 형태가 『조선총독부관보』 1915년 1월 21일자에 그려놓은 서식과 그대로 닮아 있다. 어쨌거나 이 엽서에 담긴 광경은 이정원표의 설치지점이 처음부터 그랬는지는 알 수 없으나 황토현광장의 중앙이 아니라 기념비전의 옆쪽이었다는 사실을 새삼 확인시켜 주고 있는 셈이다.

그렇다면 지금도 기념비전 앞쪽에 남아 있는 돌로 만든 시가지원표는 언제 처음 등장한 것일까?

우선 현존하는 실물을 살펴보면 2단 높이로 쌓아 올린 표석의 전면

현재 칭경기념비전 앞쪽에 남아 있는 석재 도로원표의 모습이다. 제작시기를 알려주는 후면의 글씨는 깎여 나갔으나, 다행히도 이것과 똑같은 도로원표가 경희대학교 박물관에 하나 더 남아 있어서, 이를 통해 "소화 10년(1935년) 5월 건설"이라는 내용이 새겨져 있었다는 사실을 파악할 수 있다.

에 '도로원표(道路元標)'라고 새긴 글자가 또렷하고, 양 측면에는 각각 북부지역 9개 도시 및 남부지역 9개 도시와의 거리를 천(粁, 킬로미터) 단위로 적혀 있는 것이 확인된다. 뒷면에는 원래 설치시기를 새겨놓은 부분이 있었으나 지금은 해당 구절이 완전히 깎여나간 상태이므로 아쉽게도 그 내용을 파악하기 어렵다. 그리고 전면 하단에는 다음과 같은 내용이 새겨진 것도 눈에 띈다.

> 元標眞位置 自本標中心 距離五五米 方向南六九 度一三分西(원표의 진짜 위치는 이 표석의 중심으로부터 55미터의 거리이며, 방향은 남서쪽 69도 13분이다).

여기에서 말하는 위치는 종로와 세종로가 교차하는 지점이며, 황토현광장의 중심부를 가리키는 표현이다. 그러니까 관보에 고시된 원표의 지정위치는 교차로의 한 가운데이지만 교통의 편의상 도로원표는 옆으로 비껴난 기념비전의 앞에 따로 설치해둔 것이라는 얘기인 셈이다.

그런데 비록 도로원표의 뒷면이 깎여나가긴 했지만, 그렇다고 그 내용을 파악할 방법이 전혀 없는 것은 아니다. 희한하게도 이것과 똑같은 또 하나의 도로원표가 경희대학교 박물관에 보관되어 있기 때문이다. 어떤 연유로 똑같은 모양과 내용의 도로원표가 둘씩이나 존재하는 것인지, 또 어떤 경위로 어디에서 수습되어 이곳 박물관에 보관되어 있는 것인지에 대해서는 자세히 알려진 바 없다.[20] 어쨌건 이곳에 남아 있는

---

20) 현재 광화문 칭경기념비전 앞에 놓여 있는 도로원표의 몸돌 측면을 보면, '부산(釜山)'이라고 새긴 모서리 부분이 완전히 깨졌다가 그 부분을 돌가루로 이겨서 다시 접합한 흔

『조선일보』 1935년 12월 5일자에 수록된 겨울 풍경 스케치 사진에 우연하게도 그때 막 제작 설치한 '도로원표'의 모습이 드러나 있다. 이것 역시 일제강점기 당시에 도로원표의 모습이 담긴 유일한 사진자료이다.

경희대박물관의 진열품으로 남아 있는 '또 다른' 도로원표의 모습이다. 이곳에는 별도의 받침돌이 존재하지 않고, 글자체도 칭경기념비전의 그것에 비해 약간 가늘고 직선 형태인 것으로 미뤄보아 도로원표의 원형을 복제한 것으로 추정된다. 아무튼 이곳에는 뒷면에 새겨진 '일제 연호' 표기가 그대로 남아 있으므로 그 덕분에 구체적인 제작시기를 파악할 수 있다.

적이 역력하다. 특히 그 위에 다시 칼 같은 것으로 다시 글자를 써 넣었기 때문에 이곳만은 여타 부분과 글씨체가 다르다는 것이 확연히 눈에 띈다. 한편, 경희대박물관의 도로원표는 기념비전 앞의 그것에 비해 글자체가 가늘고 자로 잰듯이 반듯한 모양을 지닌 사실이 포착된다. 그리고 무엇보다도 경희대박물관의 도로원표는 기단석 부위가 따로 잔존하지 않는 것으로 확인된다. 그러니까 이런 점으로 살펴보면, 두 개의 도로원표는 동시에 만들어진 것이 아니고 기념비전 앞의 것을 본떠서 새로운 것(즉, 경희대박물관 소장 도로원표)을 나중에 추가로 만들었다고 보는 것이 자연스럽다. 이건 어디까지나 짐작일 따름이지만, 파손된 부위를 교체하기 위해 원본과 동일한 몸돌을 만들었다가 어떤 이유에선지 최종 결정과정에서 보류되는 바람에 두 개의 도로원표가 남겨진 것이 아닌가 싶기도 하다. 어쨌거나 이 덕분에 '오리지날' 도로원표의 후면에 "소화 10년 5월 건설"이라는 부분이 깎여나갔음에도 불구하고 ― 이 말은 또 다른 도로원표가 복제

쌍둥이 도로원표를 통해 이 원표 자체는 "소화 10년(1935년) 5월 건설(建設)"된 사실은 명확히 드러나고 있는 것이다.

예전에 어느 때인가 옛 신문을 뒤적이다가 『조선일보』1935년 12월 5일자에 겨울 풍경을 스케치한 보도 사진에서 기념비전 앞에 만들어놓은 도로원표의 모습을 구경한 적이 있었다. 아마도 이것이 일제강점기에 채록된 유일한 도로원표의 사진자료가 아닌가 하는데, 이를 통해 나무기둥 이정원표를 대체하여 돌로 만든 도로원표가 새로 등장한 때가 최소한 1935년 이전이었다는 사실은 진즉에 확인할 수 있었던 것이다.

그리고 이 무렵에 일제가 창안한 새로운 개념의 하나는 바로 국도(國道)였다. 1938년 4월 4일에 제정된 '제령(制令) 제15호 조선도로령(朝鮮道路令)'에 따르면, 도로는 국도, 지방도, 부도(府道), 읍면도(邑面道) 등의 4종류로 나뉘고 이 가운데 국도는 다음 각호의 하나에 해당하는 것으로 조선총독이 이를 인정하는 노선으로 정해졌다.

1. 경성부에서 도청소재지, 사단사령부 소재지, 여단사령부 소재지, 요새사령부 소재지, 요항부(要港部) 소재지 또는 개항(開港)에 이르는 노선.
2. 도청소재지, 개항 또는 추요지(樞要地), 비행장 혹은 철도정거장 상호를 연락하는 노선.
3. 군사상 중요한 노선.
4. 경제상 중요한 노선.

될 시점에는 원본 후면의 글씨가 멀쩡하게 남아 있었다는 얘기가 되는 것이지만 — 경희대박물관 쪽의 도로원표를 통해 제작시기를 확인할 기회가 생겨났다고 볼 수도 있다.

이러한 내용을 살펴보면 국도라는 개념의 설정은 다분히 긴급한 군사적 필요에 따라 만들어진 결과물이라는 것을 파악할 수 있다. 이와 관련하여 『매일신보』 1938년 5월 7일자에 수록된 「일등도로(一等道路)는 국도(國道)로, 등외선(等外線)도 개수 승격, 비상시하(非常時下) 경기(京畿)의 각등도로망(各等道路網) 대경성중심(大京城中心)으로 확충」 제하의 기사에도 이와 비슷한 맥락의 내용이 서술되어 있다.

> 얼마 전 총독부로부터 공포된 조선도로령(朝鮮道路令)은 그 실시를 5월 1일부터 하기로 하였던 것을 연기하여 전조선적(全朝鮮的)으로 도로망의 조사를 급속히 하고 있는데 경기도에서도 이 도로령 실시를 앞두고 도내 전반에 긍(亘)한 도로조사를 급속히 하고 있다. …… 더욱이 국제도시 대경성을 중심으로 각 군부(各郡府)에 방사선식(放射線式)으로 관통되어 있는 도로망을 차제에 더욱 한번 확충 강화하여 비상시하의 통운(通運)을 원활(圓滑)케 할 터이며 특히 비상시하의 자원개발(資源開發)에 도로가 가진 바 사명을 다하게 하도록 도로정책에 대한 적극책을 취하리라고 한다. (하략)

이러한 조치에 따라 『조선총독부관보』 1938년 12월 1일자에 게재된 '총독부 고시 제956호'를 통해 전국 각지에 거미줄처럼 얽힌 95개에 달하는 국도노선이 처음으로 인정 공포되었다. 이들 가운데 경성(京城, 도로원표)을 기점으로 하는 노선만을 간추려보면, 부산선(1호), 신의주선(2호), 목포선(3호), 웅기선(4호), 청주선(5호), 춘천선(6호), 해주선(7호), 진해선(8호), 인천선(9호), 군산선(10호), 여수선(11호), 송정리선(36호), 경성비행장선(37호), 강릉선(62호) 등이 여기에 포함되었다.

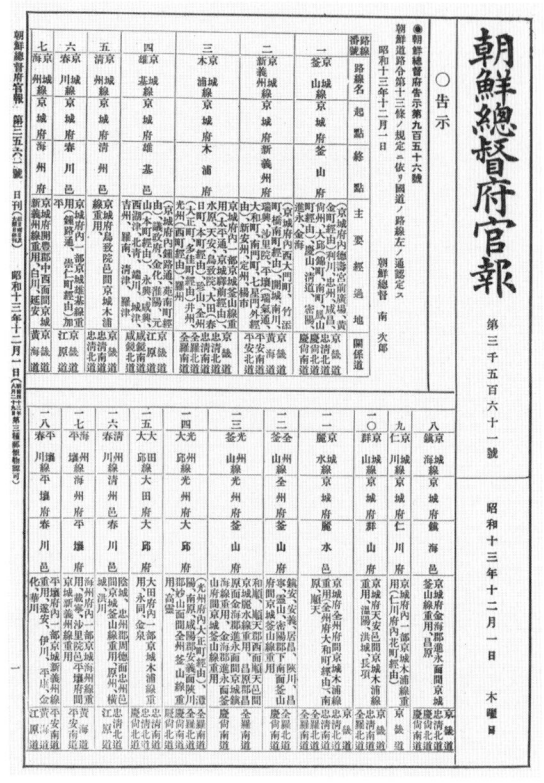

『조선총독부관보』 1938년 12월 1일자에 실린 최초의 국도 노선 지정 내역이다. 이러한 국도노선 지정은 표면상으로 조선도로령의 제정에 따른 것이지만 그 이면에는 전시체제기라는 비상시국을 맞이하여 이에 대응하기 위한 도로망 구축이 진짜 목적이었다.

그런데 여길 보면 우리가 익히 아는 국도 1호선이라든가 국도 4호선이라든가 하는 것과는 노선이 완전히 다른 것이 눈에 띈다. 알고 보니 해방 이후 1963년 2월 5일에 이르러 '각령 제1191호 1급국도와 2급국도의 노선지정의 건'이란 것이 있었고, 다시 1971년 8월 31일에 이르러 '대통령령 제5771호 일반국도노선지정령'이 공포된 것으로 확인된다. 예를 들어, 목포에서 신의주를 종주하여 연결하는 '국도 제1호선'은 바로 이때 처음 나타난 개념이었다.

요컨대 일제강점기의 국도 노선은 '경성'을 중심으로 해서 사방팔방으로 뻗어가는 것이 기본이라면, 1971년 이후에 설정된 국도 노선은 국토의 끝과 끝을 가로세로 방향으로 길게 연결하는 것에 바탕을 두고 있었다는 점이 달랐다. 따라서 칭경기념비전 앞의 도로원표가 지녀왔던 국도의 기점(起點)이라는 위상은 바로 이 시점부터 종말을 고하게 되었던 것이다.

더구나 1997년 12월에는 광화문네거리의 남서쪽 방향에 새로운 도로원표와 상징물이 만들어지면서 칭경기념비전 앞의 도로원표는 그 기능을 완전히 상실하고 말았다.[21] '사적 제171호 서울 고종 어극 40년 칭경기념비'(1969년 7월 18일 지정)인 국가문화재 구역 안에 버젓이 자리를 차지하고 있던 저 도로원표가 한낱 '일제잔재'에 불과한 것인지 아니면 이것조차도 품어야 할 근대시기의 역사유물로 간주되어야 할 것인지는 좀 더 깊은 고민이 필요해 보인다.

● 이 글은 『민족사랑』 2020년 9월호에 게재하였던 것을 수정 보완하였다.

---

21) 『서울특별시 97 시정주요일지』(1998)에 따르면, 1997년 12월 29일에 제막된 '광화문 도로원표 조형물'의 제작자는 정대현 서울시립대 교수였던 것으로 표시되어 있다. 그러나 이곳 바닥면에 붙여 놓은 '도로원표(道路元標)' 표지동판에 대해서는 아무런 언급이 없어서 누가 휘호(揮毫)한 것인지 못내 궁금하였다. 그러던 차에 몇 해 전 서울시청 문화재과 쪽을 통해 문의해본즉 '강덕기(姜德基) 제30대 서울시장 직무대리(재임 1997.9.10~1998.6.30)'가 붓펜으로 쓴 글씨를 확대하여 부착하였다는 사실을 확인하여 알려주었기에 그 내용을 여기에 참고삼아 적어두기로 한다. 이 당시 서울시장은 조순(趙淳) 씨였으나 그가 대통령 선거에 출마를 선언하면서 중도사퇴하는 바람에 행정부시장이던 강덕기 씨가 다음 선거 때까지 10개월 가까이 그 자리를 대행하게 되었던 상황이었다.

08

독점기업 경성전기(京城電氣)의 마지못한 선물, 경성부민관

부민관폭파의거의 현장에 얽힌 근현대사의 굴곡 반세기

    1945년 7월 24일, 그날 오후 6시 서울 태평로의 대로변에 자리한 경성부민관(京城府民館)에서는 불과 20여일 후에 다가올 일제 패망의 소식을 짐작조차 하지 못했는지 친일거두 박춘금(朴春琴, 1891~1973)이 이끄는 대의당(大義黨)의 주최로 아세아민족분격대회(亞細亞民族憤激大會)라는 관제 행사가 막 개막되고 있었다. 국민의례와 육해군장병에 대한 감사전문결의, 그리고 "흉적(凶賊)을 격멸하고 동아(東亞) 10억 동포를 구하자"는 각 지역 대표자의 연설과 더불어 제1부가 종료되고 7시 반부터는 제2부의 식순인 분격응

『매일신보』 1945년 7월 25일자에는 대의당 주최 아세아민족분격대회가 성황을 이루면서 무사히 잘 진행되었던 것으로 소개되어 있다.

변대회가 이어졌다.

이윽고 이날 행사가 막바지로 치닫던 9시 10분께 두 번의 폭탄소리가 울려 퍼졌다. 일제 치하에서 벌어진 사실상 최후의 무력항거인 부민관 폭파의거의 순간이었다. 이로써 순식간에 대회장은 아수라장으로 변했고, 결전을 부르짖던 그들의 목소리는 공허한 외침이 되고 말았다. 하지만 철저한 보도통제 탓인지, 그 다음 날 발행된 『경성일보』와 『매일신보』의 신문지상에는 대회의 진행상황과 9시 반 지나 성황리에 폐회하였다는 내용만 적고 있을 뿐 이날의 사건 자체에 대해 일언반구의 언급도 등장하지 않았다.[22]

이 의거의 주역들이 누군지가 밝혀진 것은 해방이 되고도 석 달 여가 지날 무렵 『자유신문』 1945년 11월 13일자의 지면을 통해서였다.[23]

> …… 이 사건이 일어나자 일본경찰관은 총동원하여 폭탄 던진 용사를 잡으려고 갖은 애를 다 썼고 대의당수 박춘금은 사재 5만 원을 내놓고 경관들을 격려하였으나 사건의 장본인은 영영 자취를 나타내지 않은 채 조선은 해방되었던 것인데 이 사건의 진상을 조사중이던 본사에서는 마침내 이 사건의 주인공을 12일 찾아내었다.

---

22) 이에 관한 것으로는 『경성일보』 1945년 7월 25일자에 수록된 「멸적(滅敵)의 대사자후(大獅子吼), 아세아민족분격대회(亞細亞民族憤激大會) 성황(盛況)」 제하의 기사와 『매일신보』 1945년 7월 25일자에 수록된 「멸적열화(滅敵熱火)의 절규(絶叫), 아세아민족분격대회(亞細亞民族憤激大會)」 제하의 기사 등이 있다.

23) 『자유신문』 1945년 11월 13일자에는 「부민관(府民館)에 정의(正義)의 폭탄(爆彈), 복면(覆面) 벗은 삼청년용사(三靑年勇士), 아세아민족대회 격쇄사건 진상(亞細亞民族大會 擊碎事件 眞相)」 제하의 기사가 남아 있다.

해방 직후 부민관폭파의거의 진상과 주역들의 정체가 처음으로 공개된 『자유신문』 1945년 11월 13일자의 보도내용이다.

여기에는 20세 남짓의 청년이던 강윤국(康潤國, 1926~2009)[24], 조문기(趙文紀, 1927~2008), 유만수(柳萬秀, 1921~1975) 세 용사가 이 사건의 주인공이라는 사실과 더불어 거사모의와 폭탄설치과정과 장소선정에 대한 내막이 수록되었다. 이는 일제의 혹독한 군국주의를 향한 저항이자 그들의 앞잡이 노릇을 하는 친일파에 대한 응징이었음은 말할 나위가 없다.[25]

그런데 이 폭파의거의 현장인 경성부민관은 실상 이 사건뿐만 아니라 무수한 근현대사의 굴곡이 잔뜩 얽힌 공간이라는 점도 함께 기억할 필

---

24) 강윤국의 본명은 강백(康伯)이며, 국립대전현충원에 안장된 그의 묘비명에도 '애국지사 강백의 묘(배위 김원순)'로 표기되어 있다.

25) 이와 함께 『경성일보』 1945년 11월 15일자에 수록된 「토일전(討日戰)의 제일발(第一發), 부민관 폭탄사건(府民館 爆彈事件)의 진상(眞相)」 제하의 기사에도 대한애국청년당(大韓愛國靑年黨)의 강윤국, 조문기, 유만수 등 3인이 벌인 결사행동의 내용이 소상하게 채록되어 있다.

시계탑 아래 현관 입구에 일장기가 교차하여 나란히 걸린 모습이 담긴 경성부민관 사진엽서이다. 오른쪽으로 건물 후면에 높이 솟아 있는 옹벽(擁壁)의 존재는 도로변에 접한 쪽을 그 지반에 맞춰 크게 잘라냈다는 것을 말해주는 흔적이기도 하다. (민족문제연구소 소장자료)

지방자치제도의 부활에 따라 1991년 7월 8일 이래 서울시의회 청사로 사용되고 있는 옛 경성부민관의 모습이다. 1980년에 태평로 도로확장공사에 걸려 정면 출입구가 폐쇄되고 남쪽 측면으로 옮겨진 것을 제외하면 대체로 건물의 원형을 유지하고 있으며, 현재 '서울 구 국회의사당'이라는 명칭으로 국가등록문화재 제11호(2002.5.31일)로 등재되어 있는 상태이다.

요가 있다. 지금은 서울시의회 청사로 사용하고 있지만, 한국전쟁 이후 무려 20년 가까이 '국회의사당'이었던 시절도 있었으므로 그 자체가 하나의 역사현장일 수밖에 없었다.[26]

알고 보면 이 경성부민관이 건립되는 과정도 이채롭다. 이 건물은 원래 1935년에 '경성전기주식회사(京城電氣株式會社)'라는 독점기업이 낸 100만 원의 기부금을 재원으로 하여 건립한 건물이었다. 그렇다면 그 시절 경성전기는 무엇이 아쉬워 그러한 거액의 기부금을 냈던 것일까? 여기에는 그만한 사연이 있었다.

경성전기회사는 1915년 9월에 새로 고친 이름이고, 원래는 1908년 9월 '일한와사주식회사(日韓瓦斯株式會社)'에서 시작되어 다시 1909년 7월 이후에는 '일한와사전기주식회사'로 전환된 내력을 지녔다. 한국통감을 지낸 소네 아라스케(曾禰荒助, 1849~1910)의 아들인 소네 칸지(曾禰寬治, 1882~1956)가 주동이 되고, 여기에 시부사와 에이이치(澁澤榮一, 1840~1931), 오쿠라 키하치로(大倉喜八郎, 1837~1928), 오하시 신타로(大橋新太郎, 1863~1944) 등의 권세가와 재력가들이 합세하여 창립한 일한와사는 회사의 이름에서 보듯이 한국 땅에서 와사(瓦斯) 즉 '가스'장사를 하겠다는 것을 목적으로 삼았다.

이들은 이미 1907년 6월 27일자로 통감부(統監府)를 통해 경성 일대의

---

26) 1948년 5월 31일 제헌국회가 성립된 이래로 중앙청 중앙홀(옛 조선총독부 청사)을 국회의사당으로 사용하였으나 한국전쟁으로 인해 피난국회의 상황이 이어지면서 대구와 부산과 서울 등지의 여러 곳에서 임시의사당을 개설하여 운영하였다. 이 가운데 옛 경성부민관 건물이 국회의사당(태평로)으로 사용된 때는 각각 1950년 12월 8일~1951년 1월 3일, 1954년 6월 9일~1961년 5월 16일, 1963년 12월 1일~1975년 7월 9일에 걸치는 시기에 해당한다. 그 이후 여의도에 신축한 국회의사당이 1975년 8월 15일에 준공되면서 그해 9월 22일 이후로는 이곳을 국회의사당으로 사용하고 있다.

『뻗어가는 경성전기』(1935)에 수록된 경성전기주식회사 본점(남대문로 2가)의 전경 사진이다. 이곳은 당초 경성지점의 용도로 신축되었으나 '경성부영안'을 무마하는 과정에서 성립된 타협안에 따라 1932년 5월 이후 일본 도쿄에 있던 본점이 이곳으로 옮겨와 사용하게 되었다. (민족문제연구소 소장자료)

가스영업허가권을 교부해놓은 상태였고, 1909년 6월에는 서울전역의 전차, 전등, 전화 영업권을 갖고 있던 콜브란(Henry Collbran, 1852~1925)과 보스트윅(Harry R. Bostwick, 1870~1931)의 '한미전기회사(韓美電氣會社, 한성전기회사의 후신)'까지 인수하였는데, 이러한 대목에서도 짐작하듯이 이 회사는 근대 문명의 필수품이 되고 있던 거의 모든 분야를 진즉에 장악하고 있었던 것이다. 더구나 그것은 독점적인 권한이었다. 그러니까 한마디로 잘 나가는 기업이었다. 그런데 너무 잘 나갔다는 것이 문제였다.

근대도시로 재편되던 시대에 도시 인구는 날로 늘어가고 전차(電車)라는 교통수단과 전등(電燈), 전기(電氣)가 편리한 생활도구로 자리잡아가던 때였으므로 엄청난 수익을 거둬드리는 건 그야말로 시간문제였던 것이다. 가령 전등보급률로 보더라도 1910년 중반까지 10퍼센트 정도에 불과했던 것이 1920년대에 접어들면서 전체 가구의 50퍼센트까지 치솟아 올랐고, 그만큼 조선인들의 가정에도 전기와 전등보급이 급격히 늘어나던 추세였던 것으로 드러난다.

한 가지 흥미로운 것은 경성전기가 공급하던 전기와 전등과 가스의 요금이 무려 20년 가까운 세월이 흐르도록 거의 인상되지 못했거나 오히려 절반 가까이 떨어졌음에도 시간이 흐를수록 굉장한 수익이 고스란히 보장되었다는 점이었다. 그래서인지 1920년 이후에는 1년에 두 번 있던 정기주주총회 때마다 12퍼센트에 달하는 고액의 배당금이 꼬박꼬박 주주들에게 지급되고 있었다. 이러한 흐름은 세계적인 대공황 상태가 벌어졌던 1929년 이후에도 이에 아랑곳하지 않고 그대로 이어졌다.

그런데 경성전기에게는 참으로 안된 일이었지만, 이러한 독점적 이익구조에 맞서려는 움직임이 1920년대 중반 무렵부터 뚜렷이 나타나고 있었다. 그러니까 너무 잘나갔던 독점기업의 폐해에 대한 불만요인이 표출되었던 것이다. 비싼 전기요금과 전차요금 구역제 등에 대한 쌓인 반감에 더하여, 경성전기의 대부분 주주가 이른바 '내지(內地)'에 살던 일본인들이었으며, 더구나 장사는 경성에서 하고 정작 본점(本店)은 일본 도쿄에다 두고 있었다는 사실 역시 여기에 한몫 했다.

이러한 문제에 대한 대안으로 전기료 인하운동과 전기가스사업의 공영제(公營制) 전환이 모색되었으며, 특히 평양처럼 1927년에 부영화(府營化)에 성공하는 사례도 있었던 것으로 확인된다. 때마침 경성전기의 이익독점을 보장해주었던 가스사업의 허가연한이 1932년 6월 26일(25년 만기)이었고, 한미전기회사에게서 물려받은 전기사업의 허가연한 역시 1933년 1월 17일(35년 만기)이었으므로, 막대한 인수비용을 들이지 않고도 전기부영안이 가능하다는 판단도 있었던 것 같았다.

경성전기주식회사의 사업인허 만료일 내역

구분	최초 인허일자	허가연한일	영업연장 허가일
전기사업	1898년 1월 18일 (농상공부대신)	1933년 1월 17일 (35년 만기)	1932년 7월 8일 허가 (1968년 1월 26일 만기)
가스사업	1907년 6월 27일 (농상공부대신)	1932년 6월 26일 (25년 만기)	

이 와중에 부영파(府營派)니 조사파(調査派)니 경전파(京電派)니 하는 대립이 없지는 않았으나, 결국 논란에 논란을 거듭하여 경성부회(京城府會)에서는 1931년 8월 9일에 '전기부영안'의 통과가 실제로 이뤄지기도 했다. 하지만 정작 문제는 이러한 '의연한' 결의에도 불구하고 그것을 허가해 주어야 할 조선총독부는 전혀 다른 생각을 하고 있었다는 사실이었다. 경성부민의 복리증진도 중요하지만 전체 조선의 전기보급을 촉진하기 위해 전기부영안에는 선뜻 찬동할 수 없다는 것이 그 이유였다.

이 과정에서 1931년 12월 17일 이마이다 키요노리(今井田淸德) 정무총감의 담화를 통해 부영화 반대표명이 있었고, 이에 경성부회 의원들의 대안요구를 거쳐 마츠모토 마코토(松本誠) 경기도지사의 중재안 제시가 뒤따랐다. 이 내용은 경성전기 측의 승인을 거쳐 최종협상안이 발표되었는데, 그때가 1932년 4월 25일이었다.

『매일신보』 1932년 4월 26일자에 수록된 「전기부영문제(電氣府營問題), 마츠모토 지사(松本知事)가 조정(調停), 부회간담회 대표와 회견후 성명서(聲明書)를 발표(發表)」 제하의 기사에는 조정안의 핵심내용이 이렇게 정리되어 있다.

...... 수차(數次)의 절충(折衝)이 상호 성실히 진척되며 결국 일작일(一昨日) 4월 23일에 회사당국(會社當局)으로부터 좌기(左記) 5항목(項目)을 제출(提

出)하게 되었다.

1. 회사의 본점(本店)을 경성부(京城府)에 이전함.
2. 회사사업지(會社事業地) 부읍면(府邑面)에 대하여 총액(總額) 110만 원(경성부 100만 원, 기타 10만 원)을 기부(寄附)함. 경성부 이외의 부읍면에 대한 기부금(寄附金)의 분부(分賦)는 총독부(總督府)에서 결정 교부할 일.
3. 기부금은 2개년부(個年賦)로 하여 영업기한(營業期限) 갱기허가(更期許可)를 득(得)한 시(時)에 60만 원(경성부 50만 원, 기타의 부읍 10만 원)을 납부하고 경성부에 대한 잔액(殘額)은 허가(許可) 1년 후에 납부함.

요컨대 경성전기는 그 동안 누려온 독점적 지위를 앞으로도 계속 유지하되 그 대신 공익차원에서 몇 가지 '성의표시'를 하기로 한다는 것이었다. 이 가운데 가장 눈에 띄는 것은 역시 경성전기가 100만 원에 달하는 거액의 기부금을 낸다는 대목이다. 이러한 타협의 결과, 경성전기에 대해서는 1932년 7월 8일자로 무난히 35년간 영업연장허가가 내려진다.[27] 이에 앞서 일본 도쿄에 있던 경성전기 본점은 1932년 5월 16일에 경성으로 이전되는 조치가 취해지기도 했다.[28]

배부른 독점기업의 '마지못한' 기부금 100만 원은 '공익'이라는 이름으

---

27) 이와 관련하여 『조선총독부관보』 1932년 7월 21일자에 게재된 「궤도계속경영(軌道繼續 經營)의 건(件)」에는 "경성전기주식회사 궤도사업경영허가 유효기간(有效期間)은 소화 8년(1933년) 1월 26일로써 만료(滿了)되며, 또한 인속(引續) 경영(經營)의 건(件) 소화 7년(1932년) 7월 8일부(附) 허가했음"이라는 내용이 남아 있다.
28) 이때 경성전기 본점 사옥(남대문통 2정목 5번지)으로 사용된 공간은 원래 경성전기의 경성지점(京城支店)의 용도로 신축(1929년 4월 27일 낙성)된 건물이다. 이곳은 지금도 그대로 남아 한국전력의 사옥으로 사용되고 있으며, 2002년 2월 28일에는 국가등록문화재 제1호로 지정되어 관리되고 있다.

경성부에서 펴낸 『경성부사』 제1권(1934)에 수록된 태평통 소재 덕안궁(德安宮) 일대의 전경 사진이다. 사진의 왼쪽 가장자리에 건물 일부만 드러난 곳이 경성기독교청년회관(경성YMCA; 일본인 교회)이며, 그 오른쪽으로 덕안궁 지역이 이어지고 있다. 이 자리에는 나중에 경성부민관(1935년 12월 완공)과 조선일보사 사옥(1935년 6월 준공)이 잇달아 들어서게 된다.

로 치장되어 그렇게 건네졌다. 1차년도 기부금은 '경비진료소(輕費診療所, 경성부민병원)' 건립에 투입되어 1934년 3월 2일에 낙성식을 갖는 것으로 마무리되었다. 지금의 서울 을지로 6가 일대에 자리한 국립중앙의료원은 바로 이 경성부민병원 터에 건립된 내력을 지니고 있다.

이어서 경성전기의 2차년도 기부금 50만 원은 경성부민관의 건립에 사용되었다. 그 장소는 이왕직(李王職) 소유의 덕안궁(德安宮, 엄귀비의 사당; 태평통 1정목 61-4번지) 터 일부와 경성기독교청년회관(일본인 교회; 태평통 1정목 60-3번지)의 구역을 합친 1,780평 규모의 공간으로 결정되었다. 대강당과 부대시설을 갖춘 3층 규모의 경성부민관은 1934년 7월 30일에 공사가 시작되어 이듬해인 1935년 12월 10일에 낙성식이 거행되었다.[29]

---

29) 현재 서울시의회 청사에는 경성부민관 건립 당시에 부착한 '정초석(定礎石)'이 남측 벽면 아래쪽에 잔존하고 있다. 여기에는 "정초(定礎), 소화 10년 6월 1일(昭和 十年 六月 一

『신판대경성안내』(1936)에 수록된 '경성부민관 식당' 광고 페이지이다. 이곳 경성부민관은 무엇보다도 으뜸가는 정치집회와 예술선전의 장소였지만, 이 밖에 각종 결혼식과 대소연회를 벌이거나 이발소와 같은 편의시설을 이용할 수 있는 생활공간이기도 했다. (민족문제연구소 소장자료)

그 당시로서는 최신식 시설이 두루 갖춰진 종합공연장의 기능으로 설계된 것이었으나, 이곳은 이내 군국주의가 판을 치면서 총독부가 후원하는 무수한 정치집회와 강연회, 그리고 전시동원과 관련한 관제 예술의 온상으로 바뀌고 말았다. 일제 패망 시기의 신문자료를 찾아보면, 각종 어용기관의 발회식이나 결성식, 일제의 주구가 된 친일인사들이 벌이는 선동 강연회, 귀환장병들의 전선보고회(前線報告會), 전시총력체제와 관련한 정치집회 등이 부민관에서 벌어진다는 사실을 알리는 안내문안은 부지기수로 확인할 수 있다.

해방 이후에는 미군정 시기에 미군전용극장(미군전용방송국)[30]으로 사용

日), 다테 요츠오(伊達四雄)"라고 새겨져 있으며, 그는 1933년 12월 5일에서 1936년 5월 21일 사이에 경성부윤(京城府尹)으로 재임했던 인물이다.

30) 여기에서 말하는 미군전용극장은 '제24군단 극장(XXIV Corps Theatre)'을 말하며, 이 시기에 이곳은 미군전용방송국(WVTP)으로도 사용되었다. 1945년 9월 8일 이후 서울에 주둔했던 미 제24군단(군단장 겸 미군정사령관 하지 중장)이 1949년 6월 30일에 철

(왼쪽) 『매일신보』 1939년 4월 5일자에는 경성부민관 강당에서 용산 보병 제78연대에 소속된 김석원 소좌(金錫源 少佐)의 중일전쟁 귀환강연회가 열린다는 소속을 알리는 안내문안이 수록되어 있다.

(오른쪽) 경성부민관에서 박인덕, 장덕수, 김활란, 신흥우(창씨명으로 표기) 등이 연사로 나선 싱가폴공략 대강연회가 열린다는 소식이 게재된 『매일신보』 1942년 2월 15일자의 안내문안이다.

된 것을 비롯하여 이 건물이 시민관(1949년 10월 3일 개관), 국회의사당(1950년~1975년), 시민회관별관(1975년 10월 2일 개관), 세종문화회관 별관(1978년 4월 14일 개관) 시절을 거쳐 현재 서울시의회 청사(1991년 7월 8일 개원)로 전환되어 있는 상태이다. 하지만 이 시기에 조차 결코 빼놓을 수 없는 정치수난사의 현장이 된 시절이 있었으니, 1961년 5.16 쿠데타 당시 이른바 '국가재건최고회의' 청사로 처음 사용된 곳이 바로 민의원의사당(民議院

수하면서 이곳은 서울시청 측으로 반환 처리되었다.

『대한민국정부기록사진집』 제5권(2001)에는 5.16 군사쿠데타 직후 '국가재건최고회의' 내각구성원들이 민의원의사당(옛 경성부민관) 현관 앞에서 찍은 기념사진이 수록되어 있다. (ⓒ국정홍보처)

議事堂, 옛 부민관 건물)이었다.

더구나 그해 6월 21일에 그들이 다시 근거지로 삼아 옮겨간 곳 또한 하필이면 서울 충무로에 자리한 참의원의사당(參議院議事堂, 옛 미나카이백화점 및 해군본부 자리)이었다.[31] 민주주의의 상징인 민의의 전당은 이처럼 정치군인들의 군홧발에 두 곳이 차례대로 짓밟히고 말았던 것이다. 부민관폭파의거의 현장은 이래저래 잊기 어려운 민족 수난의 공간이었던 셈이다.

• 이 글은 『민족사랑』 2015년 6월호에 게재하였던 것을 수정 보완하였다.

---

31) 5.16군사쿠데타로 탄생한 이른바 '군사혁명위원회(軍事革命委員會)'는 1961년 5월 19일에 이를 국가재건최고회의(國家再建最高會議)로 개칭(改稱)하고, 그 다음 날부터 옛 경성부민관 자리인 민의원의사당(民議院議事堂, 태평로 1가 60-1번지)을 청사로 사용하였다. 그 직후 6월 21일에 다시 옛 미나카이백화점 자리인 참의원의사당(參議院議事堂, 충무로 1가 24-24번지)으로 청사를 이전하였고, 9월 25일에 이르러 그 시점에 막 완공된 세종로 정부신청사(세종로 82번지; 현 대한민국역사박물관 자리)로 옮겨가는 과정이 이어졌다.

09

딱 100년 전 가을, 경복궁에서는 무슨 일이 벌어졌을까?

식민통치의 치적 자랑을 위해 벌인 난장판, '조선물산공진회'

2015년이라고 하면 무엇보다도 광복(光復) 70주년을 기리는 뜻이 가장 클 것이고, 여기에다 한일수교(韓日修交) 50주년과 을미사변(乙未事變) 120년을 되새기는 의미도 적지 않다. 이밖에 올해는 사람들의 이목을 크게 끌지는 못하는 사안이지만, '조선물산공진회'가 벌어진 지 딱 100년이 되는 해라는 점도 주목할 필요가 있다.[32]

이 행사의 정식명칭은 '시정오년기념 조선물산공진회(始政五年記念 朝鮮物産共進會)'로, 총독정치가 시작된 지 다섯 번째가 되는 해를 기리기 위해 조선의 온갖 물산을 진열 전시하는 행사라는 정도의 뜻을 지니고 있다. 이를 테면 식민통치 5년간의 치적(治績)을 자랑하기 위한 목적으로 1915년 9월 11일부터 10월 31일까지 50일간에 걸쳐 경복궁 안에서 벌어진 대규모 박람회였다.[33] 조선총독부가 출범한 시정기념일(始政記念日)

---

[32] 이 글은 원래 '2015년'이라는 특정시점을 기준으로 정리한 내용이므로 '올해'라는 표현은 원고수정에도 불구하고 그대로 남겨 두었다.

[33] 이 때문인지 1914년 8월 14일에 제정된 조선총독부 고시 제323호 「시정오년기념 조선

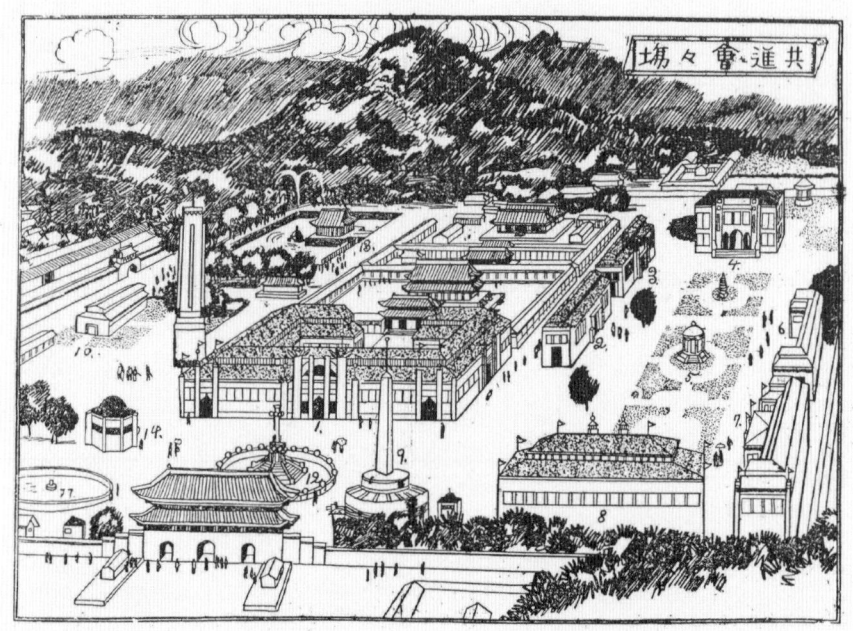

『매일신보』 1915년 9월 3일자에 소개된 '시정오년기념 조선물산공진회장 전경도'이다. 근정전을 비롯한 주요 전각 몇 군데만을 남겨놓고 온통 박람회 전시공간으로 돌변한 경복궁 일대의 훼손상황이 잘 묘사되어 있다.

이 10월 1일이었으므로, 공진회의 행사일정은 이를 전후한 때에 맞춰 결정되었다.[34]

물산공진회 규칙」을 보면 "제3조 본회의 출품은 조선에서 채취(採取), 산출(産出), 가공(加工) 또는 제조(製造)를 한 것이거나 조선에서 실시(實施) 또는 실시하려는 고안(考案)에 한함. 단 조선 외(外)의 생산품은 참고품(參考品)으로서 출품을 승인한 것으로 할 것"이라고 하였고 또 "제4조 좌(左)의 각호(各號)의 하나에 해당하는 것은 이를 출품할 수 없음. 1. 명치 42년(1909년) 이전에 채취, 산출, 가공 또는 제조한 것. 단, 동식물(動植物), 제13부(미술 및 고고자료)에 속한 출품 및 참고품은 이 제한을 받지 않음"이라고 하여 그들의 식민통치 개시 이후에 생성된 물건에 한하여 출품대상으로 삼는다는 규정을 따로 두고 있었다.

34) 1910년 9월 30일에 제정된 칙령 제354호 「조선총독부관제(朝鮮總督府官制)」(시행일은 1910년 10월 1일)에 따라 일제가 총독정치를 정식으로 개시한 날을 가리켜 '시정기념일'

1916년 6월 25일에 거행된 조선총독부 신청사의 지진제(地鎭祭) 당시 테라우치 총독이 건축부지의 동남쪽 모서리에 진물매납(鎭物埋納)을 하는 광경이다. 조선물산공진회를 빌미로 흥례문 일대를 헐어내고 불과 1여 년 만에 이 자리는 다시 총독부 신청사의 건립지로 바뀌고 말았던 것이다. (조선총독부, 『조선총독부 청사신영지』, 1929)

그런데 그 공간이 하필이면 경복궁(景福宮)이었다. 이 행사를 빌미로 근정전을 비롯한 주요 전각 몇 군데만 겨우 남기고 무수한 건물들을 헐어냈을 뿐만 아니라 바로 그 이듬해에는 공진회가 벌어졌던 바로 그 자리에다 조선총독부 신청사 건립을 위한 지진제(地鎭祭, 1916년 6월 25일)를 거행하였다. 이로써 이곳을 공진회장으로 선정한 저의가 무엇이었는지는 명확히 드러난다.

그런데 '박람회'는 알겠는데, '공진회'는 무슨 뜻일까? 한마디로 공진회는 '경진대회(競進大會)'의 성격을 띠는 전시행사이다. 박람회라는 널리 알려진 표현을 제쳐두고, 굳이 공진회라는 조금은 생소한 이름으로 부른 데는 그냥 흘려듣기 곤란한 뜻이 담겨 있었다.

…… 그런데 그 후에 있어서 박람회(博覽會)라고 부르는 것이 마땅하다

이라 하며, 1915년 6월 26일에 이르러 조선총독부 고시 제151호를 통해 "매년 10월 1일은 조선총독부 시정기념일로서 조선총독부 및 소속관서에 있어서 사무(事務)를 휴지(休止)하는 날로 지정"되기도 했다.

는 논의가 제기되어 제군(諸君) 중에서도 그렇게 주장하는 사람도 있었지만 나는 이것에는 절대(絶對)로 반대(反對)를 했소이다. 전체 세계를 통틀어 박람회라는 명칭은 근소(僅少)한 물산(物産)을 수집 진열하는 것에 붙이는 것이 아니며, 박람회라는 것이 반드시 진열된 물품의 품질까지도 심사연구(審査研究)하여 장래의 발달을 촉진하는 것을 취지(趣旨)로 삼은 것은 아니외다. 이를 하는 것은 공진회(共進會)인 고로 박람회라는 명칭은 감히 당치도 않으므로, 역시 이를 공진회라고 했던 것이외다. 제군(諸君)은 박람회라고 하는 것은 머리에서 없애고 어디까지나 공진회라고 하는 생각으로 했으면 하는 바이올시다.

그리고 공진회 개최에는 더욱 부대(附帶)의 의미(意味)가 있는 것이니, 즉 그것은 조선의 일은 내지(內地)의 상류인(上流人)도 하층인(下層人)도 아주 몰라서 어렴풋이 조선은 일본의 판도(版圖)에 들어 점점 진보(進步)하고 있다고 말하는 정도는 알고 있지만, 조선의 사정이 어떻게 이뤄지고 있는지, 장래(將來) 어떻게 발달해 가는지는 전혀 알지 못하고 있는데, 내년(來年)의 공진회에서는 내지의 역인(役人, 관리)은 물론이고 실업(實業)에 관계하는 자, 학자(學者), 기타 상당히 생각이 있는 사람들이 와주어서 조선의 연구(研究)를 해줬으면 하는 것이 공진회를 시정오년(施政五年)의 기념으로서 개설(開設)하는 취지(趣旨)의 하나인 것이올시다.

이것은 1914년 8월 3일에 남산 총독부 제2회의실에서 행한 공진회위원(共進會委員)에 대한 테라우치 총독(寺內總督)의 훈시내용이다.[35] 박람회

---

35) 이 당시의 훈시 내용은 조선총독부가 펴낸 『시정오년기념 조선물산공진회 보고서(始政五年記念 朝鮮物産共進會 報告書』 제1권(1916), 9~11쪽 부분에 수록되어 있다.

1915년 조선물산공진회 당시 경성협찬회(京城協贊會)에서 제작 배포한 '포스터'이다. 여기에서 보듯이 일제는 식민지 조선의 현황을 소개할 필요가 있을 때마다 이러한 기생(妓生)의 이미지를 즐겨 사용하였다. (경성협찬회 잔무취급소,『시정오년기념 조선물산공진회 경성협찬회보고』, 1916)

라는 말을 버리고 구태여 공진회라는 명칭을 고집한 까닭이 그것이었다. 이를테면 박람회는 사치경박(奢侈輕薄)의 악풍(惡風)을 조장한다는 것이고, 공진회는 근면역행(勤勉力行)의 미풍(美風)을 양성한다는 취지이다. 그저 큰 구경거리가 생겼다고만 여기지 말고 고분고분하게, 그리고 부지런하게 일을 하는 계기로 삼으라는 테라우치 총독의 의지가 담긴 표현이었던 셈이다. 어쨌거나 조산물산공진회는 그네들 덕분에 이만큼 조선이 발전하게 되었다는 것을 자랑하기 위해 벌인 난장판이라고 보면 틀림이 없다.

이에 따라 경복궁 안에는 제1호관, 제2호관, 기계관, 영림창 특설관, 심세관, 철도국 특설관, 동양척식 특설관, 미술관 등의 전시공간이 두루 배치되었고, 여흥과 휴식을 위한 연예관(演藝館), 양어장, 분수대, 음악당의 시설도 군데군데에 갖춰졌다. 이 가운데 유일하게 영구식 건물로 신축된 공진회미술관(共進會美術館)36) 앞쪽에는 야외전시구역이 마련되었

---

36) 옛 경복궁 동궁 권역(東宮 圈域, 자선당 및 비현각 포함)에 들어선 '공진회미술관'은 1915년 12월 1일 이후 그 건물 그대로 '총독부박물관(總督府博物館)'으로 전환되어 사용되었

(集群前門化光門正)　(會進共産物鮮朝念記年五政始)

광화문 위에서 육조앞길 방향으로 포착한 조선물산공진회 입장객의 군집상황이다. 조선총독부가 직접 주최한 행사인데다 관제동원이 이뤄진 결과 이 당시 입장인원은 무려 110만 명이 넘는 숫자를 기록하였다. 왼쪽에 보이는 한옥 형태의 건물은 임시로 지은 '매표소'이다. (민족문제연구소 소장자료)

는데, 이곳을 치장하기 위해 경기도 개성, 이천, 강원도 원주, 충북 충주를 비롯하여 저 멀리 경북 경주 등 전국 각처에서 무더기로 옮겨온 철불상(鐵佛像)과 석조유물들이 나란히 진열되어 있었다. 이러한 점에서 조선물산공진회는 그 자체가 문화재수난사의 현장이기도 했던 것이다.

50일간에 걸친 행사기간에 공진회의 입장인원은 무려 110만 명을 넘어서는 규모에 달하였다. 무엇보다도 조선총독부가 직접 주최한 행사인데다 대대적인 홍보에 곁들여 교통편의제공과 입장객의 관제동원 등 최

다. 해방 이후에는 국립박물관으로 바뀌었다가 한국전쟁 이후 국립박물관이 덕수궁 석조전에 정착한 다음에는 구황실재산관리총국, 문화재관리국, 학술원 예술원, 전통공예관 등의 용도로 사용되었고, 결국에는 총독부청사의 철거 및 경복궁 복원공사의 진행과 맞물려 1995년 7월에 이 건물은 철거되어 사라졌다.

대한의 행정적인 지원이 두루 이뤄진 결과로 이해된다. 일제강점기를 통틀어 조선총독부가 직접 박람회를 주최한 경우는 딱 두 번으로 조선물산공진회가 그 첫 사례이고, 다른 하나는 1929년에 다시 경복궁에서 열린 '조선박람회(朝鮮博覽會)'였다. 이때에도 입장인원은 100만 명을 넘어 섰는데, 이 역시 조선총독의 위세가 그만큼 컸던 탓이라고 해석할 도리밖에 없어 보인다.

일제강점기 서울지역에서 개최된 주요 공진회와 박람회

명칭	주최	기간	장소	입장객수
조선물산공진회 (朝鮮物産共進會)	조선총독부	1915.9.11~10.31	경복궁	117만 명
조선부업품공진회 (朝鮮副業品共進會)	조선농회	1923.10.5~10.24	경복궁	50만 명
조선가금공진회 (朝鮮家禽共進會)	조선축산협회	1925.4.16~4.20	경복궁	10만 명 미만
조선박람회 (朝鮮博覽會)	조선신문사	1926.5.13~6.21	제1회장 왜성대 총독부구청사, 제2회장 경복궁	60만 명
조선산업박람회 (朝鮮産業博覽會)	경성일일신문사	1927.6.1~6.30	구 경성부청사	
조선박람회 (朝鮮博覽會)	조선총독부	1929.9.12~10.31	경복궁	100만 명
신흥만몽박람회 (新興滿蒙博覽會)	경성일보사·매일신보사·서울프레스사	1932.7.21~9.18	경성훈련원	40만 명
조선산업박람회 (朝鮮産業博覽會)	조선신문사	1935.4.20~6.10	경복궁	50만 명
조선대박람회 (朝鮮大博覽會)	경성일보사	1940.9.1~10.20	동경성역전	133만 명

아무튼 대규모 인파가 경복궁을 마음대로 드나들게 되었다는 것은 궁궐이 더 이상 경외(敬畏)와 금기(禁忌)의 대상은 아니라는 점을 각인시

켜 주는 계기가 되었다. 실제로 일제강점기에 서울지역에 벌어진 주요한 박람회의 연혁을 살펴보면 경복궁에서 개최된 사례는 조선물산공진회 말고도 다섯 차례나 더 있었다. 이러한 일이 반복되다보니 궁궐은 그저 관람의 대상이자 각가지 행사와 연회와 행락이 마구 뒤섞인 공간으로 전락할 수밖에 없었다. 이러한 점에서 본다면 일제에 의한 궁궐수난사를 통틀어 가장 상징적인 장면은 조선물산공진회이고, 그것이 딱 100년 전 경복궁에서 벌어진 일이었음을 기억하는 것은 남다른 의미가 있지 않을까 한다.

조선물산공진회에 관한 얘기를 하다 보니, 한 가지 꼭 덧붙여둘 사실 하나가 떠오른다. 경복궁 근정전 앞에 일장기가 교차로 걸려 있는 광경을 담은 사진자료가 바로 그것이다. 흔히 경술국치 당시의 장면으로 여러 매체 또는 전시회를 통해 잘못 소개된 바 있으나, 실상 이것은 1915년 조선물산공진회가 벌어지던 때의 모습이다.

그해 10월 1일 일본 천황을 대신하여 파견된 캉인노미야 코토히토친왕(閑院宮 載仁親王, 1865~1945)이 참석한 가운데 경복궁 근정전 용상(龍床)에서 공진회 개회식[37]이 거행되었는데, 이때의 행사장면을 담아낸 것이 바로 문제의 사진자료인 것이다. 원래 이 사진의 위쪽으로 근정전의 상공에는 비행기 한 대가 떠 있는 모습도 수록되어 있다. 우리나라에서 처음

---

37) 조선물산공진회(1915.9.11~10.31)와 관련한 기념행사로는 '개장식(開場式)'과 '개회식(開會式)'이 따로 구분되어 있었다는 점에 유의할 필요가 있다. 일반관람의 허용과 함께 공진회가 처음 개시되는 9월 11일에는 테라우치 총독의 참석 하에 경복궁 근정전에서 '개장식'이 거행되었으며, 조선총독부가 출범한 시정기념일(始政記念日, 10월 1일)에 맞춰 정식으로 '개회식'이 따로 개최되었다. 이때 일본 황족의 대표이자 일본적십자사 총재이던 캉인노미야 코토히토친황를 비롯하여 이른바 '창덕궁 이왕(순종황제)'도 함께 이 행사에 참석하였다.

경술국치 당시의 것으로 잘못 소개되는 바람에 곧잘 혼동을 일으켰던 근정전 일장기 게양 사진이다. 이것은 1915년 조선물산공진회 개회식 때의 모습으로, 당시 근정전의 상공에는 '삼중호(三重號, 미에호)'라는 비행기의 축하비행이 이뤄지고 있었다. (경성협찬회 잔무취급소, 『시정오년기념 조선물산공진회 경성협찬회보고』, 1916)

『역사사진(歷史寫眞)』 1915년 12월호에는 조선총독부의 시정기념일인 10월 1일에 맞춰 거행된 조선물산공진회의 개회식 당일 일본 황족인 캉인노미야 코토히토친황과 그 뒤를 이어 이른바 '창덕궁 이왕(순종)'이 일장기가 내걸린 행사장인 경복궁 근정전으로 막 입장하는 장면이 게재되어 있다. (민족문제연구소 소장자료)

일본비행기가 등장하는 것은 1913년의 일이었으므로, 그 자체로 1910년 경술국치 당시의 모습이 아니라는 것은 저절로 드러나는 셈이다.

경복궁 근정전 위를 나는 비행기는 조선물산공진회 경성협찬회의 교섭에 따라 일본의 제국비행협회가 조선물산공진회를 축하하기 위해 보낸 '삼중호(三重號, 미에호)'라는 것이었다. 용산연병장에서 날아올라 수십 분간 또는 한 시간 가량 하늘에 떠올라 공진회장 상공을 날아다니는 것이 비행목적이었다. 기록에 따르면, 이 비행기는 70마력짜리 모리스 파만(Morris Farman)형 비행기로 조종사는 일본 사법대신의 아들인 오자키 유키데루(尾崎行輝, 1888~1964)였다. 그는 그달 17일까지 모두 9회에 걸쳐 공진회장 상공을 선회하는 비행을 선보인 바 있었다.

• 이 글은 『민족사랑』 2015년 9월호에 게재하였던 것을 수정 보완하였다.

10

기억해야 할 을사조약의 배후공간, 대관정(大觀亭)

호텔신축공사로 곧 사라질 위기에 놓인 근현대사의 현장

해방 70년이 되는 2015년도 이제 두 달여 남짓한 시간만을 남겨 두고 있다. 이 와중에 이른바 '을사조약'의 체결이 강요된 날인 11월 17일이 곧 다가온다. 더구나 올해는 1905년을 기점으로 계산하면 110년이라는 세월이 흐른 때이므로, 이 날의 의미를 되새기는 일이 결코 가벼울 수가 없다.[38]

을사조약이라고 하면 먼저 떠오르는 공간은 당연히 정동에 있는 수옥헌(漱玉軒, 정동 1-11번지)이다. 이곳은 흔히 중명전(重明殿)으로 알려져 있지만 이 이름은 1906년 가을 이후에야 등장하는 것이므로, 을사조약의 현장은 어디까지나 수옥헌이라고 표기하는 것이 옳다.

그런데 이곳 말고도 우리가 기억해야 할 곳이 또 한 군데가 있다. 서울 소공동에 있는 대관정(大觀亭, 소공동 112-9번지 일대) 터가 바로 그곳이다. 조선호텔과는 대각선 방향에 자리한 이곳은 1905년 당시 특파대사(特派

---

[38] 이 글은 원래 '2015년 11월'이라는 특정시점을 기준으로 정리한 내용이므로 '올해'라는 표현은 원고수정에도 불구하고 그대로 남겨 두었다.

미국인 사진여행가 버튼 홈즈가 1901년에 담아낸 대관정의 옛 모습이다. 이곳은 원래 미국인 선교사 헐버트(Hulbert)의 집이었다가 대한제국 궁내부의 영빈관으로 전환된 공간이다. (E. 버튼 홈즈, 『버튼 홈즈의 여행강의(The Burton Holmes Lectures)』 Vol.10, 1901)

大使) 이토 히로부미(伊藤博文, 1841~1909)가 여러 날을 체류하며 을사조약의 체결을 강요하기 위한 배후공작을 벌인 자리였다. 그는 1905년 11월 9일 남대문정거장에 도착한 직후의 며칠 동안 공식숙소인 손탁호텔에 여장을 푼 것을 제외하고는 그달 29일 서울을 떠날 때까지 줄곧 한국주차군사령관(韓國駐箚軍司令官)인 육군대장 하세가와 요시미치(長谷川好道, 1850~1924)의 관저를 은신처로 삼아 머물렀던 것으로 확인된다.

을사조약 기념사진으로 널리 알려진 한 장의 사진자료가 촬영된 장소 또한 대관정이었다. 이에 대해서는 『주한일본공사관기록(駐韓日本公使館記錄)』 25권(국사편찬위원회, 1998)에 다음과 같은 내용이 기록되어 있다.

(1905년) 11월 28일 화요일, 대사는 여전히 하세가와 대장 관저에 머물

렀다. 본일 오후 2시 하세가와대장 관저에서 대사 일행, 후지나미 주마두(藤波 主馬頭) 일행과 더불어 공사관원, 영사관원, 군사령부 장교, 인천에 정박한 군함 이와테(磐手)와 스마(須磨)의 장교 등 일동이 기념촬영을 하였다.

이 사진에는 이토 히로부미 자신을 비롯하여 하세가와 대장, 하야시 주한일본공사, 츠즈키 추밀원 서기관장, 이노우에 시종무관 등의 모습이 수록되어 있다.[39] 한 가지 흥미로운 것은 실상 이 사진의 오른쪽 끝에 일본인 여자 한 사람이 더 서 있었는데, 어찌된 영문인지 몸통 부분이 흐릿하게 지워진 채 이 사진자료가 유포되고 있다는 사실이다.[40] 이

---

39) 이 사진에 등장하는 인물들의 정체에 대해서는 『민족사랑』 2017년 11월호의 '미리보는 식민지역사박물관'을 통해 소개한 「이른바 '을사조약 기념사진'에 등장하는 일본인 면면의 정체」라는 글을 통해 정리를 시도한 바 있다. 전체 42명 가운데 신분이 확인된 22명의 명단은 대략 다음과 같다. ① 나베시마 케이타로(鍋島桂太郎, 외무서기관) ② 오타니 키쿠조(大谷喜久藏, 한국주차군사령부 참모장, 육군소장) ③ 후지나미 코토타다(藤波言忠, 주마두) ④ 하세가와 요시미치(長谷川好道, 한국주차군사령관) ⑤ 이토 히로부미(伊藤博文, 특파대사) ⑥ 하야시 곤스케(林權助, 주한일본공사) ⑦ 츠즈키 케이로쿠(都筑馨六, 추밀원 서기관장) ⑧ 이노우에 요시토모(井上良智, 시종무관, 해군소장) ⑨ 시마무라 하야오(島村速雄, 해군소장) ⑩ 하기와라 슈이치(萩原守一, 일본공사관 일등서기관) ⑪ 야마구치 쥬하치(山口十八, 자작, 육군대위, 주차군사령관 부관) ⑫ 코쿠분 쇼타로(國分象太郎, 일본공사관 서기관) ⑬ 무라카미 카쿠이치(村上格一, 해군대좌) ⑭ 미마시 쿠메키치(三增久米吉, 영사) ⑮ 무라타 아츠시(村田惇, 육군소장) ⑯ 카와시마 레이지로(川島令次郎, 이와테(磐手) 함장, 해군대좌) ⑰ 토치나이 소지로(栃內曾次郎, 스마(須磨) 함장, 해군대좌) ⑱ 카토 마스오(加藤增雄, 궁내부 고문관, 전 일본공사) ⑲ 쿠로다 카시로(黑田甲子郎, 주차군사령부 촉탁) ⑳ 후루야 시게츠나(古谷重綱, 일본공사관 외교관보) ㉑ 데부치 카츠지(出淵勝次, 영사관보) ㉒ 후루야 히사츠나(古谷久綱, 제실제도국 비서, 이토 비서).

40) 기모노 차림의 일본인 여인이 삭제되지 않고 그대로 등장하는 사진자료는 미국 코넬대학교도서관 소장자료인 '윌러드 스트레이트 컬렉션(Willard Straight Collection)'에 포함된 것이 하나 남아 있다.

이른바 '을사조약 기념사진'으로 잘 알려진 도판으로 이토 특파대사와 그의 수행원들이 1905년 11월 28일 대관정 현관 앞에서 촬영한 것이다. 원본에는 오른쪽 끝에 기모노 차림의 일본 여인이 서 있으나, 어찌된 영문인지 『병합기념 조선사진첩』(1910)에는 이 부분이 지워진 채 배포되었다. (민족문제연구소 소장자료)

여인의 정체가 뭔지는 자세히 알 수 없으나, 모종의 이유로 그 존재가 세상에 드러나는 것을 꺼린 탓이 아닌가 짐작할 따름이다.

대관정(大觀亭)은 원래 미국인 선교사 호머 헐버트(Homer B. Hulbert, 1863~1949)가 1898년에 자신의 거처로 삼기 위해 지은 집이었으나 이내 대한제국 궁내부가 이를 사들여 게스트 하우스의 용도로 사용하던 공간이었다. 익히 알려진 바대로 헐버트는 일찍이 1886년 9월에 개설된 육영공원(育英公院)의 교사로 초빙된 이래 한성사범학교와 관립중학교를 거치면서 오래도록 교육계에 종사했고, 다른 한편으로 삼문출판사(三文出版社, The Trilingual Press)의 운영과 『더 코리안 리포지토리(The Korean Repository)』, 『더 코리아 리뷰(The Korea Review)』의 발행 등 언론출판계에도 직접 관여했던 인물이었다.

그가 '원구단(The Imperial Round Hill)' 맞은편에 새집을 마련하였다가 이 건물을 대한제국 정부에 넘기는 과정에 대해서는 『독립신문』의 영어판 지면인 『디 인디펜던트(The Independent)』에 수록된 다음과 같은 일련의 기사들을 통해 확인할 수 있다.

①『디 인디펜던트』 1897년 11월 4일자;
벙커 부처는 현재 헐버트 부처가 살고 있는 집으로 옮겨갈 예정이다. 후자는 그들의 새집이 완공될 때까지 전자가 비워준 집에 머물 것이다.
②『디 인디펜던트』 1898년 3월 3일자;
헐버트 씨와 그의 가족은 원구단 맞은편의 새집으로 이사를 마쳤다.
③『디 인디펜던트』 1898년 5월 10일자;
헐버트 교수와 가족은 6월초 귀국차 배를 탈 예정이다. 원구단 근처에 있는 헐버트 씨의 새집은 정부에서 사들였다고 전해진다.
④『디 인디펜던트』 1898년 9월 13일자;
헐버트 교수와 그의 가족은 내일 미국으로 떠날 예정이다. 가구 일체를 포함하여 그의 새집은 제국정부에 매각되었다.

그러다가 이곳은 1899년에 독일 하인리히 친왕(德國顯利親王, Prince Henry of Prussia, 1862~1929)[41]의 방한 때는 그의 숙소로 정해진 바 있고,

---

41) 독일황제 빌헬름 2세의 동생이었던 그가 우리나라를 찾아온 때는 1899년 6월 9일이었는데, 독일인 회사 세창양행(世昌洋行, Edward Meyer & Co.)이 경영하던 강원도 금성군(金城郡)의 당고개금광(堂峴金鑛)을 시찰하려는 것이 주된 목적이었다.

이토 특파대사와 하세가와 한국주차군사령관이 나란히 마차에 올라 대관정을 막 나서는 장면이다. 두 사람은 이곳에 터를 잡고 을사조약의 성사를 위한 배후 공작을 벌였다. (경성부, 『경성부사』 제2권, 1936)

그 이후에는 궁내부 찬의관(宮內府 贊議官) 겸 외부 고문관(外部 顧問官)을 지낸 미국인 샌즈(William F. Sands, 1874~1946)의 거처로 사용되기도 했다. 하인리히 친왕이 대관정에 머문 때의 상황에 대해서는 『독립신문』 1899년 6월 12일자에 수록된 「[잡보] 대관정 거동」 제하의 기사에 다음과 같은 내용이 채록되어 있다.

> 황상폐하께서 그저께 오전 11시 반에 공동 대관정 덕국 친왕 사처에 거동하옵셨다가 환궁하신 후에 덕국 친왕을 미국 공관 옆에 새로 성조한 벽돌집으로 영접하여 오후 세시에 연향하신다더라.

이처럼 국내외의 귀빈을 접대하거나 연회를 베푸는 장소로 사용되곤 했던 대관정 일대의 역할과 기능이 근본적으로 변한 때는 '러일전쟁' 시기였다. 이 당시 한국주차군사령부(韓國駐箚軍司令部)라는 이름의 일본군대가 새로 편성되고, 이에 따라 1904년 4월 3일 일본육군소장 하라구치 켄사이(原口兼濟, 1847~1919)가 초대 사령관으로 부임하면서 대관정은 졸지에 그들의 사령부 자리로 전락한 탓이었다. 하지만 불과 넉 달 후인 그

대관정 구내의 언덕 위에서 바라본 덕수궁 일대의 전경사진이다. 이곳은 지형상으로 대한문이 빤히 보이는 가까운 거리에 있으며, 원구단과도 길 하나를 사이에 두고 서로 마주보는 위치에 놓여 있다. 사진의 아래쪽에 초소(哨所)가 보이는 곳이 이곳 대관정의 출입구이다. (E. 버튼 홈즈, 『버튼 홈즈의 여행강의(The Burton Holmes Lectures)』 Vol.10, 1901)

해 8월 29일 한국주차군사령부는 필동 군영지(옛 남별영 터이자 지금의 남산골한옥마을)로 자리를 옮겼고, 다시 1908년 10월에 이르러 용산(龍山) 신군영지로 주둔지를 변경하였다.

그렇더라도 대관정은 여전히 그들의 군사령관 관저로 사용되었기 때문에 이곳이 한국에 대한 국권침탈의 전초기지였다는 사실에는 아무런 변화가 없었다. 이러한 상태에서 하세가와 사령관의 등장은 더욱 암울한 상황을 만들어 냈다. 나중에 제2대 조선총독이 되어 식민지 조선에 대한 무단통치로 악명을 떨친 일본육군대장 하세가와 요시미치(長谷川好道)가 새로운 사령관으로 서울에 당도한 것은 1904년 10월 12일의 일이었다.

한국주차군사령부의 역대 사령관과 소재지 변동 연혁

구분	계급 및 성명	재임기간	사령부 소재지
제1대	육군소장 하라구치 켄사이 (原口兼濟)	1904.3.11~1904.9.8	① 소공동 대관정 (1904.4.3 이후)
제2대	육군대장 하세가와 요시미치 (長谷川好道)	1904.9.8~1908.12.21	② 필동 군영지 (1904.8.29 이후)
제3대	육군대장 오쿠보 하루노 (大久保春野)	1908.12.21~1911.8.18	③ 용산 신군영지 (1908.10.1 이후)

무엇보다도 전임자에 비해 '계급'이 크게 높아진 것이 눈에 띄는데, 장차 한국주차군의 주둔 규모를 2개 사단으로 늘리려는 계획과 관계된 것으로 알려진다. 또한 그의 위세가 얼마나 대단했던 것인지는 소공동 지역을 일컬어 그의 이름을 딴 '장곡천정(長谷川町, 하세가와쵸)'이라는 지명으로 통용된 데서도 잘 엿볼 수 있다. 더구나 이것은 그 자신이 현직 사령관이던 1907년 당시에 벌어진 일이었다.

그의 부임 이후 경운궁(慶運宮, 덕수궁)의 턱밑에 자리한 대관정은 대한제국정부를 겁박하여 외교권을 앗아가는 조약을 억지체결하게 만들고 또한 1907년 헤이그특사사건을 계기로 고종황제를 퇴위케 만든 배후공간으로 자리매김되었다. 군대해산(軍隊解散) 당시 하세가

'한국주차군사령부'의 간판이 또렷한 대관정 대문의 모습이다. 러일전쟁 직후 이곳에 사령부가 설치되었다가 1904년 8월에 필동 군영지로 자리를 옮겼으나, 사령관의 관저는 계속 이곳에 머물렀다. 그러한 탓에 이 지역은 사령관의 이름을 따서 '하세가와쵸(長谷川町, 지금의 소공동)'로 명명된 바 있다. (ⓒ미국 코넬대학교도서관 소장자료, 「윌러드 스트레이트 컬렉션」)

와 사령관이 이병무 군부대신(李秉武 軍部大臣)과 함께 각 부대 대대장 이상의 장교들을 따로 소집하여 해산조치에 협조할 것을 훈유(訓諭)한 장소 역시 자신의 관저인 대관정이었다. 그러니까 대한제국의 게스트 하우스였던 대관정은 어느새 일본군대의 위세를 나타내는 대명사이자 일제에 의한 무력통치의 본거지로 탈바꿈하고 있었던 것이다.

일제강점기로 접어든 이후 이곳은 일본 육군의 소유지로 계속 남아있으나, 1923년 미츠이물산(三井物産)에 매각되었다가 1927년 5월 경성부립도서관(京城府立圖書館)이 옮겨와 개관하는 과정이 이어졌다. 이때 경성의 유지자인 코죠 바이케이(古城梅溪)와 타카키 토쿠야(高木德彌)의 기부금 3만원으로 도서관 구내에 기존의 건물 옆에 붙여 3층 높이의 '경성부사회관(京城府社會館)'을 신축하여 1928년 6월 30일에 낙성식을 거행하였다.

경성부립도서관은 해방 이후에도 그대로 존속되어 1946년 9월 28일에 '서울시립남대문도서관'으로 개칭되었다가 1965년 1월 27일에 남산 기슭에 5층 규모로 새로 지은 도서관의 준공과 더불어 그곳으로 자리를 옮겼으니, 이것이 곧 지금의 '서울특별시립남산도서관'이다. 남대문도서관이 떠난 이후 옛 대관정 자리는 다시 군사정권시절의 집권여당인 '민주공화당(民主共和黨)'이 차지하게 되어, 1967년 이후 1972년까지 5년 남짓 당사(黨舍)의 용도로 사용되기도 했다.

그 이후 어느 시점에선가 옛 대관정 건물을 포함하여 지상구조물 일체는 철거되어 사라졌는데, 그나마도 이곳은 최근까지 주차장의 용도로만 사용되었기 때문에 옛 지형과 흔적은 그럭저럭 보존이 되어 오고 있던 형편이었다. 그 사이에 도심지의 알짜배기 땅으로 변한 이곳에 대해 여러 차례 재개발계획이 추진된 바 있었으나 다행스럽게도 번번이

『경성과 인천(京城と仁川)』(1929)에 수록된 '경성부립도서관' 시절의 전경 사진이다. 왼쪽의 낮은 건물이 원래의 게스트 하우스였던 '대관정' 건물이고, 오른쪽의 3층 건물이 1928년에 완공된 '경성부 사회관'이다. 사진 속의 돌계단과 은행나무는 천만다행으로 지금까지 고스란히 남아 있다.

조선호텔의 대각선 방향에 보이는 대관정 터의 전경이다. 비록 옛 건물은 사라졌지만 원래의 지형이 그대로 보존되어 있었으나, 이제는 그마저도 완전히 훼손되어 사라질 운명에 처해있다.

무산되는 것으로 귀결된 바 있었다.

하지만 올해 들어 호텔신축계획이 본격 추진되면서 이미 건물 터만을 옮겨 보존하는 것을 전제로 문화재위원회의 조건부 가결이 이뤄졌고, 서울시 도시건축공동위원회에서도 건축주의 계획이 사실상 통과되는 단계에 이르렀다는 소식이 전해지고 있다. 이렇게 된다면 그나마 주차장 터로 남아 간신히 근대사의 흔적을 일부라도 보여주던 옛 대관정 자리가 일순간에 사라지는 위기에 처하게 되는 것이다.

대한제국 시기 이후 근현대사의 굴곡이 잔뜩 얽혀 있고, 특히 가혹한 국권침탈의 배후공간이자 그러한 음모의 진원지이기도 했던 이곳은 결코 잊어서는 안 되는 역사교훈의 장소가 아닌가 말이다. 하필이면 을사조약 110년째를 맞이하는 때에 그 현장이 이제 막 사라지려는 장면을 목격해야 한다는 것은 참으로 고약한 일이 아닐 수 없다.

● 이 글은 『민족사랑』 2015년 11월호에 게재하였던 것을 수정 보완하였다.

11

포방터시장으로 남은
홍제외리 조선보병대 사격장의 흔적

헌병보조원 출신 항일의병의
처형장소로도 사용된 공간

서울 서쪽 무악재 고개 너머에 있는 홍제원(弘濟院)은 조선시대에 병들고 굶주린 사람들을 진휼(賑恤)하는 곳인 동시에 서울을 오가는 중국 사신을 영접하거나 전송할 때 주로 사용된 공간이었다. 지금의 홍제동은 의당 이 홍제원에서 파생된 지명이다. 옛 지명자료를 살펴봤더니 홍제천(弘濟川) 곧 '모래내(沙川)'를 사이에 두고 홍제원내동(弘濟院內洞)과 홍제원외동(弘濟院外洞)이 나란히 등장한다.

이 동네들은 1914년 일제에 의해 행정구역 통폐합이 이뤄질 때 고양군 은평면에 속한 '홍제내리(弘濟內里)'와 '홍제외리(弘濟外里)'가 되는데, 이 가운데 홍제내리는 다시 1936년에 경성부(京城府)로 편입되면서 홍제외리의 홍제천 이남 구역과 합쳐 홍제정(弘濟町)으로 전환되는 과정을 거친다. 홍제외리의 경우에는 해방 이후 1949년 8월에 이르러 은평면 일대가 서울시로 일괄 편입됨에 따라 1950년 3월 15일에 '홍은동(弘恩洞, 홍제외리와 은평면의 앞 글자를 따서 조합한 지명)'으로 동명이 개정되었다.

원래 홍은동이라고 하면 하천변을 따라 황량한 산비탈이 대다수를 차지하는 구역이었으나, 일제강점기를 거치는 동안 이곳에 집단이주촌이

일본인이 운영하던 경성목장(京城牧場)으로 변한 옛 홍제원 터 일대의 전경사진이다. (경성부, 『경성부사』 제2권, 1936)

건설되면서 동네의 모습이 크게 달라지게 되었다. 1930년대 중반 서울 시내 곳곳에 흩어져 있던 토막민(土幕民, 움집에 거주하는 사람들)을 도시미관(都市美觀)을 해친다는 이유를 내세워 대거 변두리 지역으로 이주시키면서 새로운 주거단지가 형성되었는데, 홍제외리도 그 가운데 하나였다.

『동아일보』1936년 8월 2일자에 수록된 「밀려난 토막민 순방기(土幕民 巡訪記) (2) 이름은 좋다 환희촌(歡喜村), 서부 홍제외리(西部 弘濟外里) 새두옥촌(斗屋村)」 제하의 기사에는 이러한 변화의 실상을 다음과 같이 그려놓고 있다.

…… 주택지로서는 인연이 먼 이 험한 돌산, 영양도 부족한 이 여윈 토막민들의 피땀을 얼마나 흘리게 하고 있는가? 국유림을 토막민 구제라는 미명 아래 불하한 경성부(京城府)는 그의 경영관리를 일개 사회사업단체에 일임한 채 오불상관. 더구나 터 닦는 것쯤이야 알은 체나 하랴? 그러나 그들에게 빌려주는 겨우 15평의 이 험한 기지를 소위 차지료(借地料)라고 하여 매월 1호에 20전씩만은 또박또박 징수하고 있는

것이다. 지료를 받을 경우라면 집터만은 닦아 주는 것이 당연한 의무가 아닐까?

무성의한 경성부 태도에 다시금 흥분되며 동리의 홍제천을 끼고 동남으로 휘돌아드니 이 동리로는 중앙 동본원사(東本願寺) 향상대(向上臺)사무소가 있고, 그 아래로 '향상대염매소(向上臺廉賣所)'라는 큰 간판이 붙어 있는 큰 집이 새로 건설되는 이 마을의 한 이채이다. 동명은 홍제외리(弘濟外里)라 하나 구역을 따라 환희촌(歡喜村), 보은촌(報恩村), 지혜촌(智慧村), 청정촌(淸淨村), 정신촌(正信村), 신락촌(信樂村), 무량촌(無量村), 해탈촌(解脫村)으로 나뉘어 있다. 환희촌을 찾아 그들의 기쁨을 나누자 함도 아니요 보은촌을 찾아 보은의 뜻을 알자 함도 아니요 해탈촌을 찾아 속세를 떠나자 함은 아니나 동구에 들어놓은 발길은 자연 이곳저곳으로. …… (하략)

여기에 나오는 '향상대'라는 표현은 일본 불교의 한 갈래인 대곡파 본원사 경성별원(大谷派 本願寺 京城別院; 남산 동본원사)에 속한 향상회관(向上會館, 지금의 천연동 312번지 동명여자중학교 자리)이 운영하는 주택단지라는 의미를 담고 있다. 1922년 8월에 설립된 향상회관은 포교와 더불어 수산(授産; 빈곤자나 무직자에게 일거리를 주는 것)을 목표로 한 일종의 사회교화단체였다.

바로 이들에게 홍제외리 집단이주촌의 운영이 위탁된 까닭에 '보은'이니 '무량'이니 '해탈'이니 불교색채가 농후한 것들이 마을이름을 차지하고 있다. 지금에야 이 일대가 재개발사업으로 인해 옛 모습을 거의 찾아보기 어려운 상태로 바뀌었지만, 풍림아파트 후면에 자리한 '실락어린이공원'이라든가 홍은벽산아파트 앞쪽에 있는 '보은소공원'과 같은 것

『동아일보』 1936년 8월 2일자에 수록된 일본 불교 '향상회관'이 위탁 운영하던 홍제외리 토막민 이주촌(향상대)에 관한 탐방기사이다.

들은 이를테면 향상대 시절의 유산인 셈이다. 실락은 본디 '신락'이 와전된 말일 텐데, 그 내력을 제대로 기억하지 못한 사이에 잘못된 발음 그대로 버젓이 공원의 이름을 차지하게 된 모양이다.

그런데 홍은동 지역에는 이곳 말고도 또 다른 근대시기의 흔적이 남아 있다. 홍제천을 따라 상류로 약간 더 거슬러 올라가면 물줄기가 크게 굽이치는 지점에 포진한 '포방터시장'이 바로 그것이다. 포방(砲放)이라 함은 글자 그대로 '포를 놓는다'는 뜻이므로, 포방터는 곧 사격장을 가리킨다.[42]

그렇다면 이곳에는 언제부터 어떻게 사격장이 들어선 것일까? 어떤 자료에는 조선시대 이래로 이곳에서 군사들이 사격훈련을 했다고 서술한 경우도 있지만, 거기에 구체적인 근거자료가 함께 제시된 사례는 아직 들어보지 못했다. 이곳에 관한 근대시기의 자료 가운데 비교적 빠

---

42) 『매일신보』 1937년 4월 8일자에 수록된 「이광학원(梨光學院)에 원(元), 김(金) 양씨(兩氏) 특지(特志)」 제하의 기사를 보면, "부내 이태원정(梨泰院町) 한 옆에 있는 '포방터(砲放墟)'란 빈민부락에서는 …… 운운"하는 내용이 나오는데, 여기에 나오는 '포방터' 역시 사격장(즉, 일본군의 용산육군사격장)을 가리키는 표현이다.

옛 조선보병대 사격장 자리에 들어선 홍은동 포방터 시장의 입구 전경이다.

른 용례로 확인되는 것은 『독립신문』 1899년 5월 12일자에 수록된 「대포시험」 제하의 기사이다.

> 포병대 참령 이민섭 씨가 칙령을 봉승하여 재작일에 회선포 이문(二門)과 극로백(克鲁伯) 이문을 가지고 창의문밖 수마동에 나가서 시험차로 방포하였다더라.

위의 기사에 나오는 회선포(回旋砲)는 '개틀링 기관총(Gatling gun)'이고 '극로백'은 '크루프(Krupp) 야포'를 말하며, 수마동(水磨洞)은 지금의 홍은동 포방터 일대를 가리키는 옛 지명이다. 이밖에 『황성신문』 1907년 6월 24일자에 수록된 기사에 따르면, 그 당시 일본육군대신 테라우치 마사타케(寺內正毅)가 만주지역시찰을 겸해 우리나라를 방문했을 때 그가 경운궁 돈덕전 앞에서 한국 황제에게 헌상한 기관포(機關砲)에 대한

시험발사가 이뤄진 곳이 수마동의 포방터였다.

> [대포시험(大砲試驗)] 일본 테라우치 육군대신(寺內陸軍大臣)이 황상폐하(皇上陛下)께 봉납(奉納)한 신대포(新大砲)를 시험차(試驗次)로 금일 하오 7시에 신문외 소마동(新門外 小磨洞; 수마동의 표기착오)에서 포방(砲放)할 터인데 각부(各部) 친칙주임관(親勅奏任官)과 마루야마 고문(丸山顧問)까지 일제(一齊)히 참관(參觀)하라고 내각(內閣)에서 각 부부(各府部)에 윤첩(輪牒)하였다더라.

약간 특이한 기록으로는 『대한제국 관보』 1909년 7월 3일자에 "작란죄인(作亂罪人) 헌병보조원 강재녕(憲兵補助員 姜在寧)에 대한 포형(砲刑, 총살형)이 6월 30일에 홍제원 수마동에서 집행되었다"고 서술한 구절이 남아있다. 그런데 『대한매일신보』 1909년 7월 2일자에는 "장단 고랑포파주소(高浪浦派駐所) 헌병보조원 강기동(姜基東)이 의병에 투입(投入)하다가 체포되어 재작일에 신문외 수마동에서 포살되었다"고 하여 그의 이름을 다르게 적고 있다. 하지만 강기동은 양주 고안헌병분견소에 소속된 헌병보조원 출신으로 1911년에 순국할 때까지 의병장으로 이름을 날린 별개의 인물이라는 점에서, 이 기사에서 말하는 강기동은 강재녕의 표기오류가 아닌가 여겨진다.

일제강점기로 접어든 이후에는 이곳이 조선보병대(朝鮮步兵隊)의 사격장으로 사용된 것으로 드러나는데, 이에 관해서는 여러 신문자료를 통해 사실관계를 확인할 수 있다. 예를 들어, 『매일신보』 1921년 8월 22일자에 수록된 「은평면민(恩平面民)의 탄원서(歎願書), 육군사적장이 있어 교통에 불편하니 옮겨달라고 탄원」 제하의 기사에는 다음과 같은 내용이 남아 있다.

고양군 은평면 홍제원(高陽郡 恩平面 弘濟院)에 있는 육군사적장(陸軍射的場)[43] 에 대한 육군 측의 처치에 대하여 부근의 주민은 당국에 탄원서를 제출하였다는 바 그곳 사적장은 구 한국시대에 건설한 것인 바 사적뿐일 것 같으면 상관이 없으나 요전에 전투사격을 한 때와 같은 때는 통하는 길을 차단하여 홍제원내리와 및 외리의 교통은 전혀 두절될 뿐만 아니라 어떤 석재 운반하던 사람은 종일토록 채석장에서 한 걸음도 옮기지를 못하게 되어 사람과 말이 종일 공복으로 지낸 일도 있으며 또한 그곳에는 여지업(濾紙業), 쇄포업(洒布業) 노동자가 많으므로 내리 외리는 물론이고 경성 시내의 교통이 비교적 빈번한 곳인 바 육군사격으로 인하여 주민의 노동을 방해할 뿐 아니라 동지 주민의 생활상 다대한 영향을 끼치임으로 주민은 불안한 상태에 있게 되어 드디어 여론을 일으키는 동시에 당국에 탄원서를 제출한 것이며 당국에서는 즉시 조사하는 동시에 육군 측에 통지를 하였으므로 육군 측에서는 오전 9시부터 30분간, 정오부터 40분간, 오후 4시부터 30분간씩 하루에 겨우 세 번 통행만 허가하였으나 그래도 도저히 주민의 완전한 생계를 경영하기 어려우므로 요사이 그곳 주민이 육군에 대한 불평 비난의 소리는 자못 높은 모양이며 또한 수 년 전에도 그와 같이 탄원한 일이 있었는 바 육군 측은 다시 주민의 생계불안 등에 관하여는 조금도 고려하지 아니 하던 것을 당국의 통고에 의하여 비로소 하루에 세 번씩 통행함을 허가한 것인데 그곳 주민들은 조사에 대하여 다소의 불편은 견디이겠으되 항상 연습하는 것은 주민에게 불소한 불안이라 하여 사적장 이전운동을 개시한 것이라더라.

---

[43] '사적(射的)'의 '적(的)'은 '과녁'을 뜻하는 단어이므로, 곧 '사적장'은 '사격장'을 말한다.

『매일신보』 1931년 4월 9일자에 수록된 조선보병대(朝鮮步兵隊) 해산식 광경이다.

위의 기사에서 특히 "이곳 사격장은 구 한국시대에 건설한 것인 바 …… 운운"하는 구절에 눈길이 가는데, 이것을 단서로 하여 포방터의 개설시기를 대략 가늠할 수 있지 않을까 한다. 이와는 별도로 『동아일보』 1921년 10월 27일자에 실린 서대문경찰서원의 사격연습 관련 기사에서도 이곳의 명칭을 '홍제원 조선보병대사격장'으로 표시하고 있다.

조선보병대라고 하는 것은 1907년 군대해산 당시 황궁(皇宮)의 의장(儀仗)과 수위(守衛)를 전담할 목적으로 유일하게 남겨진 1개 대대 규모의 '근위보병대'가 경술국치 이후 일본군 소속으로 전환된 이후의 명칭이다.[44] 이때 1개 중대 규모의 '근위기병대'도 함께 남겨졌으나, 조선기병대(朝鮮騎兵隊)라는 이름을 달고 있던 1913년 4월에 이르러 진즉에 폐지

---

44) 광화문 앞 옛 삼군부 영역에 자리하고 있던 시위 제2연대 제2대대(侍衛 第二聯隊 第二大隊)가 1907년 군대해산 이후 유일한 잔존부대로 겨우 명맥을 잇게 되었다.

총독부 경무국에 의해 홍제외리 서대문경찰 서사격장에서 방탄조끼 성능시험이 진행되는 광경이 수록된 『매일신보』 1932년 5월 21일자의 보도내용이다.

되고 말았다. 지금의 정부서울청사 자리에 있던 조선보병대는 애당초 '무용지물'에 가까운 군대로 취급되다가 경제대공황의 여파로 경비절감문제가 불거지면서 1931년 4월 8일에 이르러 완전히 해산되는 수순을 밟았다.

조선보병대가 사라진 이후에 이곳은 서대문경찰서사격장으로 전환되었는데, 『동아일보』 1932년 5월 21일자에 수록된 「경관무장(警官武裝) 시킬 방탄(防彈)조끼 시험(試驗)」 제하의 기사에는 흥미롭게도 다음과 같은 내용이 수록되어 있다.

일상 기거에 갑주를 입어야 할 만큼 험난한 세상이 되어 일본서는 방금 방탄복(防彈服) 연구열이 대단하다. 조선에도 이전과 달라 총기를 사용하는 '테로'행동이 자주 발생하므로 경무국에서는 경관에게 방탄족기를 입히고 강철투구를 씌우려고 이전부터 각 방면으로 연구중이라 함은 기보한 바이니와 경무국분실에서 그간 연구를 거듭한 결과 실용에 적당한 물건을 만들어놓고 19일 오후 독립문(獨立門)밖에 고양군 은평면(高陽郡 恩平面) 이전 조선보병대 사격장에서 성능시험을 행하였다. 센다이(仙臺) 동북제국대학(東北帝國大學) 혼다(本多) 박사가 연구한 니켈, 크롬과 탄소의 특수합금(合金)으로 만든 전중량 4백 량중의 조끼를 개량한 실용품을 사진과 같이 나무막대기에 입혀놓고 모젤식 권총으로 20메돌(미터)의 거리로부터 15메돌, 10메돌까지 단축하며 쏘았으되 자리가 움푹하게 날 뿐이지 관통되지는 않아 이만하면 된다고 합격되었다. …… (하략)

『경성종로경찰서기념사진첩』(1933)에는 홍제외리 사격장에서 종로경찰서 서원들이 실탄사격연습을 하는 장면 세 장 남짓이 수록되어 있다. (민족문제연구소 소장자료)

1933년에 발행된 『경성종로경찰서 기념사진첩』(민족문제연구소 소장자료)을 보면, 종로경찰서원들이 실탄사격연습을 하는 장면이 담긴 한 장의 사진 이 실려 있다. 뒤쪽에 드러나 있는 북한산 봉우리와 사대(射臺)로 사용하 는 언덕 주변에 심어진 포플러 나무의 배열 모습을 보아하니, 이곳이 홍 제외리의 옛 조선보병대 사격장이란 것을 간파할 수 있다. 말하자면 이 곳은 서대문경찰서의 전용공간이 아니라 종로경찰서를 비롯한 여타 경 찰서에 속한 일제 경찰관들의 함께 사용했던 곳이었던 모양이었다.

일제패망기로 접어든 이후 『매일신보』 1940년 11월 17일자에 보도된 내용에는 "경성사단(京城師團) 관하의 각부대가 용산사격장과 홍제원외리 사격장에서 사격경기대회를 가진다"는 내용이 수록되어 있는데, 이것이 이 사격장과 관련한 막바지의 기록이다. 이곳이 언제까지 사격장으로 운영된 것인지는 잘 알지 못하나, 그래도 이 주변에는 도로명주소로 '포 방터길'이 두루 사용되고 있으며, 포방터시장으로 건너가는 홍제천 다 리의 이름도 '포방교'로 작명되어 있다.

다만 한 가지 아쉬운 것은 이 주변 그 어디에도 포방터의 정확한 내 력과 옛 모습을 살펴볼 수 있는 안내시설은 존재하지 않는다는 점이다. 이곳이 일제의 허수아비 군대인 조선보병대는 물론이고 강압적인 식민 통치의 선봉이 섰던 일제 경찰들이 사격 훈련을 했던 장소였다는 사실 을 제대로 기억할 수 있는 이들은 이제 과연 얼마나 남아 있을까?

• 이 글은 『민족사랑』 2017년 12월호에 게재하였던 것을 수정 보완하였다.

12

'천황즉위' 기념으로 지은
일본인 사찰에 갇힌 명성황후의 위패

탁지부 청사와 화개동 감모비각을 옮겨
만든 묘심사(妙心寺)

    1882년 6월 10일(음력), 임오군란(壬午軍亂)의 와중에 성난 군인들이 창덕궁으로 밀려들자 왕비 민씨(명성황후)는 급히 궁궐 밖으로 도망을 친다. 홍재희[洪在羲, 1842~1895; 1893년에 '홍계훈(洪啓薰)'으로 개명]가 기지를 발휘한 덕분에 간신히 죽음의 고비에서 벗어난 이들 일행이 몸을 숨긴 곳은 화개동(花開洞, 지금의 화동)에 있는 사어(司禦) 윤태준(尹泰駿, 1839~1884)의 집이었다. 이곳에서 이틀을 머문 뒤에 벽동(碧洞, 지금의 사간동과 송현동 일대)에 있는 익찬(翊贊) 민응식(閔應植, 1844~1903)의 집으로 다시 피신하였다가 마침내 6월 15일 서울을 벗어나 저 멀리 여주와 장호원으로 이어지는 도피행로에 올랐다.[45]

    이로부터 20년의 세월이 흐르고 1903년 무렵 명성황후를 기리기 위한 추모비석의 건립이 한창 추진된 적이 있었다. 감모비(感慕碑)라고 불렀

---

45) 이 당시의 피란행적에 대한 자세한 기록으로는 민응식이 직접 정리한 『임오유월일기(壬午六月日記)』가 남아 있다. 8쪽 분량의 이 일기는 은진송씨 제월당가 종중(恩津宋氏 霽月堂家 宗中)의 기탁으로 현재 대전역사박물관에 보관중인 유물이며, 송헌경(宋憲卿; 민응식의 사위)의 부인인 여흥민씨(驪興閔氏)가 친정에서 가져온 것이라고 전해진다.

『매일신보』 1913년 9월 10일자에 수록된 '관유재산 불하목록'에는 북부 화개동 소재 감모비(感慕碑) 구역의 토지(751평)와 건물(25평)이 포함되어 있다.

던 이 비석의 건립장소로 최종 선정된 곳은 바로 임오군란 때의 피난처로 인연이 있던 화개동 장원서(掌苑署) 터였다. 『황성신문』 1903년 2월 23일자에 수록된 「감모비 시역(感慕碑 始役)」 제하의 기사는 비석 건립에 관한 사실을 이렇게 전하고 있다.

> 감모비 수립 기지(竪立基地)는 화개동(花開洞) 전 장원서 구지(前掌苑署 舊址)로 완정(完定)하고 음력(陰曆) 금월(今月) 22일 손시(巽時)에 개기고축(開基告祝)하고 동월(同月) 25일부터 시역(始役)한다더라.

하지만 이 당시 모금운동이 제대로 진행되지 못했는지 비각(碑閣)은 그럭저럭 완공이 되었으나 비석에 글자를 새기는 일은 마무리가 흐지부지되고 말았다고 알려진다. 그러다가 한동안 잊혀진 감모비의 존재가 다시 부각된 것은 1915년 가을의 일이었다. 이 당시 대정천황(大正天皇)의 어대전(御大典, 즉위식)이 11월 10일에 거행된 바 있었고, 이에 맞춰 이를 기념하는 행사의 하나로 선당(禪堂)의 건립이 추진되었기 때문이었다.

『매일신보』 1915년 11월 11일자에 수록된 「선당건립계획(禪堂建立計劃), 어대전 기념(御大典 記念)으로」 제하의 기사에는 이에 관한 건립경위가 다음과 같이 서술되어 있다.

경성묘심사별원(京城妙心寺別院)에서는 거(去) 10일 오전 10시부터 엄숙한 어대전축성기도회(御大典祝聖祈禱會)를 거행하였는데 우(右) 축도회(祝禱會) 종료후 고토 노사(後藤老師)는 어대전기념사업으로 좌(左)의 취지서(趣旨書)와 여(如)히 다년 황패(多年 荒敗)에 귀(歸)한 조선불법(朝鮮佛法)의 부활을 도(圖)하기 위하여 선당건립(禪堂建立)의 지망(志望)을 발표하였는데 내회(來會)한 음량회(蔭涼會) 회원 제씨(諸氏)는 기(其) 지의(旨意)를 익찬(翼贊)하여 시(是)의 기성(期成)에 취(就)하여 극력 외호(外護)하기로 하였다 하며 근래 회심(會心)의 미거(美擧)라 가위(可謂)하겠다더라.

[취지서(趣旨書)]

…… 금(今)에 반도(半島)는 아(我) 황국(皇國)에 신부(新附) 이래로 5성상(星霜)을 황은(皇恩)에 흡점(洽霑)하여 만반의 시설이 점차 취서(就緒)하고 백물(百物)이 혁관(革觀)하고 차(且) 금일 우(又) 어대전의 성의에 치(値)할 어능위(御稜威)는 자차(自此)로 유익증휘(愈益增輝)하여 반도(半島)의 진운(進運)을 역(亦) 기대할지라. 연이(然而) 사간(斯間) 불법(佛法)을 어찌 이폐(弛廢)에 일임(一任)함이 가(可)하리오. 황차(況且) 일수지음(一樹之蔭)에 서식(棲息)하는 오배(吾輩)리요, 인준불금(忍俊不禁)과 미력부덕(微力不德)을 불고(不顧)하고 차(此) 영신(令辰)에 당(當)하여 자(玆)에 선불도량건립(選佛道場建立)의 지(志)를 발하였으니 시(是)는 감히 명문(名聞)을 일세(一世)에 구함이 아니라 단(但) 반도의 불자(佛者)로 점정(點睛)하여써 황풍영선 제도하창 불일증휘 법륜상전(皇風永扇 帝道遐昌 佛日增輝 法輪常轉)을 원할 뿐이라. 원컨대 유연무연(有緣無緣)은 독지(篤志)의 정재(淨財)를 희사하여 야납(野衲)의 미지(微旨)를 성취케 하기를 지간지도(至懇至禱)하노라.

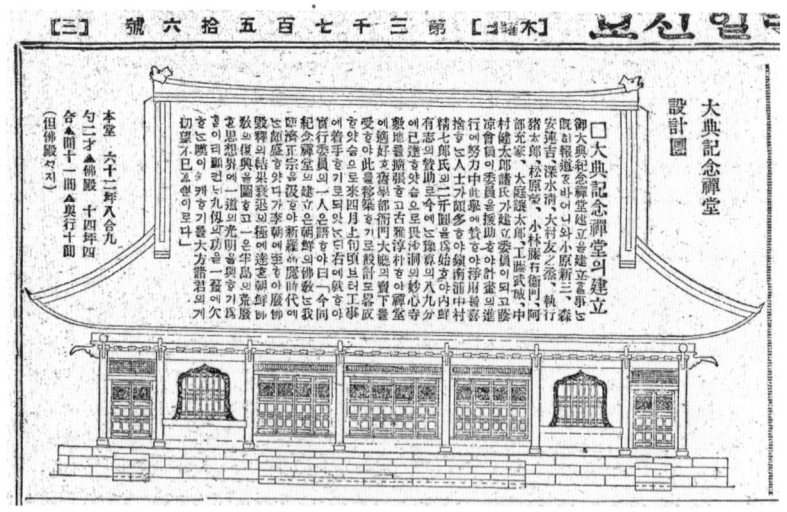

『매일신보』 1918년 3월 21일자에 수록된 '대전기념선당(大典記念禪堂) 설계도'이다. 여기에는 '구 학부아문 대청(大廳)'을 옮겨오는 것으로 서술되어 있으나 이는 '구 탁지부 대청'의 잘못이다.

이를 테면 '천황의 치세'가 날로 확장되는 가운데 그동안 피폐해진 조선의 불교(佛敎)도 부흥시키도록 일본인 사찰 임제종 묘심사(臨濟宗 妙心寺, 장사동 182번지) 구역에 새로운 법당을 건설한다는 취지였다. 이에 따라 1915년 11월부터 3년간의 시한을 정해 모금운동을 벌인 끝에 1918년 4월 7일에는 오하라 신조(小原新三) 농상공부장관(農商工部長官)과 코쿠분 쇼타로(國分象太郎) 이왕직차관(李王職次官)을 비롯한 다수의 총독부 관리가 참석한 가운데 지진제(地鎭祭)를 거행하기에 이르렀고, 곧이어 그해 6월 9일에는 상량식(上樑式)이 진행되었다.[46]

---

46) 묘심사 기념선당의 지진제와 상량식에 대해서는 『매일신보』 1918년 4월 9일자, 「기념선당 지진제(記念禪堂 地鎭祭), 7일 묘심사별원(妙心寺別院)에서」 제하의 기사와 『매일신보』 1918년 6월 11일자, 「묘심사(妙心寺) 선당 상량식(禪堂 上梁式), 위에서 떡뿌리기」

이 당시 경학원 대제학 김윤식(金允植) 자작이 지은 '상량문'에는 "기념선당을 건립하여 '소세지은(昭世之恩; 세상을 밝게 해준 천황의 은혜)'에 보답하고자 한다"는 구절이 포함된 바 있다. 이때 본당(本堂)과 불전(佛殿)으로 사용될 건물은 모두 다른 장소에 있던 것을 옮겨오는 방식으로 건립되었는데, 이것들의 정체는 옛 탁지부 청사(度支部 廳舍)와 화개동 소재 감모비각인 것으로 드러났다.[47] 그러니까 광화문 육조앞길에 자리하던 옛 호조(戶曹, 탁지부의 전신) 건물이 그대로 옮겨와서 일본인 사찰의 본당으로 변신하였고, 명성황후를 기리기 위한 감모비각은 비석 알맹이를 뺀 채 불전으로 개조되었던 것이다.

묘심사 본당 및 불전의 이건(移建) 연혁

구분	면적	원 건물명	원 소재지
본당	62평 8합	탁지부 청사	광화문 육조앞길(광화문통 84번지)
불전	14평 4합	감모비각	화개동 장원서 터(화동 24번지 일대)

일찍이 감모비는 국운이 기울게 되자 애물단지 취급을 받았고 더구나 1913년에는 조선총독부가 실시한 불용관유재산(不用官有財産)의 매각 대상에도 포함되는 처지가 되고 말았다. 실제로 입찰불하목록에는 '북부 화개동 소재 감모비' 일대의 토지(751평)와 건물(25평)이 포함된 사실을 확인할 수 있다.[48] 『매일신보』 1919년 3월 15일자에 수록된 「낙성된 묘심

제하의 기사에 각각 관련내용이 남아 있다.
47) 『매일신보』 1918년 6월 16일자에는 당시 경학원 대제학이던 김윤식 자작(金允植 子爵, 1835~1922)이 지은 '경성 묘심사 선당 급 불전 상량문(京城 妙心寺 禪堂 及 佛殿 上樑文)'의 원문 전체가 수록되어 있다.
48) 『조선일보』 1935년 10월 31일자에 수록된 호암 문일평(湖岩 文一平, 1888~1939)의 연

『매일신보』 1918년 6월 16일자에 소개된 '묘심사 선당 및 불전 상량문(경학원 대제학 김윤식 자작 지음)'이다. 이 글에는 '소세지은(昭世之恩; 세상을 밝게 해준 천황의 은혜)'에 보답코자 기념선당을 짓는다는 구절이 들어 있다.

사의 법당」 제하의 기사에는 감모비각의 이전 과정을 이렇게 적고 있다.

시내 장사동(長沙洞)에 있는 묘심사는 대정 4년(1915년) 11월에 어즉위 대전기념으로 테라우치 전 총독과 오하라 농상공부장관과 모리야스 의학박사 등의 명사가 설립의원이 되어 대정 7년(1918년) 4월 7일에 역사를 시작하여 공사비용 약 1만 5천 원을 들여서 창건한 사찰인데 사진 있

재물인 「근교산악사화(近郊山岳史話) 낙타산(駱駝山) (27) 성삼문(成三問)의 집터」라는 글에는 감모비각의 위치에 대해 "…… 이 성삼문의 유지(遺址)가 현 화동(花洞) 23번지 9호의 이정엽(李貞燁)의 집터로 들어가고 말았다는 것이다. 그런데 여기 또 유의할 것은 이 성삼문 유지에서 약(約) 7, 8보(步) 내(內)에 있는 강기완(姜起完)이라는 문패(門牌) 붙인 신가옥(新家屋)은 윤태준(尹泰駿)의 구기(舊基)다. 고종 19년 임오군변(壬午軍變)에 명성황후 민씨(明成皇后 閔氏)께서 화개동(花開洞) 이 윤태준 집에 잠깐 피난하셨다가 충주 장호원 민응식(閔應植)의 향제(鄕第)로 내려가셨는 바 광무년간(光武年間)에 이 윤씨 집터에 명성후의 피난하시던 기념비(記念碑)를 세우려고 강화오석(江華烏石)을 가져다놓기까지 하고서도 미처 세우지 못하고 말았는데 병합후(倂合後)에 와서는 그 오석(烏石)이 소용이 없게 되었으므로 경성부(京城府)에서 팔아버렸다"고 채록한 내용이 남아 있다.

는 굉장한 집은 묘심사의 선당이라. 이번에 삼청동에 있는 명성황후 감모비각의 매하를 받아 선당 위에다가 불전을 지었는데 감모비각 들보 속에서 뜻밖에 조선 은전 5원이 나왔더라. 묘심사의 주지 고토 즈이간(後藤瑞嚴)은 일로 말미암아 명성황후와 그 절과는 인연이 깊다 하여 명성황후의 위패를 그 절에 모시기로 계획하는 중이라 하며 불단은 지금 공사중인데 이달 안에 준성하리라더라.

여길 보면 묘심사의 불전이 감모비각을 옮겨온 것이라고 하여 그 인연으로 명성황후의 위패를 묘심사에서 모시기로 한다는 구절도 포함되어 있다. 그런데 묘심사의 선당이 완공된 직후 이곳은 일본 불교가 조선 불교계를 장악하는 근거지로 삼으려 했던 흔적도 드러난다. 실제로 『매일신보』 1920년 2월 18일자에 수록된 「묘심사(妙心寺)의 신활동(新活動), 조선인(朝鮮人)에게도 포교(布敎), 임제종 조선교회(臨濟宗 朝鮮敎會)라 칭

『매일신보』 1919년 3월 15일자에 수록된 '묘심사 신축낙성 사진'이다. 선당의 용마루에 보이는 둥근 표지는 묘심사를 나타내는 상징문양이다.

명(稱名), 학덕겸비의 조선인 승려를 초빙하여 포교케 하게 되어, 내월부터 포교개시, 고토 즈이간 사 담(後藤瑞巖師 談)」제하의 기사에는 원래 일본인들만을 포교대상으로 했던 묘심사가 장차 조선사람들에게도 개방된다는 내용이 서술되어 있다. 그리고 여기에는 일본 임제종과 조선불교의 합병을 추진하려다가 조선 불교계의 큰 반발을 불러일으킨 친일 승려 이회광(李晦光, 1862~1932) 등의 이름도 포함된 것이 확인된다.

곧이어 『매일신보』 1920년 3월 6일자에 수록된 「묘심사 선당(妙心寺 禪堂)에서 제1회 개최된 조선부인회(朝鮮婦人會), 당일에 해인사 주지 '이회광' 화상의 심원한 강연이 있었다. 만당(滿堂)한 조선귀부인(朝鮮貴婦人)」 제하의 기사에는 해인사 주지 이회광이 묘심사의 포교주임으로 선정된 사실이 채록되어 있다.

…… 이와 같이 묘심사가 개방되고 임제종 조선불교회(臨濟宗 朝鮮佛敎會)가 생겨난 후로 4일 오후 1시부터 처음으로 조선부인회 제1회가 묘심사 포교당 안에 개최되었는데 정각 전부터 조선귀부인들은 하나씩 둘씩 점차로 내참되어 이해창 후작(李海昌 侯爵)의 대부인과 조명구(趙命九)의 왕대부인과 조경하(趙敬夏) 씨의 부인과 천상궁(千尙宮), 기타 지명가의 귀부인 등이 백여 명이나 되는 성황이었었다. 정한 시간 오후 한 점이 되지 고토 즈이간 화상은 삼소거사(三笑居士)49)의 조선어를 빌어서 일반 부인에게 간단한 식사가 있은 후에 본회 포교주임은 경상도 합천에 있는

---

49) 여기에 나오는 '삼소거사(三笑居士)'는 경무고문부 번역관, 경성일보사 감사, 매일신보 편집국장, 동민회(同民會) 이사, 『조선불교(朝鮮佛敎)』 발행자, 조선총독부 경무국 촉탁 등을 역임한 나카무라 켄타로(中村健太郎)를 가리킨다.

우리 조선에 유명한 대찰 해인사(海印寺) 주지 이회광 화상(李晦光 和尙)이 추천되어 이후부터는 이회광 화상의 주임으로 강연이 늘 있을 것이라고 일반에 소개하는 말을 마친 후에 곧 회광 화상의 심원하고 아름다운 불교강연이 있었는데 …… (하략).

또한 이곳에서는 우란분절(盂蘭盆節, 음력 7월 15일 백중일)을 맞이하여 이른바 '덕수궁 이태왕 전하(德壽宮 李太王 殿下; 고종황제)'의 명복을 비는 기도식이 거행되기도 하였는데, 『매일신보』 1920년 8월 29일자에 수록된 「고(故) 이태왕 전하의 장엄(莊嚴)한 명복기도식(冥福祈禱式) 거행(擧行), 7월 백종날 묘심사에서 열려」 제하의 기사에는 이날의 풍경을 이렇게 그리고 있다.

시내 장사동 묘심사(妙心寺)에서 불교진흥회(佛敎振興會) 주최로 어제 28일, 음력으로 백종날을 기회로 하여 덕수궁 이태왕 전하의 평복식을 거행하였는데 당일 묘심사의 정문에는 욱일기를 걸었으며 법전(法殿) 정면에는 황포차일을 높이 치고 순백색의 사등롱을 족자 같이 걸어 놓았는데 식의 거행은 오전 10시지만은 정각 전부터 주선귀족 측으로부터 귀부인들, 기타 남녀 교우들은 구름 모여들 듯하는데
오전 10시의 정각이 되자 법전 한편으로부터 엄숙한 법고(法鼓) 소리와 범종(梵鍾) 소리가 일어나면서 식이 거행되어 묘심사 주지 고토 선사(後藤禪師)의 분향과 설법이 있었고, 조선승려로는 김현암(金玄庵), 박대은(朴大恩), 이벽봉(李碧峰) 등의 이름 있는 화상의 주법이 있었으며 창덕궁 어명대 육군소좌 이병규(李秉規) 씨와 창덕궁비 어명대 손춘임 상궁(孫春任 尙宮)은 금촉이 휘황한 불전에 나아와서 분향 최경례를 행하고 기타 상

궁의 대리 여관들의 분향배례가 있었으며

이완용 백(李完用伯), 이윤용 남(李允用男), 코쿠분 쇼타로(國分象太郎) 등 제씨의 분향 최경례와 기타 정만조(鄭萬朝), 유맹(劉猛), 염중모(廉仲模), 신태유(申泰游), 김태성(金兌聲), 문창규(文昌奎) 등 제씨의 분향배례와 그 외에 신남신녀의 분향배례가 있었으며 그 다음에는 고토 선사의 승하하옵신 이태왕 전하의 간단한 역사를 말하여 멀리멀리 만세지하에 계시옵신 전하를 다시금 축언한 후에 각 어명대의 최경례로써 식은 장엄히 마치었더라.

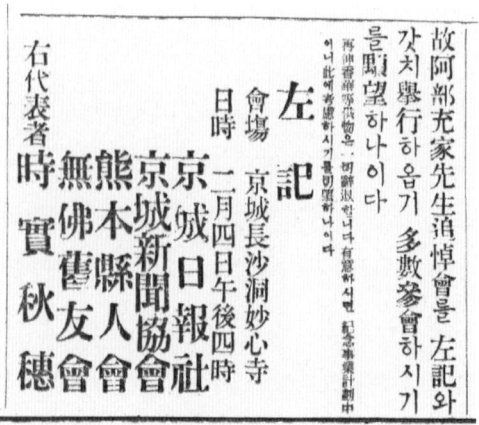

『동아일보』 1936년 2월 4일자에는 경성일보 사장을 거쳐 사이토 총독의 조선통치에 관한 충실한 정보제공자이기도 했던 아베 미츠이에(阿部充家)의 '추도회 안내광고'이다. 그를 위해 치러지는 추도회의 공간이 바로 '경성 장사동 묘심사(京城長沙洞 妙心寺)'로 표시되어 있다.

이것 말고도 이곳 일본인 사찰에서는 1923년 정초에 삼판통(三坂通, 지금의 후암동) 총격전의 와중에 김상옥(金相玉) 의사가 총에 맞아 숨진 일본인 순사부장 타무라 쵸시치(田村長七, 종로경찰서 형사부장)를 위한 추도식이 벌어진 흔적도 눈에 띈다.50) 그리고 일찍이 경성일보 및 매일신보 사장

---

50) 이에 관한 내용으로는 『매일신보』 1924년 1월 17일자에 수록된 「타무라 부장 추도회(田村部長 追悼會)」 제하의 기사와 『매일신보』 1924년 1월 18일자에 수록된 「타무라 부장

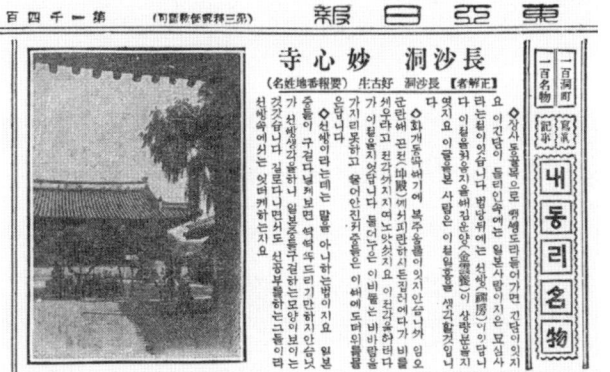

『동아일보』 1924년 8월 13일자에 소개된 '장사동 묘심사' 관련 기고문이다. 여기에는 '화개동 복주우물 앞 집터'에서 옮겨온 비석에 관한 언급이 들어 있으나, 아쉽게도 지금은 그 행방을 알 수 없다.

과 국민신보(國民新報) 부사장을 지냈고 사이토 총독(齋藤總督) 시절에는 '통치 브레인'의 역할을 했던 것으로 알려진 아베 미츠이에(阿部充家, 1862~1936)[51]가 1936년에 세상을 떠나자 그를 위한 추도회가 벌어진 공간도 이곳 묘심사였다.

한편, 『동아일보』 1924년 8월 13일자를 보면 그 당시에 한창 지면을 장식하고 있던 「내동리 명물(名物)」이라는 연재물이 게재되어 있는데, 여기에 바로 '장사동 묘심사(長沙洞 妙心寺)'라는 꼭지 하나가 다음과 같이 정리되어 있는 것이 눈에 띈다.

[정해자(政海者)] 장사동 호고생(好古生), 요보번지성명(要報番地姓名)

◇ 장사동 골목으로 뺑뺑 돌아 들어가면 긴담이 있지요. 이 긴담이 들리인 속에는 일본사람이 지은 묘심사라는 절이 있습니다. 법당 뒤에

추도회(田村部長 追悼會), 장엄한 중에 무사히 거행' 제하의 기사가 남아 있다.

51) 그는 통칭 '아베 무부츠(阿部無佛)'라고 하여 '무불거사(無佛居士)' 또는 '무불옹(無佛翁)'이라는 별호(別號)로도 잘 알려진 인물이다.

는 선빵(禪房)이 있답니다. 이 절을 처음 지을 때 김운양(金雲養)52)이 상
량문을 지었지요. 이 글을 본 사람은 이 절 이름을 생각할 것입니다.

◇ 화개동 꼭대기에 복주우물이 있지 않습니까? 임오군란 때 곤전(坤
殿)께서 피란하시던 집터에다가 비를 세우려고 전각까지 지어놓았었지
요. 이 전각을 헐어다가 이 절을 지었답니다. 드러누운 이 비돌은 비바
람을 가리지 못하고 꿇어앉은 저 중들은 이때에도 더위를 모른답니다.

◇ 선빵이라는 데는 말을 아니 하는 법이지요. 일본중들이 구걸 다닐
제 보면 딱딱 뚜드리기만 하지 않습니까? 선빵 생각을 하니 일본중들
구걸하는 모양이 오이는 것 같습니다. 길로 다니면서도 선공부를 하는
그들이라 선빵 속에서는 어떻게 하는지요?

『경향신문』 1956년 3월 27일자에 수록된 '중앙신학교(中央神學校)
보결생 모집공고문안'이다. 주소지로 표기된 '장사동 182번지'는 곧
옛 일본인 사찰 '묘심사'가 있던 자리를 가리킨다.

이러한 내력을 지닌 일본인 사찰 묘심사의
흔적은 언제까지 남아 있었던 것일까? 이 대
목에 대해서는 구체적인 자료의 확인이 어렵
지만 해방 이후 이곳은 중앙신학교(中央神學校, 강남대학교의 전신)의 차지가
되었다가 1967년 세운상가(世運商街)를 조성할 때 부지의 일부가 이곳에
편입된 것으로 드러난다.53) 탁지부 청사와 감모비각을 옮겨지은 묘심사

---

52) '운양(雲養)'은 경학원 대제학인 김윤식 자작의 호(號)이다.
53) 중앙신학교는 1946년 8월 1일에 설립되어 처음에는 서울기독교청년회관(YMCA)에 자
리하였다가 1953년에 이르러 옛 묘심사 터로 옮긴 것으로 전해진다. 세운상가를 조성할

청계천 세운교 남측에서 담아낸 세운전자상가의 전경이다. 왼쪽에 보이는 택배차량 후면의 건물이 옛 '묘심사' 터(장사동 182번지)에 해당한다.

의 건물도 이 무렵에 사라진 것으로 보이지만, 지금으로서는 그 행방을 추적할 수 있는 단서조차 찾을 수 없는 상태이다. 그나저나 묘심사에 있었다는 명성황후의 위패는 어떻게 처리되었을까?

● 이 글은 『민족사랑』 2017년 5월호에 게재하였던 것을 수정 보완하였다.

당시에 그 터를 내어주는 대신에 이곳 상가 내에 학교가 자리하였으나 이내 대치동으로 학교를 이전(1974년)하고 교명도 '강남사회복지학교'로 변경(1976년)하였다. 1980년에는 교사를 다시 경기도 용인으로 옮겼으며, 이곳에서 강남대학(1989년) 시절을 거쳐 지금은 종합대학교인 강남대학교(1992년)로 전환되어 있는 상태이다.

제3부 ──────── 낯선 풍경으로 남아 있는
근대역사의 공간들

13

일제가 경성(京城) 지역에만 두 곳의 감옥을 만든 까닭은?

장기수 전담감옥이었던 경성감옥 혹은 경성형무소의 건립 내력

　일제가 이른바 '만세소요사건(萬歲騷擾事件)'이라고 불렀던 거족적인 삼일만세운동의 여운이 아직도 뇌리에 생생하게 남아 있던 시절인 1921년의 어느 늦은 가을날, 이른 아침부터 4, 5백 명이 훨씬 넘는 한 무리의 사람들이 바삐 아현(阿峴, 애오개)을 넘기 시작했다. 누구는 전차로, 누구는 자동차로, 누구는 직접 걸어서 각기 도착한 곳은 먼저 온 이들로 꽤나 혼잡해진 어느 감옥의 문 앞이었다.

『매일신보』 1921년 11월 5일자에 수록된 경성감옥(마포 공덕리) 앞에 모여든 인파의 모습이다. 이들은 독립선언사건으로 투옥되어 있다가 이 날 한꺼번에 만기 출옥하는 16인을 맞이하기 위해 모여든 사람들이었다.

사람들이 이렇게 잔뜩 모여든 까닭은 바로 '독립선언사건(獨立宣言事件)'으로 징역 2년형을 선고받았다가 이날 한꺼번에 만기출옥(滿期出獄)을 하는 16명의 인사들을 맞이하려 했기 때문이었다. 이날의 광경에 대해서는 『매일신보』 1921년 11월 5일자에 수록된 「악수(握手)하고 감루(感淚)만 종횡(縱橫), 경성감옥 문밖에는 5, 6백 명의 고구 친척이 산 같이 모였다, 작조(昨朝) 감옥(監獄)에서 출감(出監)된 17인(人)」 제하의 기사에 자세히 묘사되어 있다.

작(昨) 4일 오전 9시로부터 아현리(阿峴里) 경성감옥(京城監獄) 앞에는 남녀 합하여 4, 5백 명의 인원이 감옥으로 들어가는 전차길 옆으로부터 감옥 문 앞까지 사람이 피하여 다닐 수 없이 섞이여 섰고 자동차 7, 8대는 감옥 들어가는 어구에서 누가 나오기를 기다리고 있는데 사람 사람의 얼굴에는 오랫동안 그리웠던 사람을 1분 1초라도 얼른 좀 보았으면은 하는 빛이 나타난다. 이 일은 다른 일이 아니라 이미 본지로 보도되었던 바와 같이 손병희 일파 중에 2년 징역의 언도를 받고 장구한 사이에 춥고 더운 것을 참아가면서 또는 엄밀한 옥칙을 지키여 가면서 말할 수 없는 고생살이를 하다가 금월 3일까지가 만기되어 작 4일에 출옥되는 날이었는데
오전 9시 반이 되매 출옥하는 분들의 가족은 의복일습을 가지고 들어와서 감옥에 드리매 제1회로 박희도(朴熙道), 박동완(朴東完), 이필주(李弼柱), 김원벽(金元璧) 4인을 감방으로부터 나오게 하여 의복을 바꾸어 입히는 모양이더니 10시에 이르러서 전기 4인은 창백색이 된 얼굴빛에 오랫동안 걸어보지 못하던 걸음으로 휘적휘적 전후하여 나오는데 간수의 호명으로 옥문 밖에 나아가니 피차간에 그리웁고 사모하던 그 정을

한꺼번에 풀기 어려워서 말은 할 여가가 없이 손목을 잡고 떨어지나니 눈물뿐이었다. 인제는 사는 세상에 나왔는가? 하는 출옥된 몇 분들은 가족과 고구친척의 옹호로 한편으로는 기다리고 있던 자동차에 몸을 의지하여 생각에 어슴푸레 혼자 댁으로 향하는데

그 뒤으로 제2회에는 신석구(申錫九), 나용환(羅龍煥), 임예환(林禮煥), 나인협(羅仁協) 4인이 나왔고, 제3회로 김완규(金完圭), 최성모(崔聖模), 박준승(朴準承), 홍병기(洪秉箕) 4인이 감방으로부터 함께 나아와서 앞서거니 뒤서거니 옥문 밖을 나아갔고 제4회로 권병덕(權秉悳), 양전백(梁甸伯), 이명룡(李明龍), 신홍식(申洪植) 4인이 나왔는데 시원하게 옥문을 벗어져 나오면서도 아직 1년이나 고생살이 할 다른 분들을 애처롭게 여기면서 2년 전에 들어갔던 옥문을 다시 아주 나와 버리기는 11시 20분경이었더라.

…… 그리고 별항에 보도한 바와 같이 손병희 일파 중에 2년 징역의 언도를 받았던 20명 중에 16명은 경성감옥으로부터 출옥되고 유여대(劉如大), 강기덕(康基德), 홍기조(洪基兆) 3인은 수속의 관계로 5일까지가 만기로 되었고 그 외 이종훈(李鍾勳)은 지우금(至于今) 서대문감옥(西大門監獄)에 있었던 바 역시 2년이었으므로 작 4일 오전 10시에 만기 출옥되었더라.

『매일신보』 1921년 12월 23일자에 수록된 최린, 권동진, 한용운, 오세창, 이종일, 김창준, 함태영 등 7인의 가출옥 관련기사이다. 이들은 독립선언사건 관련 48인에 포함되어 최초에는 서대문감옥에 갇혀 있다가 확정판결 이후 경성감옥 쪽으로 이감된 상태였다.

이들에 이어서 그 해 연말에는 권동진(權東鎭), 김창준(金昌俊), 오세창(吳世昌), 이종일(李鍾一), 최린(崔麟), 한용운(韓龍雲), 함태영(咸台永) 등 7인이 가출옥(假出獄)의 형태로 경성감옥에서 풀려났다. 다시 해가 바뀌어 1922년에는 마지막으로 남아 있던 오화영(吳華英)과 이갑성(李甲成), 그리고 이승훈(李昇薰)이 차례대로 만기출옥을 하면서 '독립선언사건'과 관련하여 투옥된 인사들은 모두 감옥을 벗어나게 되었다.

독립선언사건(獨立宣言事件) 관련 48인의 출옥 관련 연혁

출감일자	해당인물	출감장소	비고
1920.10.22	손병희	서대문감옥	병보석
1920.10.30	김홍규, 한병익	서대문감옥	미결구류일 산입
1920.10.30	길선주, 김도태, 김세환, 김지환, 노헌용, 박인호, 송진우, 안세환, 임규, 정노식, 현상윤	서대문감옥	무죄방면 (경성복심법원)
1921.5.5	백상규(백용성), 이경섭, 정춘수	경성감옥	만기출옥
1921.10.18	최남선	경성감옥	가출옥
1921.11.4	김원벽, 박동완, 박희도, 이필주 (1차) 나용환, 나인협, 신석구, 임예환 (2차) 김완규, 박준승, 최성모, 홍병기 (3차) 권병덕, 신홍식, 양전백, 이명룡 (4차)	경성감옥	만기출옥
1921.11.4	이종훈	서대문감옥	만기출옥
1921.11.6	유여대, 홍기조	경성감옥	만기출옥
1921.11.9	강기덕	경성감옥	만기출옥
1921.12.21	권동진, 김창준, 오세창, 이종일, 최린, 한용운, 함태영	경성감옥	가출옥
1922.5.5	오화영, 이갑성	경성감옥	만기출옥
1922.7.21	이승훈(이인환)	경성감옥	가출옥

삼일만세운동이라고 하면 그 누구라도 퍼뜩 '서대문감옥(西大門監獄, 1923년 5월에 서대문형무소로 개칭)'의 존재를 먼저 떠올리기 마련이지만, 여기에 정리된 자료에서도 나타나듯이 독립선언사건에서 실형을 선고 받은

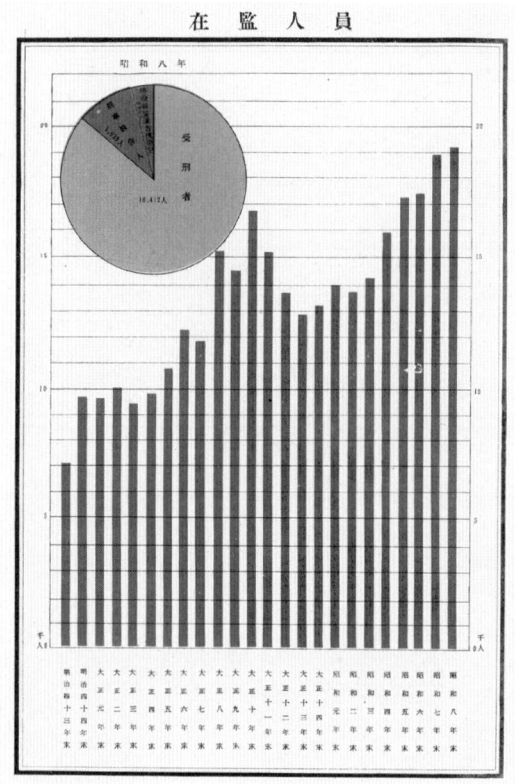

조선총독부가 편찬한 『시정이십오년사(施政二十五年史)』(1935)에 수록된 재감인원(在監人員) 추이에 관한 도표 자료이다. 경술국치 이후 감옥에 갇힌 사람들의 숫자가 지속적으로 증가하는 가운데 특히, 삼일만세운동이 벌어진 1919년에는 이 수치가 15,000명 수준으로 크게 치솟아 오른 것을 확인할 수 있다.

핵심인사들이 막판에 옥고를 치렀던 곳은 바로 경성감옥(京城監獄, 공덕리 105번지; 지금의 서울서부지방법원 구역 일대)이었던 것으로 확인된다. 이들이 맨 처음 투옥되었던 서대문감옥에서 경성감옥 쪽으로 이감(移監)된 것은 결국 최종심이 되고 말았던 경성복심법원의 항소심 선고(1920년 10월 30일)가 이루지면서 기결수(旣決囚)로 신분이 바뀐 이후의 일로 보인다.

여기에 나오는 경성감옥의 편제는 조선총독부령 제11호 「조선총독부 감옥 및 감옥분감의 명칭, 위치(1912년 9월 3일 개정)」에 따라 처음 설치되었으며, 감옥의 소재지는 마포 공덕리였다. 이때 종전에 경성감옥이라

『용산시가도(龍山市街圖)』(1929)에 나타난 경성형무소(공덕리 105번지)의 위치이다. 이곳은 애오개와 만리재 쪽에서 각각 넘어온 길이 서로 만나는 지점에 가까우며, 마포가도의 길 건너편에는 총독부 양조시험소(釀造試驗所, 지금의 마포경찰서 자리)가 배치되어 있는 것이 눈에 띈다. 아래쪽으로 효창원과도 매우 가까운 거리라는 것을 한눈에 알 수 있다. (민족문제연구소 소장자료)

고 했던 곳은 이 이름을 물려주고 '서대문감옥'으로 개칭되었다. 이보다 앞서 금화산(金華山) 아래 금계동(金鷄洞)에 신축 감옥이 들어선 것은 1908년 10월 19일의 일이었으니, 불과 4년 사이에 2개의 감옥이 잇달아 만들어진 셈이었다.

그렇다면 직선거리로 놓고 보더라도 3킬로미터 남짓에 불과한 구역 안에 서대문감옥과 경성감옥, 이렇게 둘씩이나 만들어진 까닭은 무엇이었을까?

이에 관해서는 명시적으로 그 연유를 풀어놓은 자료는 확인하지 못하였으나, 그 시절의 신문자료를 죽 훑어보았더니 독립문 밖의 새 감옥이 준공된 지 6개월도 채 지나지 않은 시점에서 벌써 "이곳이 협착(狹窄)하여 죄수를 수용하기 곤란하므로 다시 증축(增築)하기를 의논중이다"는 내용이 등장하는 것을 확인할 수 있었다.

이에 따라 실제로 『대한매일신보』1909년 6월 27일자(국문판)에서는 남부 둔지미(南部 屯芝味)가 새로 짓는 감옥서의 후보지로 거론된 바 있고, 그 직후에 다시 용산 청파 4계(靑坡四契)와 청파 피병원(避病院) 부근 등을 포함하여 심지어 효창원(孝昌園)의 일부에다 공역비 3만 원을 들여 1천 명을 수용할 큰 감옥을 건설한다는 기사가 잇달아 게재된 사실이 눈에 띈다. 이 당시 재판소와 감옥을 포함한 사법권을 완전히 장악했던 일제가 서둘러 감옥을 증설해야 했던 필요성에 대해서는 『매일신보』1910년 10월 23일자에 수록된 「감옥개량실시(監獄改良實施)」 제하의 기사에 개략적으로 정리되어 있다.

> 조선(朝鮮)의 감옥제도(監獄制度)는 재작년래(再昨年來)로 개선(改善)하였는데 당시(當時)는 각도(各道)를 통(通)하여 다만 8개소(個所)에 불과(不過)한 고(故)로 수도수용상(囚徒收容上) 불완전(不完全)한 점(點)이 다(多)하더니 작년 1, 2 양월간(兩月間)에 인천(仁川), 부산(釜山), 진남포(鎭南浦) 등 기타 추요지(樞要地)에 분감(分監) 13개소를 신치(新置)하여 이래(爾來)에 수도를 수용하였으나 차(此)를 일본내지(日本內地)에 비교하면 수용한 수도가 실(實)로 2배 내지(乃至) 3배에 급(及)하는지라.
> 금(今) 기 수도수용의 상황을 문(聞)하건대 경성(京城)은 초(稍)히 완비(完備)하여 종로(鍾路), 서대문(西大門), 독립문외(獨立門外) 등의 감옥에 수용한

기결(既決), 미결(未決)의 수도가 9월 말일 현재는 1,969명인즉 무려(無慮) 히 2천 명 이상을 수용할지오, 기타 대구감옥(大邱監獄)은 경성에 불급(不及)하나 1천 명 이상의 수도를 수용할지오, 평양(平壤)의 감옥은 상차(尙且) 불완전한 점이 다(多)하여 현금(現今) 신축공사(新築工事)에 착수하였는데 경비(經費)의 지출(支出)되는 범위내(範圍內)에서는 신축수선(新築修繕)을 가(加)하여 경성, 대구, 평양의 3대감옥(三大監獄)을 확장(擴張)하고 점차(漸次) 분감을 신축 급 개축(新築 及 改築)할 터이라고 당국자(當局者)는 언(言)하더라.

이러한 논의가 거듭된 끝에 1911년 4월에 이르러 신축감옥의 최종 후보지로 선정된 곳은 마포 공덕리에 자리한 탁지부 양조소(度支部 釀造所,

조선은행에서 펴낸 『픽토리얼 죠센 앤 만쥬리아(Pictorial Chosen and Manchuria)』(1919)에 수록된 경성감옥의 전경 사진이다. 이곳의 편제는 1912년 9월에 설정되었지만, 실제 감옥 시설이 완성된 것은 1913년으로 넘어간 시점이었다. 이 사진은 건립 초기에 촬영된 탓인지 외곽에 둘러진 담장의 모습이 벽돌 재질이 아닌 목책(木柵)인 것이 눈에 띈다.

경기도에서 편찬한 『경성교외간선도로개수공사사진첩』(1935)에 수록된 애오개 방향으로 담아낸 경성형무소 앞쪽의 옛 풍경이다. 오른쪽에 형무소의 벽돌담장이 보이고, 그 앞으로 휘어진 도로에는 마포종점으로 이어지는 전차선로의 모습이 드러나 있다. 이곳은 1934년에 시행된 개수공사로 인하여 도로가 직선화하는 동시에 주변 풍경도 일변하였다.

아현리 451번지)의 건너편 지역이었다. 이곳의 위치는 애오개 너머 마포나루로 가는 길목의 동쪽에 자리하고 있었으며, 일제가 부여한 지번상으로는 '경성부 용산면 공덕리 105번지(총면적 16,817평)'에 해당하였다.

이와 관련하여 『매일신보』 1911년 9월 2일자에 수록된 「경성감옥공사(京城監獄工事)」 제하의 기사는 신축감옥에 대한 착공 과정을 이렇게 적고 있다.

> 공덕리(孔德里)에 신설(新設)하는 경성감옥공사(京城監獄工事)는 작일(昨日) 총독부 영선과(總督府 營繕課)에서 지명입찰(指名入札)을 행(行)한 결과(結果) 약(約) 20만 원(圓)의 가격(價格)으로 마츠모토구미(松本組)에 낙찰(落札)이 되었는데 부지(敷地)는 전부(全部) 1만 6천여 평(坪)이라. 선(先)히 지균(地均)을 행(行)하고 갱(更)히 감방(監房), 기타 부속가옥(附屬家屋)을 건축할 터인데 본(本) 감옥신축에 관하여는 내지(內地)의 신식감옥(新式監獄)의 건조물(建造物)을 시찰(視察)하고 각종(各種)으로 연구중(研究中)인즉 조선감옥(朝鮮監

獄)의 모범(模範)으로 건축할 터이오, 공사(工事)는 직(直)히 착수한다는데 46년(즉, 1913년) 상반기(上半期)에 준공(竣工)할 예정이라더라.

그 이후에 일부 설계변경이 있었고 이에 따라 당초의 예정보다는 공사일정이 크게 앞당겨질 것으로 보였으나, 막바지 공사가 한창 진행되던 1912년 12월 16일에 느닷없이 발생한 화재로 옥사(獄舍) 1동(棟)이 소실되는 상황에 처하게 되었다. 이 당시에는 아직 서대문감옥 쪽에서 죄수들이 옮겨오지 않은 상태였기 때문에 공사인부 2백여 명만이 긴급하게 대피하는 소동이 벌어졌고, 불 탄 건물은 그 이듬해에 재건되었다고 알려진다.

경성감옥(경성형무소, 마포형무소) 관련 주요 연혁

일자	내용
1911.4.15	경성감옥의 신축후보지로 탁지부 양조소(공덕리) 부근이 결정
1911.9.1	경성감옥 신축공사 청부업자로 마츠모토구미(松本組)가 낙찰
1912.9.3	경성감옥(공덕리)의 편제가 새로 설치되는 동시에 기존의 경성감옥(금계동)은 서대문감옥으로 개칭
1912.12.11	경성감옥(공덕리) 신축공사 완료 예정
1912.12.16	경성감옥(공덕리) 마무리 공사 도중에 화재 발생으로 옥사(獄舍) 1동 소실
1913.4	총독부가 직영하던 연와공장(마포)과 토관공장(영등포)을 경성감옥 작업장으로 이관
1923.5.5	「감옥 및 분감의 명칭 변경」에 따라 경성감옥을 경성형무소로 개칭
1924.1.1	「감옥수용구분의 변경에 관한 건(법무국장 통첩)」 개정에 따라 경성형무소가 '경성복심법원 및 평양복심법원 관내 각 형무소에 수용된 무기 및 형기 10년 이상의 남자 수형자(일본인은 영등포형무소에 수감)'를 수용하는 공간으로 결정
1937.4.1	「형무소수용구분에 관한 건의 전면 개정(법무국장 통첩)」에 따라 경성형무소가 '경성복심법원 및 평양복심법원 관내 각 형무소 및 지소에서 이송되는 무기 또는 형기 10년 이상 남자 수형자'의 집금형무소(集禁刑務所)로 규정
1940.4.1	「형무소수용구분에 관한 건의 개정(법무국장 통첩)」에 따라 '전선(全鮮) 각 형무소 및 지소의 장기 또는 형기 10년 이상의 남자 수형자' 가운데 초범(初犯) 집금형무소로 지정(이때 서대문형무소와 대전형무소는 각각 사상범 집금형무소와 누범 집금형무소로 지정 결정)

1945.11.21	미군정청 법무국령 제2호에 따라 서대문형무소를 서울형무소로 개칭하고, 동시에 경성형무소를 서울형무소 지소(支所)로 개칭
1946.3.28	미군정청 법무국령 제12호에 따라 서울형무소 지소를 마포형무소로 개칭
1961.12.23	법률 제858호 「행형법(行刑法)」의 전부개정에 따라 형무소의 명칭은 교도소로 일괄 변경
1963.9.19	안양교도소 신축 준공과 더불어 마포교도소는 이전 폐쇄

이 당시 서대문감옥과 경성감옥을 통틀어 어떠한 수형자를 어느 곳에 수용한 것인지에 대해서는 정확하게 가늠하기 어렵다. 이에 관해 그나마 대략 참고할 수 있는 자료는 총독부 사법부장관의 통첩(通牒)으로 고시되는 「감옥수용구분(監獄收容區分)의 변경에 관한 건(件)」 정도이다.

여기에는 우선 "경성지방법원과 관할 지청(인천, 춘천, 원주는 별도)의 판결을 받은 수형자는 '서대문감옥'에 수용되고, 이 가운데 내지인(內地人, 일본인)과 외국인(중국인은 제외) 남자는 '경성감옥 영등포분감(永登浦分監)'에 수용한다"는 구절이 포함되어 있다. 그러나 정작 경성감옥 자체에 대해서는 어찌된 영문인지 명단에서도 전혀 보이지 않을 뿐더러 아무런 관련 규정이 적시된 것이 없다.

경성감옥의 존재는 경성형무소로 개칭된 이후의 시점에 와서야 관련 규정상으로 처음 명시적으로 등장하는데, 1923년 12월 8일에 총독부 법무국장의 통첩으로 고시된 「감옥수용구분의 변경에 관한 건(개정, 1924년 1월 1일 시행)」이 바로 그것이다. 이때에 이르러 경성형무소의 관할 판결청으로 "경성지방법원 개성지청"이 명기되었고, 특히 별표(別表)의 말미에 따라 "본 수용구분 중 무기(無期) 및 형기(刑期) 10년을 넘는 남자 수형자에 대해서는 내지인(內地人)인 때는 영등포형무소에, 기타의 것이 되는 때는 경성 및 평양복심법원 관내 각 형무소에 수용할 자는 경성형무소에, 대구복심법원 관내 각 형무소에 수용할 자는 대전형무소에

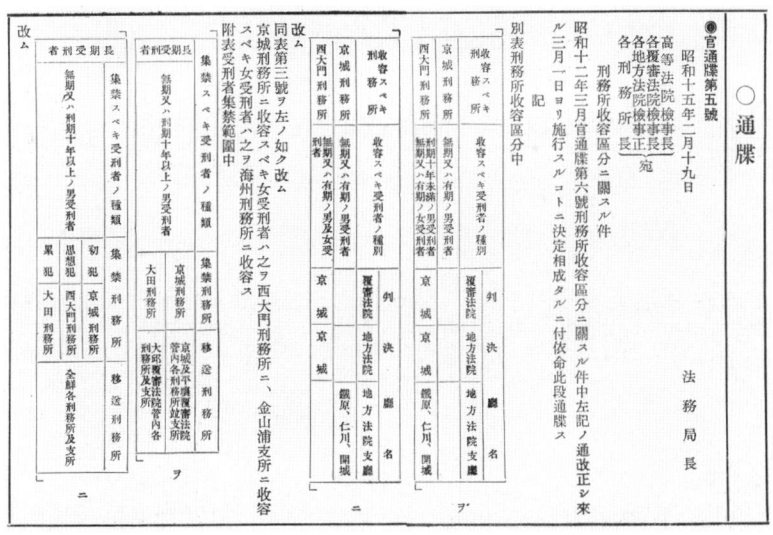

『조선총독부관보』 1940년 2월 19일자에 게재된 법무국장 통첩 「형무소수용구분에 관한 건(개정)」을 보면 종래 경성복심법원 및 평양복심법원 관내에 속하는 장기수들을 수용하던 경성형무소의 기능이 폐지되고, 이때부터 그 대상이 조선 전역으로 확대되어 무기 또는 형기 10년 이상의 남자 수형자 가운데 초범(初犯)을 집합 수용하는 집금형무소(集禁刑務所)로 전환된 사실이 드러나 있다.

각 이를 집금(集禁)한다"는 구절이 첨부되었다.

 이 규정으로 본다면 경성형무소는 경성복심법원(京城覆審法院)과 평양복심법원(平壤覆審法院) 관내에서 무기 및 형기 10년 이상을 선고받은 장기수(長期囚), 그것도 조선인 남자 수형자만을 전담하여 가두는 공간으로 정의되는 셈이었다. 당연히 오랜 형기를 감당해야 했던 다수의 독립운동가들도 이곳에서 영어(囹圄)의 몸이 되어 있었다. 『조선일보』 1927년 2월 7일자에 수록된 「경성형무소(京城刑務所)엔 정치중범(政治重犯) 백 명, 기미년 전후 중대범 다수, 출감자 전무(出監者 全無)?」 제하의 기사에는 대정천황의 장례절차에 동반한 은사령(恩赦令) 관련 내용이 들어 있는데, 이를 통해 정치범(政治犯)으로 분류되어 있던 이들의 면면을 일부나마 엿볼 수 있다.

수일 전 경성형무소로부터 출옥한 모 씨의 말에 의하면 이번 대사(大赦)로 출옥될 듯하던 경성형무소의 정치범은 대략 1백 명을 헤아릴 듯하나 그 범위가 폭발물취체 위반(爆發物取締 違反)과 치안유지법 위반(治安維持法 違反)과 및 소요죄(騷擾罪) 등을 제한다 하면 한 명도 나올 사람이 없게 되겠다. 순전히 보안법 위반이나 제령 위반된 명목의 죄수는 대개 없고 모두 폭발물 위반이 아니면 강도살인 또는 소요죄라는 명목과 병합되어 있는 관계라 하며 경성형무소에 수용되어 있는 정치범은 대개 기미년 당시에 중형을 받은 이가 많으므로 혹은 이번에 감형(減刑)되어 출옥한다 하면 적지 않을 터이라 한다.

이제 경성형무소에 복역중인 중형의 정치범들 중 몇 가지를 소개하면 다음과 같다.

◇ 기미운동 당년(己未運動 當年)

수원사건(水原事件) 문상익(文相益, 35; 翊의 오류) 징역 10년

동(同) 홍면옥(洪冕玉, 40) 징역 10년

안성사건(安城事件) 김중식(金重植, 26) 징역 10년

제령위반(制令違反) 이호원(李浩源, 36) 징역 10년

국민대회사건(國民大會事件) 이홍래(李鴻來) 징역미상

주의선전(主義宣傳) 전일(全一, 54) 징역 9년

대동단(大同團) 전협(全協) 징역 10년 [단, 전협은 은사재범(恩赦再犯)이라 하여 저반 은사(這般恩赦)도 입지 못함]

◇ 폭발물 위반(爆發物 違反)

미국의원단 당시 사건(米國議員團 當時 事件) 김성택(金聖澤, 28) 김최명(金最明, 30), 김영철(金永哲, 35) 이상 징역 10년

평양 제3부 폭탄사건(平壤 第三部 爆彈事件) 정환도(鄭煥道, 34), 백규완(白圭完,

42) 무기(無期)

강동서 투탄사건(江東署 投彈事件) 이치모(李致模, 29) 무기(無期)

밀양폭탄사건(密陽 爆彈事件) 이성우(李成宇, 28) 징역 12년, 윤소룡(尹小龍, 28) 징역 10년

은률군수 사살사건(殷栗郡守 射殺事件) 고두환(高斗煥, 35) 무기(無期)

◇ 살인강도 제령 위반(殺人强盜 制令 違反)

장두량(張斗亮, 31), 장남섭(張南燮, 29), 이민준(李民俊, 25) 무기(無期)

그 이후 이러한 구분에 다시 한번 큰 변화가 일어난 것은 1940년 2월 19일에 총독부 법무국장의 통첩으로 고시된 「형무소수용구분(刑務所收容區分)의 변경에 관한 건(개정, 1940년 3월 1일 시행)」에 수록된 내용이었다. 여기에는 종래 '경성 및 평양복심법원 관내 각 형무소 및 지소'의 장기수형자(長期受刑者)는 집금형무소인 '경성형무소'에 수용한다는 구절을 바꿔 그 대상지역을 훨씬 더 확대하도록 결정한 사항이 표시되어 있다. 이를 테면 이 시기 이후로는 '조선 전체의 각 형무소와 지소'의 장기수형자를 초범(初犯), 누범(累犯), 사상범(思想犯) 등 세 가지 유형으로 구분하고, 이들을 각각 경성형무소, 대전형무소, 서대문형무소에 일괄 수용하는 방식으로 변경되었던 것이다.

경성감옥에 대한 얘기를 하노라면, 이곳에 갇힌 수형자들의 노역장으로 사용된 '마포연와공장(麻浦煉瓦工場, 도화동 7번지)'의 존재를 그냥 지나치기 어렵다. 이곳은 원래 대한제국 시기에 활발하게 건립이 추진되던 각종 관아청사(官衙廳舍)와 관사(官舍)의 건립공사에 소요되는 건축자재를 저렴하게 조달하기 위해 1906년 10월에 영등포의 토관공장과 짝을 이뤄 탁지부건축소(度支部建築所)에 부속되어 만들어진 연와제조소(煉瓦製造

『동아일보』 1924년 8월 8일자에 수록된 연재기고문 「(내동리 명물) 도화동 연와공장」 관련 기사이다. 이곳은 1913년 4월 이후 경성형무소의 노역시설로 사용되었으며, 이 글에 나오는 '붉은 옷'이라는 것은 기결수들이 입는 죄수복을 가리키는 표현이다.

所)에 뿌리를 두었다.

  이것들은 1907년 4월과 7월에 잇달아 직영(直營)으로 편입되었으며 이곳에서 생산된 벽돌은 대한의원 본관, 탁지부 청사, 평리원 청사, 공업전습소 등의 신축공사에 사용된 것으로 알려진다. 일제강점기로 접어든 직후에는 총독부의 직할로 전환되었다가 1913년 4월에 이르러 이곳의 업무가 일체 경성감옥의 관장(管掌)으로 넘겨지면서 감옥의 작업장으로 탈바꿈하였다.

  『동아일보』 1924년 8월 8일자에는 진광렬(秦光烈)이라는 사람이 기고한 「내동리 명물, 도화동 연와공장(桃花洞 煉瓦工場)」 제하의 글이 수록되어 있는데, 바로 이곳에서 펼쳐지는 풍경을 이렇게 그려놓고 있다. 이글에 등장하는 '붉은 옷 입은 직공'이라고 하는 것은 기결수 수형자(旣決囚 受刑者)가 착용하는 자색(赭色, 검붉은 황토색)의 죄수복을 가리킨다.

◇ 서울 안에 양제집이 경성드뭇한 오늘날 벽돌 만드는 공장이 없어 될 수가 있습니까. 그래서 새문밖 도화동에 연와공장이 생겼습니다.

◇ 도화(桃花)에는 흰 꽃 피는 벽도(碧桃)도 있건마는 보통 도화라 하면 붉은 빛을 생각하고 벽돌에도 여러 가지 빛이 있건마는 보통 벽돌이라 하면 붉은 빛으로 여깁니다. 벽돌 만드는 공장이 도화동에 앉은 것은 빛으로 어울린다고 할 수 있을 듯합니다.

◇ 이 도화동 연와공장에서 노동하는 직공(職工)들은 다른 공장 직공과 다릅니다. 붉은 옷 입은 직공들입니다. 붉은 옷 입은 직공들이 붉은 벽돌 만드는 것도 역시 빛으로 어울린다고 할 수 있습니다.

◇ 이 붉은 옷 입은 직공은 두 사람이 한데 쇠사슬로 매어 다니는 사람입니다. 물론 일할 때는 쇠사슬이 풀립니다. 그러나 총 든 사람이 망대 위에 서고 칼 찬 사람이 뒤를 따른답니다. 직공 중에는 따라지 신세의 직공들입니다. 이 직공 중에는 붉은 염통의 끓는 피를 눈물 삼아 뿌릴 유지한 사람이 더러 있을 것입니다. 이것은 빛으로 어울린다기가 차마 어려워 그만 두겠습니다.

경성감옥 혹은 경성형무소는 해방 이후에 서울형무소 지소(1945.11.21 개칭)와 마포형무소(1946.3.28 개칭)를 거쳐 마포교도소(1961.12.23 개칭) 시절을

『경향신문』 1949년 2월 25일자에 수록된 기사에는 반민특위에 의해 체포되어 서대문형무소에 수용된 친일부역자 피의자들이 일괄 마포형무소로 이감될 것이라는 내용이 수록되어 있다.

거치게 된다. 그러다가 결국 세월의 흐름에 따라 주변 일대를 에워싸고 진행되는 급격한 도시화의 물결을 이기지 못하고 1963년 가을에 이르러 안양교도소의 신축 준공과 함께 그곳으로 옮겨감에 따라 최종 폐쇄되어 사라지게 되었다.

그런데 마포형무소의 내력을 뒤지다 보니 조금은 별스러운 기록 하나가 퍼뜩 눈에 띈다. 『동아일보』 1949년 2월 25일자에 수록된 「노덕술(盧德述) 등도 이송(移送)」 제하의 기사에 이러한 내용이 담겨 있다.

> 반민특위에서는 23일 위원회 결의로서 노덕술(盧德述), 문명기(文明琦), 노기주(魯璣柱), 하판락(河判洛), 이원보(李源甫) 등 5명을 동 특별검찰부로 송청하였다고 한다. 한편 동 특위에서는 종래에는 체포된 반민혐의자를 서대문형무소(西大門刑務所)에 수감하여 왔었던 바 여기에는 미결수도 수용되어 있는 관계로 기밀누설의 염려가 있다 하여 위원회 결의로서 25일부터 일체의 반민혐의자를 마포형무소(麻浦刑務所)로 이감하기로 되었다 한다.

일제강점기를 거치는 동안 독립선언사건의 주역들과 무수한 장기수 독립운동가들이 갇혀 옥고를 겪어야 했던 바로 그 공간이 어느덧 반민특위(反民特委)에 의해 체포된 친일파 군상의 집결지가 되고 있으니, 참으로 묘한 기분이 교차하는 인과응보(因果應報)의 순간이 아닐 수 없다.

● 이 글은 『민족사랑』 2021년 3월호에 게재하였던 것을 수정 보완하였다.

14

'녹두장군' 전봉준은 왜
좌감옥(左監獄)에서 최후를 맞이했을까?

근대시기 이후 사형제도의
변경과 처형장의 공간 변천사

군기시 앞길(軍器寺前路, 무교), 철물전로(鐵物前路, 종로 철물전교 앞길), 서소문 밖 큰길(西小門外 通衢), 모화관 앞(慕華館前), 당현(堂峴, 당고개), 청파 앞길(靑坡前路), 노량사장(露梁沙場, 새남터), 만천평(蔓川坪, 만초천 들판), 양화진 나루머리(楊花津頭) ······.

여기에 나열한 곳은 조선시대를 통틀어 효수(梟首)를 하거나 처형장(참형 또는 교형)으로 사용된 대표적인 공간들이다. 가만히 살펴보면 이러한 처형장은 대개 서울도성의 서쪽 일대에 몰려 있는 것이 특징이다.

이와 관련하여 우선 『서경(書經)』, 하서편(夏書篇) 감서(甘誓)에 "명을 따르면 '조'에서 상을 내릴 것이고, 명을 따르지 아니하면 '사'에서 죽이며 내 너희를 노륙(孥戮; 처자식까지 함께 처형하는 것)할 것이니라[用命 賞于祖 不用命 戮于社 子則孥戮汝]"라고 한 구절에서 그 단서를 찾을 수 있다. 여기에서 '조(祖)'는 종묘(宗廟)를 말하며 '사(社)'는 사직(社稷)을 가리키는 표현이다.

그리고 『주례(周禮)』 고공기(考工記)에 일컫기를 "좌조우사 전조후시(左祖右社 前朝後市; 왼쪽에 종묘, 오른쪽에 사직, 앞쪽에 조정, 뒤쪽에 장시를 두는 배치 원칙)"라고 하였는데, 이에 따라 행형(行刑)이 이뤄지는 사직은 오른쪽, 즉 서쪽에 자리하는 것이 통례이다. 처형장이 도성의 서쪽 지역에만 두루 포진한 것은 바로 이러한 연유이며, 더구나 서쪽은 '숙살(肅殺; 쌀쌀하고 매서운 가을 기운이 초목을 말라 죽게 한다는 뜻)'의 방위(方位)이므로 그 뜻에도 마땅히 부합하는 것으로 이해되기도 한다.[54]

이들 가운데 사육신(死六臣)이 환열(轘裂, 거열)을 당한 곳으로도 유명한 군기시 앞길은 예로부터 처형장으로 가장 널리 사용된 공간이고, 그 다음으로 '서소문 밖'은 근대시기에 가까워질수록 사용빈도가 부쩍 늘어난 장소로 확인된다.[55] 이러한 공간변화의 이유에 대해서는 『고종실록』 고종 9년(1872년) 4월 30일 기사에 다음과 같은 흔적이 남아 있다.

> 우의정(右議政) 홍순목(洪淳穆)이 아뢰기를, "며칠 전 친국(親鞫)하실 때 '죄인을 무교(武橋, 군기시다리)에서 처형하는데 이곳은 성내(城內)라서 미안(未安)한 바가 있으니 단지 서소문 밖에서 거행하라' 하신 일은 신(臣)이 이미 명을 받았으므로 응당 정식(定式)으로 삼아야 하겠습니다. 하오나 이전부터 시급한 죄인이 있다면 비단 무교만이 아니라 아니 될 곳이 없었는데 이는 시각을 다투는 일인 까닭이었습니다. 이에 이는 형정(刑政)

---

54) 남면(南面)하여 통치하는 군주(君主)의 관점에서 볼 때 '좌'는 동쪽을 가리키고, '우'는 서쪽에 해당한다. 가령, 좌포도청(左捕盜廳)은 동쪽에 있고, 우포도청(右捕盜廳)은 서쪽에 자리한 것도 이러한 원리에 따른 것이다.
55) 이와 관련하여 『영조실록』 영조 즉위년(1724년) 12월 10일 기사에 "현가지법(懸街之法)에 역적(逆賊)은 반드시 군기시 앞길(軍器寺前路)에서 능지처참(凌遲處斬)하고 수족(手足)을 따로 떼어낸 뒤 그 머리는 철물교 거리(鐵物橋街上)에 내걸고 수족은 팔로(八路)에 돌려 보이게 한다"는 구절이 포함되어 있고, 또한 『정조실록』 정조 1년(1777년) 8월 12일 기사에는 "대역죄인은 군기시 앞길에서 행형(行刑)함을 규식(規式)으로 삼으라고 명하였다"는 내용이 남아 있다. 이로써 군기시 앞길이 예로부터 중죄인을 처형하는 통상적인 장소였다는 사실을 파악할 수 있다.

과 관계되니 곧 전부 없앨 필요는 없고 구법(舊法)을 그대로 두었다가 나중에 만약 혹 이런 죄인들이 있다면 그때를 봐서 무교에서 형을 집행토록 금오(金吾, 의금부)에서 품정(稟定)한 후에 거행하게 하는 것이 어떠할지요?" 하였다.

하교(下敎)하기를, "유래(由來)한 법전(法典)을 전폐(全廢)할 필요는 없으며, 상주(上奏)한 바가 과연 옳으니 이를 정식(定式)으로 삼은 것이 가(可)하도다." 하였다.

그런데 근대시기에 이 땅에서 살았던 서양인들이 남겨놓은 기록을 뒤적이다 보면 간혹 꽤나 섬뜩한 장면을 마주할 때도 있는데, 예를 들어 『더 코리안 리포지토리(The Korean Repository)』 1895년 2월호, 79쪽에 채록된 다음과 같은 내용의 단신기사가 바로 그것이다.

1월 22일(음력으로는 12월 27일로 환산), 우리는 서소문 밖에 두 동학(東學) 지도자들의 머리가 효수(梟首)되어 있는 곳을 지났다. 늘어놓은 전체 숫자는 넷이었으나 우리는 단지 둘만 보았다. 이들은 전라도 지역에서 처형되었고, 머리만 전시와 모멸을 위해 서울로 옮겨왔던 것이다. 이것들은 머리카락으로 삼각대에 묶어 놓았으며, 바닥에서 대략 3피트 높이였다. 이러한 끔찍한 광경이 있고나서, 그 다음날 관보(官報)에서 참형(斬刑)과 다른 야만적인 처형 방식이 철폐되었다는 소식을 읽게 된다는 것은 기운이 나게 하는 일이다.

여기에 나오는 광경은 청일전쟁 당시 우리나라를 처음 찾았던 영국인 여행작가 이사벨라 버드 비숍(Isabella Bird Bishop, 1831~1904)이 남긴 『한국

TONG-HAK HEADS.

버드 비숍 여사의 『한국과 그 이웃나라들』 제2권(1898)에는 1895년 정초에 서소문 밖의 거리를 지나면서 목격한 효수 장면을 포착한 스케치(일본인 사진사 무라카미 코지로가 촬영한 사진을 원본으로 하여 다시 그린 것)가 수록되어 있다. 그러나 '동학의 머리'로 묘사된 이들 수급(首級)이 과연 누구의 것인지에 대해서는 논란의 여지가 있다.

과 그 이웃나라들(Korea and Her Neighbors)』 Vol. 2(1898), 24쪽 부분에도 거의 같은 내용의 목격담으로 등장한다. 이와 관련하여 『관보(官報)』 개국 503년(1894년) 12월 25일자(음력)에 수록된 순무영(巡撫營)의 초기(草記)에 따르면 서소문 밖에 효수된 것들 중에 동학농민군의 지도자인 김개남(金介男, 1853~1894)의 수급(首級)이 포함된 것은 확실한 듯하다.[56]

순무영이 초기하였는데, 비적의 괴수 성재식, 최재호, 안교선은 당일 남벌원에 효수하여 경계시켰고, 김개남의 베어낸 머리는 서소문 밖의 거리에 달았다가 3일이 지나 김개남과 성재식의 수급을 경기감영으로 하여금 소란이 일어난 지방에 돌려보이게 한다는 일이다(巡撫營草記匪魁成載植崔在浩安敎善當日南筏院梟警金介男査馘西小門外懸街三日後介男載植首級令畿營傳示於作擾地方事).

---

[56] '음력 1894년 12월 25일'은 이를 환산하면 '양력 1895년 1월 20일'에 해당한다. 여기에 나오는 성재식과 최재호는 황해도 강령(康翎)의 동학농민군 지도자들이며, 『갑오군정실기(甲午軍政實記)』에 따르면 그해 11월 29일 경기도 고양군에서 체포되어 서울로 압송되었다. 또한 안교선은 아산 출신으로 수원 접주(接主)를 지낸 인물인 것으로 알려진다.

『관보』 1894년 12월 27일자(양력 1895년 1월 22일자)에 게재된 참형 폐지에 관한 칙령 내용이다. 이러한 사형제도의 변경으로 인해 가령 녹두장군 전봉준의 경우에는 '참형'이 아닌 '교형'으로 최후를 맞게 된다.

하지만 이들 수급의 정체가 정확하게 누구의 것인지에 대해서는 논란의 여지가 있다. 이 당시의 장면을 직접 사진으로 담아낸 일본인 사진사 무라카미 코지로(村上幸次郎, 무라카미 텐신)가 『메자마시신문(メザマシ新聞)』 1895년 2월 8일자에 남긴 관련 기고문에 "조의문(照義門, 소의문의 착오) 밖 광마장 중앙(廣馬場 中央)에 …… 최(崔; 최재호)의 머리를 위쪽에, 안(安; 안교선)의 머리를 아래로 하여 그림과 같이 촬영하였다"고 적어 놓았기 때문이다.[57]

---

[57] 서소문 밖에 효수된 동학 영수들의 정체를 둘러싼 논란에 대해서는 김문자(金文子), 「전봉준의 사진과 무라카미 텐신(村上天眞): 동학지도자를 촬영한 일본인 사진사」, 『한국사연구』 제154호(2011년 9월 30일 발행), 233~254쪽에 자세히 정리되어 있다. 이 글에 인용 소개되어 있는 무라카미의 기고문에 "수건 한 마디 정도의 종이조각에 못을 구부려 친 것 같은 필법으로 각자의 이름을 썼으며 …… 운운"하는 구절이 있는 것으로 보아, 이를 통해 수급의 정체가 최재호(崔在浩)와 안교선(安敎善)이었음을 정확하게 파악할 수 있었던 것으로 이해된다. 하지만 그렇더라도 『관보(官報)』 개국 503년(1894년) 12월 25일자(음력)의 기록에는 분명히 성재식, 최재호, 안교선의 수급은 당일 남벌원(南伐院)에 효수하여 경계시킨다고 하였는데, 그렇다면 그쪽에 있어야 할 수급이 왜 서소문 쪽에 놓여 있는 것인지는 선뜻 이해가 되질 않는다. 혹여 3일간의 효수기간이 막 지난 탓에 남벌원에 있던 것으로 서소문 쪽으로 옮겨왔을 수도 있어 보이지만, 어쨌거나 지금으로서는 구체적인 사실관계를 확인하기는 어려운 상태이다. 그리고 이 당시 서소문 밖

이 대목에서 한 가지 상황이 묘하게 바뀐 점은 이들에 대한 참형과 효수가 실행되고 불과 이틀이 지나서 이방인들의 눈에 야만적이라 일컬 어지던 참형 제도가 완전히 폐지되고 말았다는 사실이다. 이에 대해『오사카매일신문(大阪每日新聞)』1895년 2월 2일자에 게재된 「참살 효수를 폐함(斬殺 梟首을 廢す)」제하의 기사는 이러한 조치가 당시 법무아문대신(法務衙門大臣)이던 서광범(徐光範, 1859~1897)에 의해 이뤄진 것으로 소개하고 있다.[58]

> 어제 동학당의 거괴(巨魁) 최재호(崔在浩) 등의 효수(梟首)를 실견(實見)하여 그 참형(慘刑)을 독자(讀者)에게 보도하였고, 아울러 본방(本邦, 일본) 형법학자(刑法學者)의 주의(注意)를 일으켰던 바 과연 미국자유(米國自由)의 공기(空氣)를 호흡(呼吸)했던 서광범(徐光範)이니 만큼 참수(斬首)를 폐하여 본일(本日) 다음의 칙령(勅令)을 발포(發布)하였다.
>
> 칙령에 이르기를, "무릇 대벽(大辟, 사형)의 처참 능지(處斬凌遲) 등의 형률(刑律)을 지금부터 폐지하며, 법아(法衙, 법무아문)는 행형에 단지 '교(絞, 교수형)'만 사용하고 군율행형(軍律行刑)은 단지 '포(砲, 총살형)'만 사용하라" 하니, 총리대신(總理大臣)과 법무대신(法務大臣)은 칙명을 받들었다. ……(하략)

의 거리에 매달아놓은 것이 확실한 김개남의 머리는 도대체 어디에 있다는 것인지도 잘 풀리지 않는 의문의 하나이다.

58) 서광범은 1894년 11월 21일 법무아문대신(法務衙門大臣)이 되었고, 그 이후 관제개혁에 따라 1895년 4월 1일 법부대신 겸 고등재판소 재판장(法部大臣 兼 高等裁判所 裁判長) 에 서임되었다가 1895년 8월 25일 학부대신(學部大臣)으로 자리를 옮겼다.

근대시기 사형제도의 변화(참형의 폐지 및 부활 관련)

일자	내역
1894.12.27(음) 1895.1.22(양)	칙령(勅令)에 따라 처참(處斬), 능지(凌遲) 등의 형률(刑律)은 폐지 ['교형(絞刑)'만 사용하고, 군율행형은 '포형(砲刑)'을 적용]
1900.9.29	법률 제6호 「형률명례중 개정건(刑律名例中 改正件)」에 의해 황실국사범(皇室國事犯)에 대한 '참형(斬刑)'과 '적산(籍産, 재산적몰)' 제도를 부활
1905.2.29	법률 제3호 「형법(刑法)」에 따라 사형방식에서 참형(斬刑)은 삭제하고 교형(絞刑)만 유지

　그 이후 1898년 9월 11일에 아관파천 시기 러시아공사관 통변(通辯)으로 득세했다가 몰락 위기에 처한 김홍륙(金鴻陸)이 무엄하게도 독차음모사건(Coffee Poisoning Plot; 커피에 아편을 풀어 넣어 황제를 모해하려던 사건)을 벌인 것을 계기로 참형(斬刑)과 노륙(孥戮)의 형벌을 되살려야 한다는 논쟁이 거세게 벌어지기도 했다. 이러한 영향 탓인지 실제로 1900년 9월에는 황실국사범에 한해 '참형 제도'가 한때나마 부활되었으며, 그러다가 1905년 2월에 이르러 법률 제3호 「형법(刑法)」의 제정과 더불어 다시 영구 폐지되는 과정이 이어졌다.

참형과 연좌율(連坐律, 노륙)을 복구한다는 안건이 정부회의에 제출되었다는 소식이 전해지자 이에 맞서 각국공사들이 회합을 통해 이를 중지토록 간절히 권고한다는 뜻을 외부(外部)로 조회하여 왔다는 사실을 알리고 있는 『황성신문』 1899년 6월 9일자의 보도내용이다.

아무튼 이러한 사형제도의 개혁 때문에 ― 참수와 효수의 형벌을 받은 김개남, 성재식, 최재호, 안교선 등의 동학지도자들과는 달리 ― '녹두장군(綠豆將軍)' 전봉준(全琫準, 1855~1895)의 경우에는 '교형(絞刑)'의 방법으로 최후를 맞이하게 된다. 이에 관해서는 『관보』 개국 504년(1895년) 3월 29일(음력) 기사에 다음과 같은 흔적이 남아 있다.[59]

> 법무대신(法務大臣)은 …… 또 상주(上奏)하기를 비류(匪類)의 전봉준(全琫準), 손화중(孫化中), 최경선(崔慶善), 성두한(成斗漢), 김덕명(金德明) 등을 신(臣)의 아문(衙門)으로 나수구신(拿囚究訊)하와 정절(情節)을 자복(自服)하온 고(故)로 「대전회통 추단조(大典會通 推斷條)」에 군복기마 작변관문(軍服騎馬 作變官門)을 조(照)하와 교형(絞刑)에 처(處)하옵나이다. 봉지의윤(奉旨依允; 윤허하신 대로 명을 따르나이다).

그리고 『모지신보(門司新報)』 1895년 5월 12일자에 수록된 「전봉준 사형 선고의 실황」 제하의 기사에는 1895년 4월 24일(음력 3월 30일)에 시행된 전봉준의 처형장소가 '좌감옥'이었다는 사실이 채록되어 있다.[60] 여기에 나오는 '좌감옥'은 갑오개혁의 와중에 좌우포도청(左右捕盜廳)을 합설하여 '경무청(警務廳)'이 신설되고, 여기에 다시 전옥(典獄)을 경무청에 부속시키면서 '우감옥'과 더불어 이때 함께 생겨난 감옥의 명칭이다.

---

59) '음력 1895년 3월 29일'은 이를 환산하면 '양력 1895년 4월 23일'에 해당한다.
60) 이 기사의 내용은 2017년 3월 21일에 사단법인 전봉준장군동상건립위원회가 배포한 보도자료에 수록된 것에서 재인용하였다.

4월 23일 오후 4시를 조금 지나 권설재판소(權設裁判所)에서 전봉준은 마침내 사형선고를 받았고, 다음날 오전 2시쯤 좌감옥(左監獄)에서 교죄(絞罪)에 처해졌다.

한편, 좌감옥의 위치에 대해서는 우선 『독립신문』 1896년 6월 6일자에 "6월 2일 경무중서가 그전 좌포청으로 반이하였다더라"는 내용의 기사가 남아 있는 것에 주목이 된다. 또한 경무사 김재풍(警務使 金在豊)이 1897년 2월 8일자로 발신한 「제3호 보고(第三號 報告)」에 "…… 구 중서기지(舊中署基址)는 즉(卽) 전 좌순청관사(前左巡廳官舍)이온데 협착퇴락(狹窄頹落)하와 불감용접(不堪容接)이온 고(故)로 전 좌감옥서(前左監獄署)로 이접(移接)할 시(時)에 …… 운운"하는 구절이 포함된 것이 눈에 띈다.[61] 따라서 이들 내용에 비춰 보건대 경무중서(警務中署)가 옮겨간 '좌감옥'은 곧 '옛 좌포도청 자리(묘동 59번지, 지금의 종로 119안전센터 구역)'에 해당한다는 사실이 입증된다.[62]

---

61) 경무사 김재풍(警務使 金在豊)이 발신한 「제3호 보고(第三號 報告)」는 국사편찬위원회에서 정리한 『각사등록 근대편(各司謄錄 近代編)』 「공문편안(公文編案, 탁지부 편)」에 포함된 자료이다. 그리고 「사법품보(司法稟報)」에 포함된 경무사 신석희(警務使 申奭熙) 발신 보고서 제31호(1898.6.10) 자료에 따르면, "경무중서(警務中署) 동장외(東墻外, 동쪽 담장 밖) 교대(絞臺) 상하북벽(上下北壁) 2칸과 대문(大門) 1칸이 지난 밤 비에 퇴비(頹圮) …… 운운"하는 구절이 있는데, 경무중서의 구역 내에 옛 좌감옥의 흔적이 함께 남아 있었던 상황이었음을 엿볼 수 있다.
62) 하지만 '우감옥'의 위치에 대해서는 구체적으로 이를 유추할 수 있는 자료가 눈에 띄질 않는다. 용어 자체로만 본다면 '좌감옥=좌포도청'에 대응하는 '우포도청 자리'를 상정할 수 있으나, 1895년 3월에 법률 제1호 「재판소구성법」에 따라 한성재판소(漢城裁判所)가 신설될 당시에 그 처소를 혜정교 남변(惠政橋 南邊)의 옛 우포도청 자리(종로 1가 89번지, 지금의 광화문우체국 구역)에 두었던 일이 있었으므로 '우감옥=우포도청'의 등식은 성립하기 어렵다고 보는 것이 타당하다. 그렇다면 지금으로서는 '우감옥=전옥서 터(서린동 42번지 구역)'의 가능성이 꽤나 높아 보이지만, 아직 이 부분에 대한 구체적인 고증

근대시기 감옥서와 관련한 공간 변천 연혁

일자	내 역
1894.7.14(음)	좌우포청을 합쳐 경무청 설치(내무아문에 예속)
1894.7.22(음)	전옥(典獄)을 경무청에 부속('좌감옥'과 '우감옥'이 별도로 존재)
1896.5.11	좌우 감옥소를 합쳐 서소문 안 옛 선혜청 대동아문으로 이전
1899.3.18	옛 전옥서 자리에 진민소(賑民所)를 복설
1899.4.26	'전 좌감옥'에 있던 교대(絞臺)를 서소문감옥서로 이전 설치 완료
1902.4.25	옛 전옥서 터에 감옥서 신축과 함께 서소문감옥을 종로로 이전
1908.10.19	종로감옥서를 새문 밖 금계동 신축 감옥(경성감옥)으로 이접
1909.1.28	경성감옥에 기결수, 종로감옥에 미결수를 각각 분리 수용
1909.10.9	경성감옥 출장소를 옛 경기감영 구역에 설치
1912.9.3	경성감옥을 서대문감옥으로 개칭
1912.9.17	경성감옥 종로구치감을 서대문감옥 종로구치감으로 개칭
1912.9.17	경성감옥 서대문출장소를 서대문감옥 대평동출장소로 개칭
1921.4.30	서대문감옥 종로구치감 폐쇄

근대시기 정치사회적인 격변기에 있어서 '좌감옥'의 존재가 특히 두드러진 까닭은 이곳이 바로 유일한 사형집행장소(교수형)였다는 사실과 관련이 있다. 실제로 국사편찬위원회에서 정리한 『각사등록 근대편(各司謄錄 近代編)』「사법조첩(司法照牒)」에 수록된 '한성재판소(漢城裁判所)'의 보고서 자료를 취합해 보면, 이 당시 사형죄수에 대한 처교(處絞) 장소가 한결같이 '좌감옥서' 또는 '전(前) 좌감옥서'로 표기되어 있는 점이 잘 포착된다.

- 모반죄에 해당하는 피고인 박선(朴銑), 이주회(李周會), 윤석우(尹錫禹)에게 1895년 11월 13일 오후 11시 '좌감옥 교옥(左監獄 絞屋)'에서 사형을 집

자료가 확인된 바는 없다.

행하는 건에 대한 법부 청의서(1895.11.13)

- 모반죄에 해당하는 죄인 임최수(林㝡洙)와 이도철(李道撤)에게 11월 15일 오후 1시 '좌감옥서 교옥(左監獄署 絞屋)'에서 사형을 집행하는 건에 대한 법부 청의서(1895.11.15)
- 강도죄인 서화진(徐華鎭), 변만봉(卞萬奉), 방학준(方學俊), 김노미(金老味), 김명근(金命根), 김운경(金雲景) 등 6명에 대한 교수형 집행(좌감옥서, 1896.4.15)
- 반지정죄인(叛知情罪人) 이희화(李喜和)를 4월 18일 유시(酉時)에 '좌감옥서 교옥(左監獄署 絞屋)'에서 교형(絞刑)을 집행하는 건에 대한 상주안(上奏案)을 제정(提呈)한다는 법부 청의서(1896.4.18)
- 강도죄인 함치명(咸致明), 박명원(朴明元)의 교수형 집행(전 좌감옥서, 1896.5.15)
- 강도죄인 이근용(李根用), 홍덕성(洪德成) 등 5명의 사형 집행(전 좌감옥서, 1896.5.18)
- 강도죄인 이성택(李聖澤)의 교수형 집행 보고(전 좌감옥서, 1896.9.16)
- 강도죄인 최억쇠(崔億釗), 장명숙(張明叔), 엄경필(嚴敬弼) 등 3인의 교수형 집행(전 좌감옥서, 1897.1.27)
- 강도죄인 정명서(鄭明西)의 교수형 집행(전 좌감옥서, 1897.6.28)
- 상고서를 제출했던 이태석(李泰錫), 김양여(金良汝) 등 4인의 교수형 집행(전 좌감옥서, 1897.7.14)
- 강도죄인 권한길(權漢吉), 김순원(金順元) 등 5인의 교수형 집행(전 좌감옥서, 1897.7.28)

심지어 『독립신문』 1896년 5월 2일자에 수록된 기사 한 토막에는 "이

『동아일보』 1924년 6월 30일자에는 「내동리 명물」 연재기사의 한 토막으로 '수은동 포도청' 자리의 내력이 소개되어 있다. 여기에는 이곳이 한때 '육군법원'으로 사용된 사실이 채록되어 있다. '좌포도청', '좌감옥', '육군법원'은 각각 시간만 달리할 뿐 동일한 공간을 나타내는 또 다른 표현에 지나지 않는다.

달 11일에 '좌우 감옥소'와 거기 있는 죄인들을 서소문안 그전 선혜청 대동아문으로 옮기더라"는 내용이 남아 있는데, 여기에서 보듯이 좌우 감옥을 합쳐 소의문 안쪽에 새로 지은 감옥으로 옮겨간 이후에도 사형의 집행은 여전히 '옛 좌감옥 자리'에서 이뤄진 것으로 확인된다. 그렇다면 이것은 과연 무슨 까닭이었던 것일까?

이에 관한 해답은 『각사등록 근대편』「사법품보(司法稟報)」에 수록된 의정부찬정 내부대신 이건하(議政府贊政 內部大臣 李乾夏)의 1899년 4월 26일 발신 '조회 제9호(照會 第九號; 감옥서 교수대 설치의 준공에 관한 건)'를 통해 찾아낼 수 있다.

    경무사 원우상(警務使 元禹常) 제51호 보고(報告)를 접(接)한즉 내개(內開)에

식민지 비망록 3

감옥서(監獄署)에 교대(絞臺)를 금기준역(今旣竣役)하였삽기 자(玆)에 보고(報告)하오니 조량(照亮)하오셔 전조법부(轉照法部)하심을 요(要)함. 등인(等因)이 옵기 자(玆)에 앙조(仰照)하오니 조량(照亮)하심을 위요(爲要).

이를 테면 1896년 5월에 서소문감옥이 새로 생겨난 이후에도 어찌 된 영문인지 '교대(처형장치)'를 그쪽으로 옮겨가는 일은 차일피일 미뤄지 다가 거의 3년이나 지나서야 겨우 이전공사가 마무리되었다는 소식이었 다. 물론 그 사이에 '교대'를 옮겨가려는 시도는 몇 차례 있긴 했지만 말이다.[63] 이에 따라 참형이 폐지된 1895년 1월 이후 1899년 4월의 시점에 이르기까지 그 기간에 집행된 교수형은 모두 옛 좌감옥 터에서 이뤄지는 상황이 이어졌던 것이다.

그러고 보면 동학의 제2대 교주인 최시형(崔時亨, 1827~1898)에 대한 교형(絞刑)이 집행된 곳이 '옛 좌감옥 자리'였던 것도 바로 이러한 연유이다.[64] 다만, 『신인간(新人間)』 1927년 7월호(통권 제14호)에 게재된 조기간(趙基栞)의 글 「해월신사(海月神師)의 수형 전후 실기(受刑 前後 實記)」에는 "1898

---

[63] 신설감옥 쪽으로 교수대를 이전하려는 시도에 관한 것으로는 「사법조첩(司法照牒)」에 내부대신 박정양(內部大臣 朴定陽)이 1896년 5월 30일에 발신한 '조복 제29호(照覆 第二十九號; 좌우감옥서의 교수대를 옮겨서 설치할 것)'와 의정부찬정 내부대신 이근명(議政府 贊政 內部大臣 李根命)이 1898년 10월 1일에 발신한 '조복 제26호(照覆 第二十六號; 교수대를 감옥소로 옮기는 일로 조복)' 등의 관련문서가 남아 있다.

[64] 갑오동학혁명 이래로 피신중이던 최시형은 1898년 5월 25일(음력 4월 6일)에 강원도 원주군 호매곡면 송곡동(江原道 原州郡 好梅谷面 松谷洞)에서 체포되었으며, 곧바로 5월 28일(음력 4월 9일)에 경무청(警務廳)으로 압송되는 한편 서소문감옥에 수감되기에 이른다. 그 이후 7월 18일(음력 5월 30일)에는 고등재판소(高等裁判所)에서 교형(絞刑)의 언도가 내려졌고 결국 이틀 후인 7월 20일(음력 6월 2일)에 형이 집행되면서 최후를 맞게 되었다.

종로 3가 단성사 앞쪽에 나란히 배치되어 있는 '좌포도청 터' 표석과 '최시형 순교 터' 표석의 모습이다. 일제 때 기록물인 『경성부사』 제2권(1936)에 "좌포도청이 단성사 자리에 있었다"고 잘못 기술한 탓이 제일 크지만, 이들 표석이 정확하게는 '지금의 종로 119안전센터 구역' 앞으로 옮겨져야 하는 것이 맞다.

년 7월 20일에 '육군법원'에서 교형을 당한 것"으로 기록하고 있는데, 이는 1927년의 시점에서 관행적으로 굳어져 있던 해당 공간의 명칭을 사용했던 탓으로 풀이된다.[65]

여기에 언급된 '육군법원' 역시 옛 좌감옥 자리를 가리키는 또 다른 표현방식의 하나일 뿐이었던 것이다. 요컨대 전봉준과 최시형은 서로

---

65) 엄밀하게 말하여 육군법원(陸軍法院)은 1900년 9월에 신설된 것으로 1898년 당시에는 존재하지 않았던 관청이다. 그러나 1904년 8월에 경무중서(警務中署)가 사용하던 옛 좌감옥(좌포도청 자리와 동일) 터로 육군법원이 옮겨와 1907년 군대해산 당시까지 존속했으므로 이러한 공간내력이 이곳을 '육군법원 터'로 치환하여 여느 사람들의 기억 속에 자리 잡게 만들었다고 볼 수 있다. 이와 관련하여 『동아일보』 1924년 6월 30일자에 게재된 「내동리 명물」 수은동 포도청(授恩洞 捕盜廳)」 제하의 연재물에는 "수은동을 지내자면 국민협회(國民協會)란 문패 붙은 집이 눈에 띄일 것입니다. 이 집이 그전 그전에 포도청이었답니다. 포도청에는 좌우가 있었는데 이것이 우(右, 좌의 착오) 포도청이었다고 합니다. 포도청이 경무청(警務廳)이 되고 포도대장이 경무사가 된 뒤에는 이 집은 육군법원(陸軍法院)이 되었섰습니다."라고 하는 구절이 포함된 것이 눈에 띈다.

체포된 시기와 수감된 장소는 달랐으나 결국 최후를 맞이한 처형대만큼은 동일한 공간이었던 셈이다."⁶⁶⁾

• 이 글은 『민족사랑』 2023년 9월호에 게재하였던 것을 수정 보완하였다.

---

66) 그런데 간혹 이러한 내력이 얽혀 있는 '옛 좌감옥'이자 '옛 좌포도청'이 있던 곳이 '단성사' 자리라고 오인하는 이들이 많은 것을 보게 된다. 이는 전적으로 경성부 편찬, 『경성부사(京城府史)』 제2권(1936), 397쪽에 "좌포도청(左捕盜廳) — 현 수은동(授恩洞, 묘동) 56번지 단성사(團城社)의 자리"라고 잘못 적어놓은 것을 제대로 고증하지 않고 그대로 받아들인 탓이라고 할 수 있다. 정확하게 말하여 옛 좌포도청 자리는 '묘동 59번지(지금의 종로 119안전센터 구역)'에 해당한다.

15

행주산성이 내선일체의 대표 유적으로 지목된 까닭

군국주의와 황국신민화의 도구로 전락한 역사왜곡의 현장들

경기도 고양시에 있는 행주산성(幸州山城)은 무엇보다도 임진왜란 당시의 대첩지(大捷地)로서 큰 역사적 의미를 갖는 공간이다. 이곳의 대문을 들어서다 보면 매표소 바로 옆에 '사적(史蹟) 제56호'라고 새긴 표지석이 설치된 것이 눈에 띈다. 문화재치고는 지정번호가 꽤나 빠른 편에 속하는데, 관련 목록을 찾아보니 지정일자가 1963년 1월 21일로 표시되어 있다.

하지만 이 번호는 1962년 「문화재보호법」의 제정[67] 때 종래의 지정문

---

[67] 「문화재보호법」은 1962년 1월 10일에 법률 제961호로 제정 공포되었다. 이 법률의 부칙에 따라 일제강점기에 등장했던 제령(制令) 제6호 「조선보물고적명승천연기념물보존령(朝鮮寶物古蹟名勝天然記念物保存令)」(1933년 8월 9일 제정, 1933년 12월 11일 시행)이 폐지되는 한편 경과규정에 따라 "기존의 지정문화재는 본법 시행일부터 1년 이내에 기 지정을 갱신하여야 한다"고 정해졌다. 이 당시 문화재보호법이 제정된 배경요인으로 한 가지 특기할 만한 사실은 5.16 군사쿠데타로 탄생한 국가재건최고회의에 의해 법률 제659호 「구법령 정리에 관한 특별조치법」(1961년 7월 15일 제정)이 설정되었다는 부분을 들 수 있다. 이 법률에 따르면 "1948년 7월 16일 이전 즉 제헌헌법 제정 이전에 시행된 법령은 1961년 12월 31일까지 헌법의 규정에 따른 법률 또는 명령으로 대치하여야 하며, 기한 내에 정리되지 아니한 구법령은 1962년 1월 20일로써 폐지된 것으로 간주"하

행주산성 매표소 앞에 자리한 '사적 제56호' 표지석이다. 이곳은 의당 행주대첩로 인식되지만, 최초의 고적지정은 뜻밖에도 일제에 의해 이뤄진 것으로 드러난다.

화재들을 일괄 재분류하면서 생겨난 결과물이고, 최초의 문화재지정이 이뤄진 것은 일제강점기의 일로 거슬러 올라간다.[68] 『조선총독부관보』 1939년 10월 18일자에 수록된 내용에 따르면, 총독부 고시 제857호를 통해 행주산성은 '고적 제88호'로 지정되었고 바로 그 뒤를 이어 남한산성(南漢山城)이 '고적 제89호'의 자리를 차지하였다.[69]

도록 되어 있었다. 그 시절까지 위력을 발휘하고 있던 '조선보물고적명승천연기념물보존령' 역시 당연히 그 대상에 포함되었다. 이러한 사정 때문에 6개월 가량의 시한을 두고 서둘러 새로운 대체법률을 만들어야 하는 상황에 처하게 되었으며, 실제로 이러한 형편은 문화재보호법의 제정이 기존법령의 자동폐지시한을 불과 10일 앞둔 1962년 1월 10일에 이뤄진 대목에서도 잘 엿볼 수 있다.

68) 원래 문화재지정의 총건수는 일제강점기에 보물 419건(제1호~제419호), 그리고 해방 이후에 국보 155건(제420호~제574호)이었는데, 이 가운데 국보 보물분리 재지정과정에서 다시 국보로 확정된 것은 108건이며, 보물로 재분류된 것은 386건이었다. 이른바 '미수복지구'로 불렸던 북한지역에 소재한 문화재는 모두 62건으로 일괄 지정보류되었으며, 나머지 18건은 해방 이후 혼란기와 한국전쟁을 거치는 동안 소실, 파괴, 분실되어 지정이 해제되었거나 기타의 사유로 보물 재지정이 보류된 사례들이다. 한편, 유형문화재에 해당하는 국보와 보물의 재지정분류와는 별도로 진행된 여타 종류의 문화재에 대해서도 재지정이 이뤄졌는데, 가령 '천연기념물'은 1962년 12월 3일자로 지정 고시되었고, 예전의 '고적(古蹟)'은 '사적(史蹟)'으로 이름을 바꿔 달아 보물지정과 같은 날짜인 1963년 1월 21일에 지정 고시되었다.
69) 『조선총독부 관보』에 고시된 내용을 취합하면 일제강점기에는 1934년부터 1943년에 이르기까지 총 716건의 문화재 지정이 있었던 것으로 파악된다. 이를 종류별로 살펴보면,

백제관계 및 임나관계 등 이른바 '내선일체' 관련유적에 대한 고적지정이 결정된 제4회 보존회 총회의 결과를 알리는 『매일신보』 1938년 12월 1일자의 보도내용이다.

행주산성이건 남한산성이건 간에 이것들을 고적(古蹟)의 반열에 올려놓은 주체가 바로 조선총독부였다는 사실은 자못 의외가 아닐 수 없다. 무엇보다도 행주산성이라고 하면 임진왜란 때의 행주대첩이란 말이 먼저 연상이 되는 공간이고, 바꾸어 말하면 왜군들의 입장에서는 패전지이자 치욕의 장소인 것이 분명하니까 하는 얘기이다. 그런데도 일제가 구태여 이곳을 고적으로까지 지정하여 보호하려 했던 까닭은 무엇이란 말인가?

이에 대해서는 『매일신보』 1938년 12월 1일자에 수록된 「보물, 고적을 통해 내선융화(內鮮融和)를 강화, 빛나는 신지정(新指定) 24점」 제하의 기사를 통해 그 단서를 찾아낼 수 있다.

'보물' 419건, '고적' 145건, '고적 및 명승' 4건, '천연기념물' 146건, '명승 및 천연기념물' 2건 등이다. 이 가운데 다시 지정해제처리된 것으로는 '고적' 1건, '천연기념물' 6건을 합쳐 모두 7건이 있었다. 이밖에 가지정(假指定) 사유에 포함된 경우로는 '보물' 3건, '고적' 2건, '고적 및 명승' 1건 등 6건의 사례가 있었으며 이 가운데 5건은 시차를 두고 정식종목으로 전환처리되었던 것으로 확인된다.

지난 25일 총독부에서 열렸던 조선보물고적명승천연기념물보존회(朝鮮寶物古蹟名勝天然記念物保存會) 제4회 총회는 오노(大野) 정무총감을 회장으로 하고 내지로부터 후지시마 동대교수(藤島 東大敎授), 공학박사 이토 츄타(伊東忠太), 문학박사 이케우치 히로시(池內宏), 미요시(三好) 동대교수 등 권위 있는 각 위원 27명이 출석하여 신중한 심사를 한 결과 작년보다 약 30점을 더하여 전부 101점을 보물, 고적으로 지정하였는데 이 중에 24점은 내선일체를 규명하는 데 있어 두 번 다시 얻기 어려운 사적(史蹟)이라 하여 만장일치의 추천으로 영구히 총독부의 손에 의하여 보존하기로 되었다. 그런데 이와 같이 내선일체의 귀중한 사실을 웅변으로 말하는 고적과 보물을 찾아내기까지에는 총독부 당국의 적지 않은 노력이 숨어 있었다. 내선일체를 조선통치의 근본방침으로 하는 미나미(南) 총독은 역사상으로 내선일체의 사실을 말하는 백제(百濟), 임나(任那) 등의 고적과 보물을 적극적으로 조사 보호하도록 오노 총감과 시오바라(鹽原) 학무국장에게 명하였으므로 이 뜻을 좇아 사회교육과(社會敎育科)에서는 김(金) 과장[70]이 직접 지휘자가 되어 부하직원들을 내선일체의 사적이 가장 많이 남아 있는 경남(慶南), 전남(全南), 충남(忠南)의 각도로 파견하여 상세한 실지조사를 하여 보존회에 그 심사를 의뢰한 결과 전기와 같이 내선일체의 귀중한 고적으로 지정을 보게 된 것이다.

이번에 새로이 지정된 보물과 고적을 통하여 내선융화강화에 새로운 박차를 더하게 된 것으로 학계는 물론 각 방면으로부터 큰 찬사를 받

---

[70] 여기에서 말하는 '김 과장'의 정체는 김대우(金大羽, 1900~1976)이다. 그는 이 시기에 총독부 학무국 사회과장(1936.5.21~1936.10.16)을 거쳐 총독부 학무국 사회교육과장(1936.10.16~1939.3.15)을 지냈다.

고 있는데 새로이 지정된 보물, 고적은 다음의 24점이다. …… (하략)

이 당시 보존회 총회에서 새로 고적 지정이 결의된 내역에는 이른바 내선일체(內鮮一體)를 상징하는 백제 및 임나(任那)와 관련된 유적들이 망라되었다. 행주산성의 경우 문록경장역(文祿慶長役; 임진왜란)과 관계된 것이라는 표시가 선정사유로 추가되긴 했지만, 이곳이 우선 백제시대의 유적으로 분류됨에 따라 이 목록의 제일 윗자리를 차지하기에 이르렀다. 이밖에 김해 김수로왕릉을 비롯하여 창녕 화왕산성, 함안 성산산성, 김해 삼산리고분, 고령 지산동고분군, 창녕 고분군 등 가야지역에 속한 유적들도 임나의 흔적으로 치부되어 일괄하여 고적지정 후보지로 선정되었다.

제4회 총회(1938년 11월)에서 지정 결의된 내선일체 관련 유적목록

지정대상	선정사유	지정번호	현재 상태
행주산성	백제 및 임진란 관계	고적 제88호(1939.10.18)	사적 제56호
남한산성	백제 관계	고적 제89호(1939.10.18)	사적 제57호
부여 나성	백제 관계	고적 제90호(1939.10.18)	사적 제58호
부여 청산성	백제 관계	고적 제91호(1939.10.18)	사적 제59호
서천 건지산성	백제 관계	고적 제92호(1939.10.18)	사적 제60호
고령 주산성	백제 관계	고적 제93호(1939.10.18)	사적 제61호
물금 증산성	임진란 관계	고적 제95호(1939.10.18)	지정해제
창녕 화왕산성	임나 관계	고적 제96호(1939.10.18)	사적 제64호
창녕 목마산성	임나 관계	고적 제97호(1939.10.18)	사적 제65호
김해 분산성	임나 관계	고적 제98호(1939.10.18)	사적 제66호
함안 성산산성	임나 관계	고적 제99호(1939.10.18)	사적 제67호
김해 김수로왕릉	임나 관계	고적 제107호(1939.10.18)	사적 제73호
김해 김수로왕비릉	임나 관계	고적 제108호(1939.10.18)	사적 제74호
김해 삼산리고분	임나 관계	고적 제109호(1939.10.18)	사적 제75호

| 고령 지산동고분군 | 임나 관계 | 고적 제113호(1939.10.18) | 사적 제79호 |
| 창녕 고분군
(교동 및 송현동) | 임나 관계 | 고적 제114호 및 제115호
(1939.10.18) | 사적 제514호 |

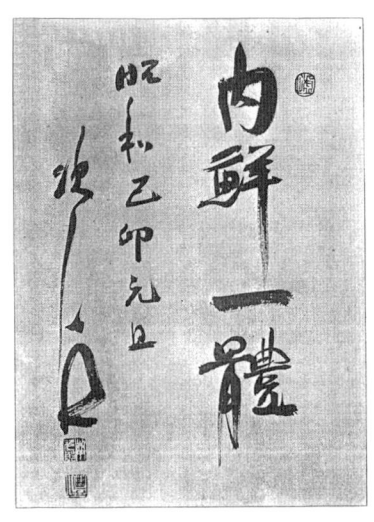

1939년 정초를 맞아 미나미 총독이 쓴 '내선일체' 휘호글씨이다. (『조선』 1939년 1월호)

원래 내선일체는 1936년 8월 조선총독으로 부임한 미나미 지로(南次郎)가 종래의 '내선융화'라는 통치기조에서 한 걸음 더 나아가야 한다는 취지에서 이를 새로운 식민통치의 근본방침으로 내세운 것이었다. 특히 만주사변 이후 중일전쟁을 거치면서 전시체제가 확산되자 이에 대응하여 식민지 조선에 대해 전쟁협력의 강요와 더불어 조선인의 역사와 정신을 말살하는 수단으로 작용하기도 했다.

동조동근(同祖同根)이니 일시동인(一視同仁)이니 동심일가(同心一家)니 선만일여(鮮滿一如)니 하는 따위는 모두 내선일체와 궤를 같이하는 대표적인 구호였다. 또한 1938년 11월에 백제의 옛 도읍지 부여를 내선일체의 발상지로 간주하여 이곳에 부여신궁(扶餘神宮)을 세우기로 한 것도 이러한 맥락에서 이뤄진 결정이었다. 이와 더불어 일제의 관변사학자들에 의해 주창된 이른바 '임나(任那; 미마나)'의 존재에 주목하는 것은 당연한 수순이었다.

일찍이 조선총독부는 1919년 3월에 경남 창원에 있는 봉림사(鳳林寺) 터에서 여러 토막으로 동강난 채 흩어져 있던 진경대사탑비(眞鏡大師塔碑)

내선일체의 발상지로서 부여신궁의 창립을 알리는 『매일신보』 1938년 11월 18일자의 보도내용이다. 일제는 이곳을 국체명징(國體明徵)과 내선일체(內鮮一體)의 신도(神都)로 삼으려 했다.

를 수습하여 총독부박물관(경복궁)으로 옮겨간 일이 있었다. 그런데 여느 비편(碑片)과는 달리 이것만은 곧장 파손부위를 재접합하여 전시유물로 활용하였다. 재빨리 이렇게 처리한 이유는 바로 비문에 "대사의 휘는 심희요, 속성은 신김씨이고, 그 선조가 임나왕족이니(大師諱審希俗姓新金氏其先任那王族) ……"라는 구절이 들어 있었던 탓이었는데, 일제가 임나의 존재를 얼마나 애지중지했는지를 엿볼 수 있는 대목이 아닌가 한다.

여기에서 나아가 조선총독부는 『일본서기(日本書紀)』에 서술된 임나 관련 내용을 역사적 기록으로 기정사실화하여 이와 관련한 기념물의 제작에도 열을 올렸는데, 1939년 6월에 미나미 총독의 글씨를 받아 제막한 '임나대가야국성지비(任那大加耶國城址碑)'[71]와 '츠키노이키나순절지비(調

---

[71] 이 비석의 전면에는 원래 "任那大加耶國城址"와 "南次郎書"라는 글씨가, 후면에는 "昭和十四年四月二十九日建之"라는 표시가 각각 새겨져 있었다. 해방이 되자 일제잔재의 흔적을 지우는 뜻에서 이 가운데 '任那', '南次郎書', '昭和'라는 부분은 삭제 처리되었고, 그 이후 1986년 12월 5일에 이르러 독립기념관(1987년 8월 15일 개관)이 건립 조성되는 과정에

『박물관진열품도감』(조선총독부박물관, 1939)에 수록된 봉림사 진경대사보월능공탑비(鳳林寺 眞鏡大師寶月凌空塔費)의 모습이다. 구산선문(九山禪門)의 하나인 창원 봉림사 절터에서 옮겨진 이 비석은 동강 난 채 수습되었지만, 비문에 '임나'가 포함된 탓에 지체없이 재접합하여 전시유물로 활용되었다.

伊企儺殉節址碑)'[72]가 바로 그것이었다. 이들 비석의 제작 동기에 대해서는 『매일신보』 1937년 10월 23일자에 수록된 「임나국 일본부 유적(任那國 日本府 遺跡)에 표식(標識)을 건립계획(建立計劃), 마츠모토(松本) 내무부장이 사실 알고 주선, 충신의열(忠臣義烈)을 소개(紹介)코저」 제하의 기사에 다음과 같은 설명이 수록되어 있다.

[대구(大邱)] 경상북도 고령군 고령읍내 보통학교 운동장은 옛날 임나국의 일본부(日本府)가 있었던 곳으로 현재 고령읍내를 감도는 회천(會川)은

서 경상북도청이 기증하는 형태로 옮겨져 지금은 그곳의 야외구역에 진열 전시되어 있다.
72) 이 비석의 전면에는 역시 미나미 총독의 글씨가, 후면에는 츠키노이기나의 처(妻) 오바코(大葉子)가 노래한 내용을 총독부인 미나미 카쿠코(南嘉久子)의 손으로 쓴 글씨가 새겨져 있었다고 전한다. 이에 관한 내용은 『경성일보』 1938년 10월 21일자, 「대가야국성지(大加耶國城址)의 비(碑)와 이기나순절(伊企儺殉節)의 비(碑), 경북 고령읍(慶北 高靈邑)에 건립(建立)」 제하의 기사 및 『부산일보』 1939년 4월 16일자, 「내선일체(內鮮一體)에 의의 깊은 양비(兩碑), 5월 5일에 제막식(除幕式)」 제하의 기사를 통해 확인할 수 있다. 지금은 앞면의 글자가 모두 사라진 상태로 고령중학교 교정으로 옮겨져 "굳세고 참되고 부지런하자"라는 교훈비로 재활용되고 있으며, 뒷면에는 희미한 글씨의 흔적이 남아 있는 상태이다.

신라왕(新羅王)의 군세에 '츠키노이키나(調伊企難)' 3부자(父子)가 유린을 하다 못하고 결국 참수(斬首)되어 장렬한 죽음을 한 고적인데 그에 대한 이야기는 소학교, 보통학교의 국정교과서에까지 편입되어 널리 아동에게 충신의열(忠臣義烈)의 표본으로 그의 도를 가르치고 있는 바이나 표본으로 그 역사적이 엄연한 내선일체(內鮮一體)의 사실도 지금에는 단순히 일부 전문가의 지식밖에는 되지 못하여 팻말(標識) 하나 박혀 있지 않을 뿐만 아니라 특히 대구부(大邱府)로서도 하등의 대중적 시설을 보지 못하여 여간 유감 되게 생각지 않던 중 마츠모토(松本) 내무부장(內務部長)이 거번 경주(慶州)를 시찰할 때 우연히 이 사실을 알게 되어 대구의 도시적 발전과 시국에 대응하여 내선일체(內鮮一體), 충신의열(忠臣義烈)의 유적을 널리 천하에 소개하는 동시에 고적보존의 취지하에 이 '이키나'의 터와 임나(任那)의 고적에 팻말을 박고 대구역(大邱驛)의 명소안내(名所案內)에도 게재할 것을 간담 요망하게 되었다고 한다

다시 일부 유력자 간에는 이것을 기회로 '이키나'의 비(碑)를 소학교, 보통학교 아동의 일전거금(一錢據金)으로 건설할 의견이 대두되어 벌써부터 준비는 시작되었다고 한다.

그리고 『매일신보』 1939년 6월 21일자에는 「임나유적기념(任那遺蹟記念碑) 제막식 거행(除幕式 擧行)」 제하의 기사가 남아 있는데, 이를 통해 내선일체의 정신을 상징하는 두 비석에 대해 그 해 6월 17일에 고령 금림소학교(錦林小學校)[73] 교정에서 성대한 제막식이 거행된 사실을 확인할 수 있다.

---

[73] 이 학교는 원래 고령공립보통학교(高靈公立普通學校)였다가 내선일체교육을 앞세운 칙령 제103호 「조선교육령(전면 개정)」(통칭 '제3차 조선교육령')에 따라 일괄 소학교로 전

미나미 총독의 글씨로 새긴 '임나대가 야성지비'(왼쪽)와 '츠키노이키나순절 지비'(오른쪽)의 원래 모습이 담긴 엽서자료(고령고적보존회 제작 배포)이다. (민족문제연구소 소장자료)

[대구(大邱)] 임나대가야국성지비(任那大伽倻國城趾碑) 급(及) 조이기난순절비(調伊企難殉節碑) 제막식(除幕式)은 내선일체(內鮮一體)의 대정신하(大精神下)에 17일 오전 10시 10분 카와무라 검사장(河村 檢事長), 죠타키 지사(上瀧 知事), 야마베 부대장(山家 部隊長), 마에다 헌병대장(前田 憲兵隊長), 서병조(徐丙朝

환되면서 '금림공립심상소학교(錦林公立尋常小學校)'로 개칭되었다. 이에 관해서는 『조선총독부관보』 1938년 6월 6일자에 게재된 경상북도고시 제45호 「1938년 4월 1일부(日付) 학교의 명칭을 변경하는 건 인가」에 그 내용이 포함되어 있다.

서병주(徐炳柱) 양 중추원참의(兩 中樞院參議), 미요시 사타로(三好佐太郎), 안병규(安炳圭), 오국영(吳國泳) 각 도회의원(各 道會議員), 오시마 대구향군연합분회장(大島 大邱鄕軍聯合分會長) 등 관민 다수 참열하에 정 고령군수(鄭 高靈郡守) 사회(司會)로 식(式)은 진행(進行)하여 이난악(李蘭岳), 서산아(西山兒) 양(孃)의 제막(除幕)이 있었는데 고령금림소학교(高靈錦林小學校)에서는 임나고적전람회(任那古跡展覽會)를 개최(開催)하고 청소년대항(靑少年對抗) 각력(角力) 씨름대회가 있었다.

1986년 당시 독립기념관의 개관 준비과정에서 그곳으로 옮겨진 '고령 대가야성지비'의 현재 모습이다. 비석의 전면에 새겨져 있는 '임나'와 '남차랑 서' 글씨 부분은 깎여 나간 채 사라진 상태이다.

이에 앞서 경남 김해에서는 1934년 4월에 "임나 이래의 고적유물을 영구히 보존하고 널리 사회에 소개함을 목적"으로 하여 김해고적보존회(金海古蹟保存會)가 결성되었고, 경북 고령에서도 지산동 고분의 발굴조사를 계기로 1938년에 고령고적보존회(高靈古蹟保存會)를 설립하여 이를 임나의 유적으로 널리 선전하였다. 또한 일제는 1935년 9월 1일을 고적애호일(古蹟愛護日)로 정한 것을 시작으로 해마다 각 지역의 고적유물에 대한 정화활동을 펼치게 하는 한편 이를 통해 내선일체의 정신함양과 시국에 대한 인식을 심화하는 계기

로 삼도록 강요하였다.[74]

예를 들어, 『조선일보』 1937년 8월 27일자에 수록된 「고적애호일(古蹟愛護日)에 시국정신(時局精神)도 고취(鼓吹), DK에서는 애호방송(愛護放送)」 제하의 기사에는 다음과 같은 내용이 채록되어 있다.

> 총독부 학무국에서는 예년에 의하여 고적애호일(古蹟愛護日)인 오는 9월 10일에 여러 가지 고물애호선전행사가 있을 터인데 금년은 특히 시국 중대함에 비추어 각도지사를 동원하여 가지고 비상시국을 가미한 철저한 선전을 행하기로 되었다.
> 그 내용인즉 고적의 보존은 동양정신의 선양과 민중의 심전개발에 중대한 의의가 있는 것으로 선대의 정신적 물질적 유물인 고적명승의 보존애호는 물론이어니와 이 운동을 통하여 내선일체의 엄연한 사실을 역사적으로 강조 선명하여 내선은 실로 불가분의 관계가 있는 것을 일반 민중에게 깊이 인식시키며 시국에 대한 각오를 일층 철저시키는 동시에 총후의 국민적 신념을 자연 유발시킬 필요를 절실히 느끼고 각도지사에게 통첩을 발하여 이에 대한 장려실행의 철저를 기하도록 한다는 것이다. 그리고 사계 권위인 전 경성제국대학 교수 오다 세이고(小田省吾) 씨의 저술 '팜푸레트' 『고대(古代)의 내선관계(內鮮關係)』를 간행하여 전조선 각 도서관, 관공서, 공사립학교, 기타 사회교화관계 각 단체 등에 배부할 터이다. 그리고 당일 제1방송에서는 시오바라 학무국장(鹽原 學務局長), 제2

---

74) 총독부 학무국에 의해 제정된 최초의 고적애호일은 1935년 9월 10일이었다. 이에 관해서는 『매일신보』 1935년 8월 4일자에 수록된 「명승고적애호일 9월 10일로 창정(創定)」 제하의 기사를 참조할 수 있다.

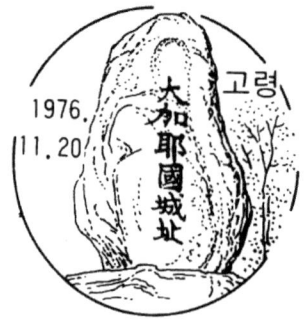

한때 고령우체국에서 사용한 관광통신 일부인(日附印, 1976.11.20~1979.1.31)에는 바로 일제강점기에 제작된 '(임나)대가야국성지비'가 버젓이 도안으로 채택되어 있었던 흔적이 드러난다. 관련내용은 『관보』 1976년 11월 23일자에 게재된 체신부 공고 제82호 「관광통신 일부인의 사용」(1976.11.19)에 포함되어 있다.

방송에서는 김 사회교육과장(金 社會敎育課長)이 각각 고적애호에 대한 방송을 할 터이라 한다.

더구나 내선일체와 관련한 고적의 소재지역에는 대개 일본의 색채를 더욱 가미하기위해 벚나무와 단풍나무를 대량으로 식재하는 일도 잦았다. 가령 고양 벽제관과 같은 곳이 대표적 사례였고, 행주산성의 경우에도 예외는 아니었다. 실제로 『매일신보』 1941년 4월 11일자에 수록된 「고적(古蹟) 행주산성(幸州山城)에 벚꽃 1천 주(株) 식수(植樹)」 제하의 기사에는 그해 '기념식수일'을 맞이하여 고적지로 유명한 이곳에 사쿠라나무 1천 주를 새로 심었다는 내용이 남아 있다.

[고양(高陽)] 고양군에서는 동군 지도면과 연합하여 지난 3일 동면 행주외리 고적으로 유명한 행주산성(幸州山城)에 사쿠라나무 1천 주를 심었는데 불원한 장래에 덕양산(德陽山)[75] 일대에는 벚꽃이 만발케 되어 탐

---

[75] 흔히 행주산성의 소재지는 여기에서 보듯이 '덕양산(德陽山)'으로 통용되고 있으나, 이는 어디까지나 일제강점기 이후에 정착된 지명이라는 사실에 유의할 필요가 있다. 실제

승객의 발자취가 빈번하리라 한다.

이러한 까닭에 행주산성을 거닐다가 혹여 벚꽃길을 만난다면, 그것이 내선일체의 광풍이 남겨놓은 생채기가 아닌지 한번쯤 의심해볼 필요가 있을 것이다.

• 이 글은 『민족사랑』 2017년 12월호에 게재하였던 것을 수정 보완하였다.

로 옛 문헌자료를 아무리 뒤져봐도 『고양군읍지』(1755)와 『해동지도(고양군)』 등에 이곳을 '성산(城山)'으로, 『경기지(고양군읍지)』(1842)에 '배산(杯山)'과 '배산(盃山)'으로, 또한 『경기읍지(고양군여지승람)』(1871)와 『고양군지도』(1872), 그리고 『고양군읍지』(1891) 등에 '잔산(盞山)'으로 표기한 용례가 두루 확인되고 있으나, 이곳을 '덕양산'이라고 표시한 흔적은 전혀 찾아볼 수 없다. 더구나 무엇보다도 행주대첩의 전황을 보고하는 장면이 등장하는 『선조실록』 1593년(선조 26년) 2월 24일 기사에는 이곳에 대해 거듭 '성산(城山)'이라는 표현이 사용된 사실이 포착된다. 하지만 일제강점기로 접어든 이후 대일본제국육지측량부에서 발행한 『경성(조선 오만분일 지형도)』(1913) [민족문제연구소 소장자료]에는 매우 특이하고 흥미롭게도 이곳(126미터 고지)을 '재미산(財美山)'이라고 적어놓은 용례가 남아 있으며, 특히 육지측량부 발행, 『경성(오만분일 지형도)』(1918년 측도, 1919년 발행) [종로도서관 소장자료]에는 이곳이 처음으로 '덕양산'으로 탈바꿈한 사실이 드러난다. 이러한 내력으로 살펴보면 결국 행주산성의 소재지를 '덕양산'으로 부르게 된 것은 일제강점기 이후에 이르러 널리 확산된 현상으로 파악된다고 하겠다. 덕양(德陽)이라는 명칭 자체가 친일잔재의 범주에 드는 것은 아니지만 애당초 이곳에는 '성산' 내지 '잔산' 또는 '배산'이라는 고유명칭이 예로부터 엄연히 존재했고, 『조선왕조실록』에서도 이곳을 '성산'이라고 지칭한 흔적이 또렷이 남아 있는 만큼 원래 이름 되찾아주기와 같은 형태로 지명을 바로잡아주는 정도의 노력은 마땅히 있어야 하지 않을까 한다.

16

경학원 명륜당이 1937년 이후 느닷없이 혼례식장으로 변신한 까닭은?

정신작흥과 사회교화의 광풍 속에 탄생한 '의례준칙(儀禮準則)'

"조선총독부는 시정(始政) 이래 일한병합(日韓併合)의 굉모(宏謨)에 준유(遵由)하여 강내(疆內) 민중(民衆)의 영원한 강복(康福)을 증진하기 위하여 민도(民度)를 고량(考量)하며 시세(時勢)의 진운(進運)에 순응하여 각반(各般)의 시설을 행한 지 자(玆)에 이십유사년(二十有四年)이라. 기간(其間) 사회(社會)에 진보(進步)와 민력(民力)의 신전(伸展)이 저대(著大)하며 특(特)히 자력갱생(自力更生) 농산어촌진흥(農山漁村振興)의 시설이 착착(着着) 기서(其緒)에 취(就)하여 도비(都鄙)를 통(通)하여 다만 물질방면(物質方面)뿐 아니라 인문교화방면(人文敎化方面)에도 역(亦) 기(其) 발달이 현저하여 민풍(民風)이 점차 혁신(革新)되고 있다 할지나 일반생활양식중(一般生活樣式中) 각종의례(各種儀禮)와 여(如)한 것에 지(至)하여는 구태(舊態)가 의연(依然)하여 오히려 개선(改善)할 여지(餘地)가 불소(不少)하다. …… (하략)"

『조선총독부관보』 1934년 11월 10일자에는 이런 구절로 시작되는 조선총독 우가키 카즈시게(朝鮮總督 宇垣一成)의 유고(諭告) 한 토막이 수록되어 있다. 이 글의 아래에는 이와 함께 정무총감(政務總監)의 명의로 된

『매일신보』 1934년 11월 11일자에 수록된 '국민정신작흥에 관한 조서 환발기념식'의 장면들이다. 왼쪽 위의 사진은 조선신궁 광장에서 경성부 주최로 열린 기념식장이고, 오른쪽과 아래의 사진은 조선총독부 청사 앞에서 거행된 조서봉독식(詔書奉讀式)에 참석한 우가키 총독의 모습이다. 「의례준칙」 시행에 관한 총독유고와 관통첩은 바로 이날에 맞춰 『조선총독부관보』에 게재되었다.

「관통첩(官通牒) 제39호 의례준칙제정(儀禮準則制定)의 건(件)」이 나란히 등장한다. 이것이 바로 일제가 구태의연한 생활의례를 개선한다는 명분으로 자력갱생(自力更生)과 생활개선(生活改善)이라는 구호를 내세워 도입했던 이른바 '의례준칙(儀禮準則)'이 공식적으로 첫 선을 보이는 순간의 기록이다.

『조선신문』 1934년 5월 26일자에 수록된 「갱생운동(更生運動)의 측면(側面)에서 '의례준칙'의 활용, 내월(來月) 중순경에는 공포(公布)되기로」 제하의 기사에는 의례준칙을 제정하는 의미와 그 경과를 이렇게 요약하고 있다.

총독부 사회과(總督府 社會課)에서는 관혼장제(冠婚葬祭)에 대한 조선 고래(

朝鮮 古來)의 풍습개선(風習改善)을 더하여 현대사회(現代社會)의 생활에 적응(適應)하는 의례준칙(儀禮準則)을 제정(制定)하는 것으로 되어, 앞서 중추원 시정연구회(中樞院 施政研究會)에 자문(諮問)하여 연구중(研究中)이던 바 이것이 점차 성안(成案)을 얻어 답신(答申)이 왔으며, 25일 사회과에 관계자(關係者)의 회의를 열어 답신안(答申案)은 심의(審議)하였으나 일부(一部) 자구(字句)의 수정(修正)을 하고 심의실(審議室)에 회부하여 내월(來月) 중순경에는 총독훈령(總督訓令) 우(又)는 통첩(通牒)으로서 일반(一般)에 공포(公布)될 것인 모양이다. 이것의 실시(實施)에 대해서는 법령(法令)과 같은 구속력(拘束力)을 갖지 못한 탓에 그 실효(實效)에 다소(多少)의 의문(疑問)이 달려 있지만, 정신작흥운동(精神作興運動)과 상사(相俟)하여 널리 일반교풍운동(一般矯風運動)의 가운데에 이 의례준칙을 높이 들어 여행(勵行)을 기하게 된다면 상당한 효과를 기대할 수 있다고 말해진다.

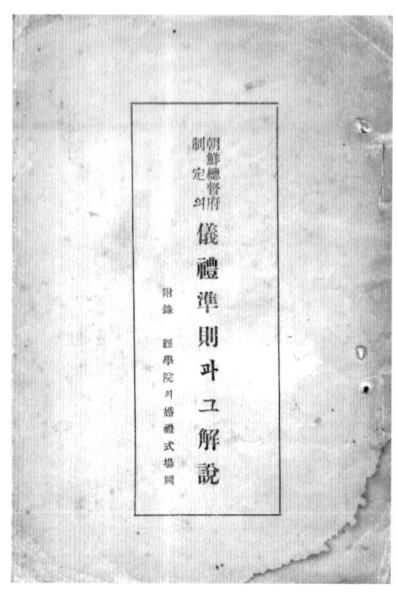

그런데 이러한 「의례준칙」이 처음 공포된 날인 1934년 11월 10일은 '국민정신작흥조서 환발기념일(國民精神作興詔書 渙發紀念日)'이기도 했다. 『일본제국관보』 1923년 11월 10일자(호외)를 통해 처음 등장한 이 조서는 원래 제1차 세

조선총독부(朝鮮總督府)가 짓고 조선통신사(朝鮮通信社)가 제작 배포한 『(조선총독부 제정의) 의례준칙과 그 해설』(1937)의 표지이다. (민족문제연구소 소장자료)

계대전 이후 격렬하게 전개된 여러 정치 사조(思潮)의 분출과 격동에 대처하여 국민정신(國民精神)을 함양진작(涵養振作)할 것을 부르짖고, 특히 관동대진재(關東大震災, 관동대지진) 직후의 사회적 혼란을 진정시키기 위해 나온 것이며, 내용상으로는 부화방종(浮華放縱)과 경조궤격(輕佻詭激)을 떨쳐내고 질실강건(質實剛健)과 순후중정(醇厚中正)을 되살려 국가의 흥륭(興隆)과 민족의 안영(安榮), 사회의 복지(福祉)를 꾀한다는 것에 주안점이 있었다.76)

그 이후 만주사변과 만주국의 등장을 둘러싼 내외의 위기(危機)와 동요(動搖)에 대해 국체명징(國體明徵), 경신숭조(敬神崇祖), 심전개발(心田開發) 등으로써 국민정신을 새롭게 작흥(作興)해야 하는 상황에 이르게 되자 1923년 당시의 그것과 전혀 다르지 않다는 인식에 따라 이 조서의 의미와 위상이 다시 크게 부각되기 시작했다. 이에 따라 조선총독부에서는 스스로 '민심작흥운동 총본영(總本營)'이 되어 1932년부터 해마다 조서환발기념일인 11월 10일을 기려 성대한 대조봉독식(大詔奉讀式)을 거행한 바 있었다.

그러니까 「의례준칙」의 공포일을 구태여 1934년 11월 10일에 맞춘 것은 큰 맥락에서 이것이 '국민정신작흥'을 실행하는 방법의 한 갈래였던 탓이기도 했던 것이다. '의례준칙'에서 담고 있는 주된 내용은 『조선일보』 1934년 11월 13일자에 수록된 「의례준칙(儀禮準則), 개정(改正)된 요점(要點)」 제하의 기사에 이렇게 정리되어 있다.

---

76) 이 조서는 처음에는 별도의 명칭이 없이 여러 이름으로 통용되었으나 『경성일보』 1924년 1월 31일자에 수록된 관련기사에는, 문부성(文部省)과 내무성(內務省)의 협의 결과 '국민정신작흥에 관한 조서(國民精神作興に 關する 詔書)'로 하는 것으로 결정하여 관계관청에 대해 1월 29일 통첩(通牒)을 발(發)하였다는 내용이 수록되어 있다.

조선 재래(朝鮮 在來)의 각종 의례를 개정하여 신시대(新時代)에 적합하도록 의례준칙을 제정 발표하는 동시에 거(去) 10일 총독유고(總督諭告)가 발표되었다 함은 기보(既報)와 같거니와 신준칙(新準則) 중 중요한 점을 거(擧)하면 다음과 같다.

◇ 결혼(結婚)

- 혼인연령(婚姻年齡); 남(男) 20세, 여(女) 17세 이상으로 함/ • 약혼(約婚); 사주(四柱)를 교환함/ • 연일(涓日); 신부가(新婦家)에서 혼례일을 복(卜)하여 신랑가(新郎家)에 통지함/ • 납폐(納幣); 청홍 이단(靑紅 二端)으로 함/ • 결혼식(結婚式); 신부가(新婦家), 신사(神社) 혹은 사원(寺院), 교회당(敎會堂)에서 행함/ • 의식종료후(儀式終了後) 신랑가에서 혼례에 참렬한 근친자(近親者)만을 청하여 간단히 축연(祝宴)을 개최함.

◇ 상례(喪禮)

- 장일(葬日); 장식(葬式)은 특수한 사정이 없는 한 5일 이내에 이를 행함/ • 발인(發靷, 출관) 시각은 조조(早朝)로 하고 영구(靈柩)는 구식상여를 사용한 경우에는 호창(呼唱)을 폐하고 정숙을 지킬 것. 단(但), 자동차를 사용함도 무방함/ • 상기(喪期) 및 복기(服期); 상기중은 지애지통(至哀至痛)의 뜻을 가지고 특수한 사정이 없는 한 업무(業務)를 폐함/ • 복상기간(服喪期間)은 1개년, 100일, 50일, 30일의 사종(四種)으로 개폐 단축함.

◇ 제례(祭禮)

- 기제(忌祭); 기제는 조칭(祖稱)까지에 한하여 매년 기일에 행함/ • 묘제(墓祭); 한식(寒食), 추석(秋夕), 중양(重陽)에 행함.

일찍이 조선 사람의 혼인연령에 대해서는 조혼(早婚)의 폐단을 바로잡기 위한 풍속개량의 방법으로 1907년 8월 14일의 조칙(詔勅)에 따라 "남자 만 17년, 여자 만 15년 이상으로 시허가취(始許嫁娶)"의 조치가 이뤄진 일이 있었다.77) 경술국치 이후 1912년 3월 18일에 이르러 제령(制令) 제7호 「조선민사령(朝鮮民事令)」의 제정 당시에는 "조선인의 능력(能力), 친족(親族), 상속(相續)에 관한 사항은 관습(慣習)에 의한다"고 하였을 뿐 별도의 제한규정은 존재하지 않았다.

그러다가 1922년 12월 7일의 제령 제13호 「조선민사령 개정」에 의해 혼인연령에 대해서는 "(제765조) 남자는 만 17년, 여자는 만 15년에 이르지 않으면 혼인을 할 수 없다"고 정한 일본제국의 법률 제9호 「민법(民法) 제4편 제5편」(1898년 6월 15일 제정)의 조항이 적용되기 시작했다. 따라서 비록 강제규정은 아니었을지라도 「의례준칙」을 통해 이 나이가 다시 각각 3년과 2년씩 상향조정이 이뤄졌음을 알 수 있다.

이러한 내용을 담은 「의례준칙」의 제정 이후에는 이를 널리 보급하기 위한 각종 홍보책자들이 쏟아져 나왔는데, 조선총독부가 짓고 조선통신사가 제작 배포한 『(조선총독부 제정의) 의례준칙과 그 해설』(1937)이란 책자도 그 중의 하나였다.78) 그런데 이 책의 말미에는 특이하게도 '경학원(經學院)의 혼례식장도(婚禮式場圖)'라는 그림 하나가 부록(附錄)으로 붙어 있는 것이 눈에 띈다.

여기에 나오는 '경학원'은 조선총독부가 기존의 성균관(成均館)을 재편

---

77) 이때의 혼인연령 관련 조칙은 『관보』 1907년 8월 17일자에 수록된 「궁정록사(宮廷錄事)」 항목에 포함되어 있다.
78) 이 책의 11쪽 부분에는 '혼인연령'의 변경과 관련하여 "현행 호적령에는 남녀 공(共) 20세 이상을 원칙으로 하고 부모의 양방(兩方) 우(又)는 일방(一方)이 존(存)한 자는 남 17세, 여 15세 이상이란 예외를 인(認)하였다. 그러나 아무쪼록 성년 이상(成年 以上)으로 하는 것이 가(可)하다. 그 이하의 조혼(早婚)은 인간의 죄악(罪惡)이니까 아무쪼록 피하여야 한다."라는 내용을 포함하고 있다.

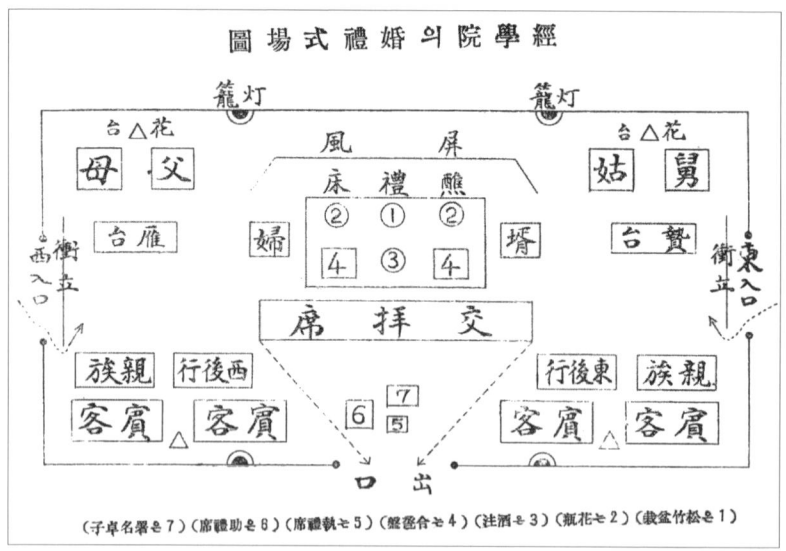

『(조선총독부 제정의) 의례준칙과 그 해설』(1937)의 말미에 첨부되어 있는 '경학원 혼례식장도'의 모습이다. 경학(經學)을 가르치고 문묘(文廟)에 배례하는 공간이 느닷없이 결혼식장으로 변신한 사실을 확인할 수 있다. (민족문제연구소 소장자료)

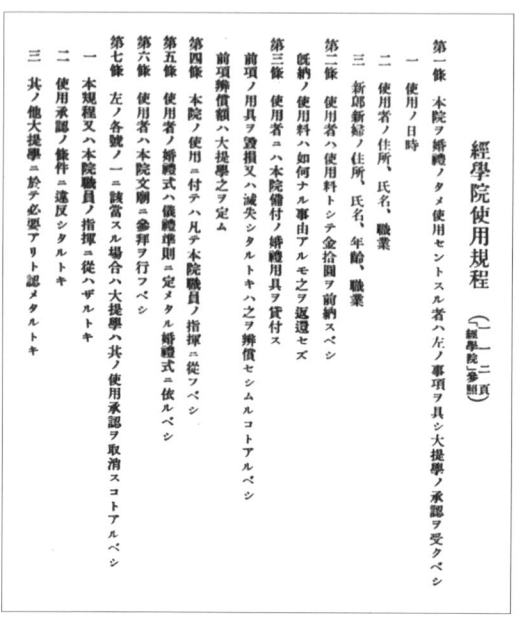

『조선사회교화요람』(1937)에 수록된 「경학원사용규정」의 세부 조항이다. 여기에는 「의례준칙」에서 정한대로 혼례식의 절차를 준수하여 경학원에서 이를 거행할 때 지켜야할 절차와 사용조건 등을 담고 있다.

하여 식민지배정책과 이념을 홍보하는 도구로 활용하고자 1911년 6월 15일에 제정한 조선총독부령 제73호 「경학원규정(經學院規程)」을 통해 전환 설립한 기관이었다. 이 규정에는 "경학원은 조선총독의 감독에 속하며, 경학(經學)의 강구(講究)를 하고 풍교덕화(風敎德化)를 비보(裨補)하는 것을 목적으로 함"이라는 구절이 들어 있다.

어떠한 연유로 이곳에 혼례식장이 개설된 것인지를 찾아봤더니 『동아일보』 1937년 6월 3일자에 수록된 「결혼식장(結婚式場)으로 경학원(經學院)을 개방(開放)」 제하의 기사 하나가 포착된다.

> 공문(孔門)에 군자는 조단호부부(造端乎夫婦)[79]라는 유명한 명제가 있으면서도 오늘의 결혼은 공자 맹자의 성인과 인연이 멀은 바 많더니 이제 경학원을 결혼식장으로 개방한다고 한다. 더구나 재래는 식장과 혼례용구를 빌리는 데 막대한 비용이 들었으나 이제 경학원을 사용하면 단 10원으로 식복은 물론 학장도구까지 빌릴 수 있으며 웅대한 고전식의 엄숙한 건물과 환경 속에서 원앙의 짝을 지을 수 있게 되었다. 그리고 특별한 규정은 사용자는 의례준칙(儀禮準則)에 정한 혼례식에 의할 것과 신랑신부는 경학원 문묘(文廟)에 참배하여 이성지합(二性之合)을 두 성현에게 고하여야 한다는 것이다.

이 당시 경학원 명륜당(經學院 明倫堂)을 혼례식장으로 사용하기 위해 이

---

79) 이것은 『중용(中庸)』 제12장(第十二章)에 나오는 표현이다. 원문은 "君子之道造端乎夫婦 及其至也察乎天地(군자의 도리는 그 단서가 부부에서 만들어지니, 그 지극함에 이르러서는 천지에 드러난다)"라는 구절이다.

『매일신보』 1937년 7월 4일자에는 경학원에 의례부(儀禮部)가 신설된 이후 최초로 거행된 결혼식에 관한 소식이 담겨 있다. 사진에 보이는 곳은 경학원 명륜당(明倫堂)이며, 이날 예식을 올린 한 쌍은 중추원 참의 신석린(申錫麟)의 사위와 딸이 되는 이들이었다.

곳에는 의례부(儀禮部)가 신설되고 이에 수반하여 다음과 같은 내용의 「경학원사용규정(經學院使用規程)」이 새로 만들어졌다.[80]

---

80) 조선총독부 학무국 사회교육과에서 펴낸 『조선사회교화요람(朝鮮社會敎化要覽)』(1938), 112쪽에는 경학원의 위상과 기능에 대해 이러한 설명을 담고 있다. "경학원은 명치 43년(1910년) 일한병합(日韓倂合) 때 하사하신 은사금(恩賜金) 25만 원을 기초로 삼아 명치대제(明治大帝)의 어사소(御思召)를 봉대(奉戴)하여 경학(經學)의 강구(講究)를 하고 풍교덕화(風敎德化)를 보비(補裨)하는 것을 목적으로 구 성균관(舊成均館)을 승계하여 설치한 것이며, 조선에 있어서 유교(儒敎)의 중추(中樞), 풍교덕화(風敎德化)의 연원(淵源)으로서 사회교화(社會敎化)에 기여한 바가 큰 것이 있는데, 근시(近時)에 민심(民心)의 작흥(作興), 덕교(德敎)의 진작긴요(振作緊要)를 고하기에 이르러 한층 그 사명의 달성에 노력하고 있으며, 특(特)히 춘추(春秋)의 석전집행(釋奠執行)에 관해서는 정신적 쇄신(精神的 刷新)과 형식적 개선(形式的 改善)을 더하여 제사(祭祀)를 엄수(嚴修)시킴과 더불어 춘추석전제(春秋釋奠祭)는 소화 12년(즉, 1937년)부터 양력(陽曆)에 의한 것으로 하여, 4월 및 10월의 15일을 제일(祭日)로 삼았고, 또한 종래(從來) 오로지 유림간(儒林間)에 한하였던 관습(慣習)을 고쳐 일반민중(一般民衆)에게 이를 개방(開放)하여 수의수시(隨意隨時)로 이곳에 참배(參拜)를 시켜 심전(心田)의 개계(開啓)에 기여하였으며, 더구나 소화 12년도(즉, 1937년도)부터는 의례부(儀禮部)를 개설하고 혼상제(婚喪祭)에 관

제1조 본원(本院)을 혼례(婚禮)의 목적으로 사용하려는 자(者)는 좌(左)의 사항을 갖춰 대제학(大提學)의 승인(承認)을 받을 것.

    일. 사용의 일시.

    이. 사용자의 주소, 씨명(氏名), 직업.

    삼. 신랑신부(新郎新婦)의 주소, 씨명, 연령, 직업.

제2조 사용자는 사용료(使用料)로서 금(金) 10원(圓)을 전납(前納)할 것. 기납(旣納)한 사용료는 여하(如何)한 사유(事由)가 있더라도 이를 반환(返還)하지 않음.

제3조 사용자에게는 본원 비부(備付)의 혼례용구(婚禮用具)를 대부(貸付)함. 전항(前項)의 용구를 훼손 또는 멸실시키는 때는 이를 변상(辨償)토록 할 것. 전항의 변상액은 대제학이 이를 정함.

제4조 본원의 사용에 대해서는 무릇 본원 직원(職員)의 지휘(指揮)를 따를 것.

제5조 사용자의 혼례식은 의례준칙(儀禮準則)에 정해진 혼례식에 의할 것.

제6조 사용자는 본원 문묘(文廟, 대성전)에 참배(參拜)를 행할 것.

제7조 좌(左)의 각호(各號)의 하나에 해당하는 경우에는 대제학은 그 사용승인(使用承認)을 취소(取消)토록 할 것.

    일. 본 규정 또는 본원 직원의 지휘를 따르지 않는 때.

    이. 사용승인의 조건에 위반되는 때.

한 「의례준칙(儀禮準則)」의 취지(趣旨)에 기초하여 본원(本院)에서 일반민중의 혼례의식을 집행시키는 사례를 열었고, 이로써 도덕(道德)의 기본(基本)인 인륜(人倫)의 대도(大道)를 북돋우어 수신제가(修身齊家)의 미풍(美風)을 함양(涵養)하는 것에 이바지하도록 했다. 여기에 덧붙여 의례부(儀禮部)에 관한 규정(規程)은 부첨(附添) 「경학원사용규정(經學院使用規程)」에 관해 참조(參照)할 수 있을 것이다."

삼. 기타 대제학이 필요하다고 인정하는 때.

이러한 결과로 이곳에서는 한 달도 채 지나지 않아 실제로 첫 결혼식이 벌어졌다는 얘기가 들려왔는데, 알고 보니 그 주인공은 강원도지사, 충청남도지사, 중추원 참의(칙임관 대우) 등을 지낸 신석린(申錫麟, 창씨명 平林麟四郞, 1865~1948)의 사위와 딸이었다. 『매일신보』 1937년 7월 4일자에 수록된 「경학원 개방후(經學院 開放後) 최초(最初)의 결혼식(結婚式), 사모관대신 갓에 쪽도리 신부」 제하의 기사는 이날의 풍경을 이렇게 그렸다.

최근 동양도덕을 물리치고 서양풍조를 숭배하는 사람들이 많게 되어 고래의 성현이 만들어놓은 의례(儀禮)가 점차로 자취가 사라지려는 형편에 이르렀으므로 옛 도덕을 부흥케 하기 위하여 경학원(經學院)에서 의례부(儀禮部)를 신설하고 동원(同院)을 일반에 개방하여 결혼식장(結婚式場)으로 사용케 하는 동시에 그곳에서 식을 거행하는 사람에게는 반드시 주자가례(朱子家禮)를 취한 옛날 조선 고유의식으로 신랑은 반드시 사모관대를 하고 신부는 활옷에 족두리를 쓰도록 하였는데 금번에 그 경학원에서 처음으로 결혼식을 거행한 사람이 있다. 그는 부내 명륜정(明倫町) 1정목 36번지 이철재(李哲載) 씨의 2남 이종국(李鍾國, 24) 군과 전 충남도지사(前忠南道知事) 신석린(申錫麟) 씨의 장녀 신태희(申泰喜, 21) 양으로 3일 오후 2시경부터 명륜당(明倫堂)에서 장엄한 식을 거행하였는데 주례(主禮)는 대제학 정봉시(大提學 鄭鳳時) 씨 대리로 부제학 유진찬(副提學 俞鎭贊) 씨, 조례(助禮)는 김완진(金完鎭) 씨였으며 내빈으로는 관공리 유력자와 사회 각 방면의 명사들이 다수 참석하여 자못 성황을 이루었다. (사진은 식장 전경)

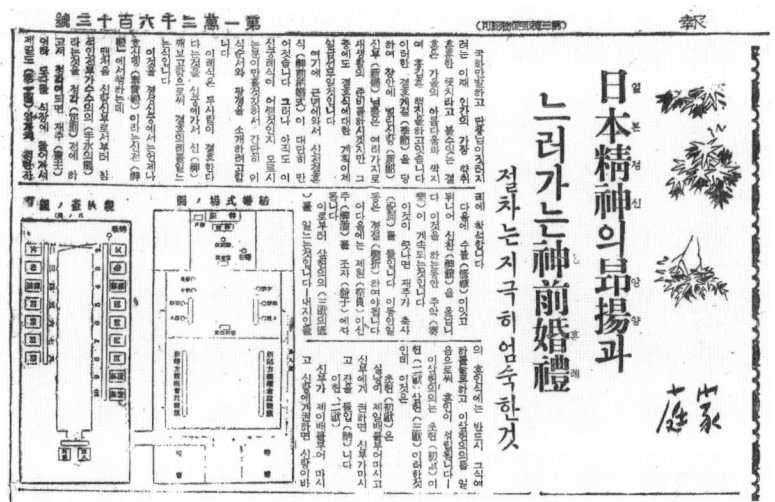

『매일신보』 1942년 9월 23일자에는 조선신궁 봉찬전에 개설된 결혼식장의 배치도가 소개되어 있다. 이 당시에는 경학원 명륜당과 같은 공간뿐만이 아니라 신사 등에서 벌어지는 이른바 '신전혼례식(神前婚禮式)'이 크게 성행했다는 사실을 엿볼 수 있다.

그 이후 이른바 '대동아전쟁(大東亞戰爭, 태평양전쟁)'을 거치면서 전시체제기의 와중에 물자절약과 의례간소화의 요구가 속출하게 되자 이러한 상황은 그대로 지속되었다. 이에 관해서는 『매일신보』 1943년 8월 24일자에 수록된 「경학원(經學院)의 결전체제(決戰體制), 결혼식장 삼종양식 제정(結婚式場 三種樣式 制定)」 제하의 기사를 통해 그 흔적을 엿볼 수 있다.[81]

부내 경학원(經學院)에서는 결혼양식을 간소히 하여 결전국민생활을 확립하는 데 이바지하고자 전부터 동원(同院)의 일부를 결혼식장으로 개방

---

81) 이와 아울러 『매일신보』 1943년 9월 14일자에 수록된 「혼례(婚禮)는 고래식(古來式)으로, 후루이치 부윤(古市府尹) 경학원 이용 요망(經學院 利用 要望)」 제하의 기사에도 동일한 맥락의 내용이 서술되어 있다.

하였는데 이번 동원규칙의 일부를 개정하여 종래 단 한 가지이던 결혼식의 의식 종류를 송(松), 죽(竹), 매(梅)의 세 가지로 하고 식장과 용구, 주례(主禮) 등을 각각 달리하여 널리 분에 맞는 의식을 이용하도록 하였다. 동학원에 결혼식장을 특설한 것은 지나사변부터의 일로서 사회교화와 생활개선을 목표로 총독부에서 제정한 의례준칙(儀禮準則)에 의한 의식을 채용한 결과, 간소한 가운데 정중하고 엄숙한 의식은 일반의 환영을 받아 지금은 하루에 5, 6쌍의 신청이 있는 성황이므로 이번에 확충하기로 된 것이다. 비용은 송이 50원, 죽과 매가 각각 30원, 20원인데 송은 당분간 취급하지 않는다.

아닌 게 아니라 일제패망기로 접어들수록 비단 '경학원'이라는 공간뿐만이 아니라 조선신궁 봉찬전(朝鮮神宮 奉贊殿)을 비롯하여 경성신사(京城

'경학원 문묘 신문(經學院 文廟 神門)'이라는 표제가 붙어 있는 일제패망기 무렵의 사진엽서이다. 이곳 대문에 '충효보국(忠孝報國)'과 '황도선양(皇道宣揚)'이라고 쓴 구호판이 부착된 모습이 또렷하다. (개인소장자료)

神社)와 같은 곳에서 일본정신(日本精神)을 앞세워 거행되는 이른바 '신전결혼식(神前結婚式)'이 기승을 부렸던 것으로 알려진다. 그러고 보니 이 대목에서 문득 예전에 우연히 마주쳤던 문묘 대문(文廟 大門)의 전경을 담은 사진엽서 하나가 새삼스레 떠오른다.

기억을 더듬어보면 이곳에는 대성전 대문(大成殿 大門) 앞에 제법 큼직하게 '충효보국(忠孝報國)'과 '황도선양(皇道宣揚)'이라고 쓴 구호판이 나란히 부착된 광경이 포착되어 있었다. 그야말로 황도유학(皇道儒學)의 본거지로 전락한 옛 성균관 일대의 위상과 실체가 그대로 드러나는 장면이 아닌가 싶어 자못 씁쓸레한 여운을 남겨주고 있다.

● 이 글은 『민족사랑』 2022년 5월호에 '소장자료 톺아보기'로 게재하였던 것을 수정 보완하였다.

17

소개공지(疎開空地), 미군 공습에 기겁한 일제의 방어수단

결국 패망 직전 서울의 도시공간을 할퀴어 놓다

벌써 40년도 더 넘은 시절의 얘기지만 시골촌놈이 어찌어찌 대학에 붙어 난생 처음 상경하면서 서울 큰고모댁에 신세를 지게 되었는데, 그 때 어리숙한 친정조카의 도회지 생활이 많이 걱정되셨는지 신학기 초에 큰고모께서 이런 말씀을 귀띔해주신 기억이 또렷하다.

"야야, 서울에서 길을 익힐라카믄 일단 종로가 한 가운데 있고, 그 아래로 청계천로—을지로—충무로—퇴계로의 순서대로 있으니까 그것만 잘 기억해도 길찾기에 많이 도움이 될끼다. 그라고 서쪽부터 1가, 2가, 3가, 이렇게 나간데이 —."

아니나 다를까 큰고모님의 '꿀팁'은 그 이후 서울살이의 실전에 많은 보탬이 되었다. 더구나 세월이 흐르고 흘러 본디 서울내기 근처도 못가는 그 시골촌놈이 되려 서울의 옛길이나 역사공간에 대해 이런저런 글도 곧잘 쓰고 더러 현지답사의 길잡이노릇을 하는 지경에 이르렀으니 모든 것이 기초 오리엔테이션을 잘 받은 덕분이 아닌가도 싶다.

그런데 여기에 등장하는 서울도심의 '씨줄'을 이루는 동서방향의 대로에 대해서는 일제 때 '소화통(昭和通)'으로 뚫린 '퇴계로' 정도를 제외하면

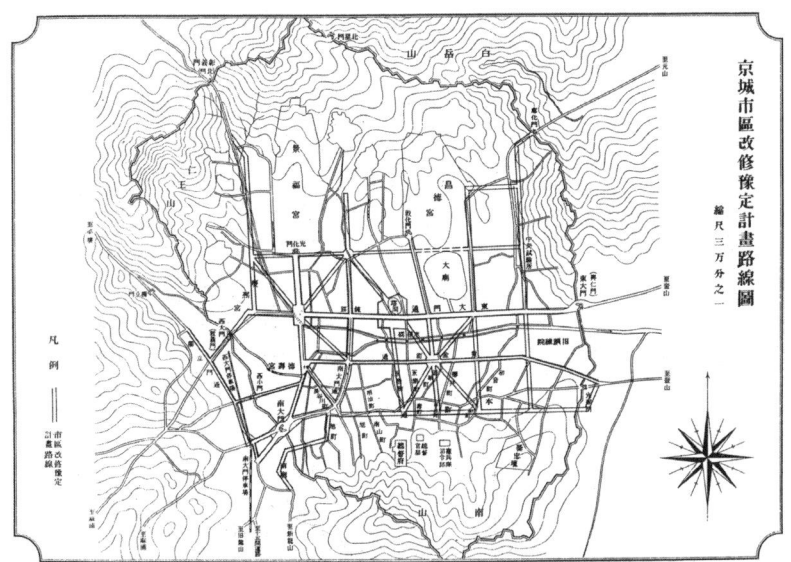

『조선총독부관보』 1912년 11월 6일자에 수록된 「경성시구개수 예정계획노선도」이다. 이와 같이 일제는 식민지배 초창기부터 기존의 도로망에 크게 구애되지 않고 방사선형과 바둑판형을 섞어 놓은 새로운 가로체계를 진즉에 계획하고 있었다.

대개 조선시대부터 존재했던 옛길이 확장개편된 것이므로 그 유래를 확인하는 일이 어렵지는 않은 편이다. 그러나 이와는 대조적으로 '날줄'을 이루며 남북방향으로 놓인 간선도로의 경우에는 언제 그 길이 생겨났는지를 확인하는 일조차 그리 간단치가 않다.

예를 들어, 조선시대의 고지도를 살펴보면 서울도성 안쪽으로 광통교를 넘나드는 남대문로의 경우라든가 육조앞길이나 동구내(洞口內, 동구안)[82]처럼 각 궁궐 대문 앞으로 연결된 남북방향의 직선도로가 없지 않

---

82) 여기에 나오는 동구내(洞口內, 동구안)는 예로부터 창덕궁 돈화문앞길(종로 파조교~돈화문)의 속칭(俗稱)으로 즐겨 사용되던 표현이다. 이에 관한 직접적인 문헌자료로는 이덕무(李德懋, 1741~1793)의 『청장관전서(靑莊館全書)』가 있으며, 이 책의 제58권 「앙엽

앉으나 보통은 종로와의 접점을 이루는 곳까지만 그러한 길이 이어져 있었던 것을 확인할 수 있다. 그 아래로는 불규칙하게 설치된 청계천 돌다리의 자리에 맞춰 그곳을 가로질러 동남쪽 방향으로 비스듬하게 흘러내리는 형태의 통행로만 존재했던 것이다.

실제로 근대시기 이전까지는 서울이라는 도시 전체를 남북으로 관통하거나, 더구나 바둑판처럼 격자(格子) 모양의 일직선으로 개설되어 있던 도로구조는 찾아보기 어려웠다. 알고 보니 서울 도심에 구축된 세로방향 대로들은 대개 그 유래가 일제의 소행과 맞닿아 있는 것이 압도적이었다.

우선 세종로의 연장선처럼 여기는 태평통(太平通, 지금의 태평로)이 뚫린 것은 1913년의 일이었다. 여기에 더하여 서울의 중심부를 꿰뚫듯이 창덕궁 쪽에서 신설 '콘크리트' 교량인 청계천 관수교(觀水橋)를 지나 남산 아래 필동 경무총감부(警務總監部, 헌병대사령부) 앞쪽으로 길게 이어지는 돈화문통(敦化門通, 지금의 돈화문로)이 조성된 것 역시 1918년에 와서야 이뤄진 일이었다.

일찍이 일제가 식민지의 수도인 경성(京城)에 그들 나름의 효율적이고 체계적인 도로망을 구축하려는 시도를 대외적으로 처음 공표한 것은 『조선총독부관보』 1912년 6월 12일자에 수록된 '조선총독부 고시 제78호' 「경성시구개수예정계획노선표(京城市區改修豫定計畫路線表)」였다. 여기에는 기존의 도로망에 크게 구애되지 않고 서울 도성 안쪽으로 직각형과 방사선 형태를 섞어 완전히 새로운 도로들로 엮어놓은 기본계획이

기 5(盎葉記 五)」'명사비무(明史紕繆, 명사의 오류)' 부분에 "관동 월삼(關東 月三)"과 "동구내 삼월(洞口內 三月)"에 대한 어원풀이가 등장한다.

망라되어 있었다.[83]

　이들 계획도로 가운데에 가로 방향은 옛길과 일치하는 곳이 대다수였으므로 지속적으로 개수 또는 확장공사가 이뤄졌으나, 세로 방향의 경우에는 기존의 주거지역들을 수용하여 이를 헐어내고 완전히 새로운 길을 내야하는 곳이 태반이었으므로 그 사정이 현저히 달랐다. 이 때문에 일제강점기가 다 지나도록 미완성이거나 착공조차 이뤄지지 못한 채로 남겨진 곳도 많았다.

　그런데 이것과는 전혀 다른 맥락에서, 일제의 패망을 불과 넉 달 앞둔 시점에 경성의 중심부는 물론이고 주변 시가지를 대상으로 공간 구성이 전면적으로 뒤바뀌는 조치가 내려진 흔적이 확연히 눈에 띈다. 『조선총독부관보』 1945년 4월 7일자 및 4월 19일자에 잇달아 게재된 조선총독부 고시(제196호와 제225호) 「방공법(防空法) 제5조의 5 제2항의 규정에 의한 소개공지대(疎開空地帶) 지정」이 바로 그것이었다.

경성소개공지대(京城疎開空地帶) 지구 지정 목록

번호	지대명	기점	종점	폭원(미터)	연장(미터)	지정일
1	종로 서사헌정선	종로 5정목	서사헌정	50	1,100	1945.4.7
2	종묘 대화정선	종묘	대화정 2정목	50	1,180	1945.4.7
3	경운정 남산정선	경운정	남산정 3정목	50	1,800	1945.4.7
4	경성역 죽첨정선	경성역	죽첨정 3정목	30	1,080	1945.4.7
5	경성역 강기정선	경성역	강기정	30	1,400	1945.4.7

---

83) 하지만 이들 계획노선도 가운데 현실적으로 도로개수의 착수가 불가능한 지역이 다수 존재한다는 사실을 뒤늦게 인식한 탓인지 일제는 다시 『조선총독부관보』 1919년 6월 25일자에 수록된 '조선총독부 고시 제173호 「경성시구개수예정계획노선(개정)」'을 통해 계획노선의 일부를 삭제 또는 변경하는 방식으로 대폭 수정을 가하였다.

6	대화정 신당정선	대화정 2정목	신당정	40	1,680	1945.4.19
7	경성역 욱정선	길야정 1정목	욱정 2정목	40	1,080	1945.4.19
8	태평통선	태평통 2정목	태평통 2정목	50	380	1945.4.19
9	고시정 삼판통선	고시정	삼판통	30	500	1945.4.19
10	강기정선	강기정	강기정	40	300	1945.4.19
11	원정 대도정선	원정 2정목	대도정	40	330	1945.4.19
12	청엽정선	청엽정 3정목	청엽정 3정목	40	190	1945.4.19
13	서계정선	서계정	서계정	40	220	1945.4.19
14	천연정 송월정선	천연정	송월정	40	480	1945.4.19
15	내자정 사직단선	내자정	사직정	40	350	1945.4.19
16	재동정 가회정선	재동정	가회정	30	900	1945.4.19
17	청량리역 회기정선	전농정	회기정	30	1,100	1945.4.19
18	영등포역 과선교선	영등포정	신길정	30	150	1945.4.19
19	도림정선	도림정	도림정	30	70	1945.4.19

(*) 자료출처 : 『조선총독부관보』 1945년 4월 7일자, 「총독부고시 제196호」 및 『조선총독부관보』 1945년 4월 19일자, 「총독부고시 제225호」에서 '경성' 관련 부분 발췌인용

『매일신보』 1937년 10월 29일자에는 전차(電車)를 비롯한 거의 모든 수송 차량에 대해 방공용(防空用) '육군색(陸軍色, 카키색)'으로 일괄 개칠한다는 내용이 수록되어 있다.

이와 관련하여 『조선총독부관보』 1945년 4월 14일자에 수록된 '조선총독부 고시 제208호' 「방공법 제5조의 5 제1항의 규정에 따라 동법 시행규칙 제5조를 적용하는

구역(건축규제구역)」을 통해 경기도 경성부, 경상남도 부산부, 평안남도 평양부 일대가 대상지역으로 지정되었다. 곧이어 그해 6월 20일에는 대전, 목포, 여수, 대구, 마산, 겸이포, 진남포, 신의주, 함흥, 원산, 흥남, 청진, 성진 등지로 확대 적용되기에 이른다.

일찍이 일제가 만주사변과 중일전쟁으로 이어지는 침략전쟁을 가속화하면서 적기(敵機)의 출현 가능성을 염두에 두고 나름의 대응책으로 방공연습(防空演習)이라는 훈련을 주기적으로 실시한 바 있고, 건물 외벽의 색깔은 물론이고 전차(電車)와 자동차 등 수송차량에 도색을 방공용(防空用)의 '육군색(陸軍色, 카키색)'으로 바꿔 칠하도록 조치한 일도 있었다. 더구나 1937년 4월 2일에는 법률 제47호 「방공법(防空法)」이 제정되어 이와 관련한 대비는 착착 진행되고 있는 상태였다.[84] 참고로, 이 법률에서 말하는 '방공'의 개념은 이렇게 정의되었다.[85]

제1조(第一條) 본법(本法)에 있어서 방공(防空)이라는 칭(稱)하는 것은 전시(戰時) 또는 사변(事變)에 당하여 항공기(航空機)의 내습(來襲)으로 인해 생기

---

[84] 이 법률은 칙령 제661호 「방공법 조선시행령(防空法 朝鮮施行令)」에 따라 1937년 11월 17일 이후 식민지 조선에도 적용 시행되었다. 그리고 방공법은 1941년 11월 25일에 제정 공포된 법률 제91호 「방공법 중 개정 법률」에 의해 그 내용이 대폭 보완되었고, 다시 1943년 10월 31일에 제정 공포된 법률 제104호 「방공법 중 개정 법률」에 따라 '건축물의 분산소개(分散疎開)'에 관한 명문구절이 추가되었다.

[85] 이러한 정의는 1941년 11월 25일의 「방공법 중 개정 법률」에서 등화관제 아래에 '위장(僞裝)'을, 소방 아래에 '방화(防火), 방탄(防彈)'을, 피난 및 구호 아래에 '응급복구(應急復舊)'를 추가하는 것으로 바뀌었다가, 1943년 10월 31일 「방공법 중 개정 법률」에서 다시 "…… 감시(監視), 통신(通信), 경보(警報), 등화관제(燈火管制), 분산소개(分散疎開), 전환(轉換), 위장(僞裝), 소방(消防), 방화(防火), 방탄(防彈), 방독(防毒), 피난(避難), 구호(救護), 방역(防疫), 비상용 물자(非常用 物資)의 배급(配給), 응급복구(應急復舊), 기타(其他) 칙령(勅令)으로써 정(定)한 사항(事項)"으로 구절이 변경되었다.

는 위해(危害)를 방지(防止)하고 또는 이로 인한 피해(被害)를 경감(輕減)하기 위해 육해군(陸海軍)이 행(行)하는 방위(防衛)에 즉응(則應)하여 육해군 이외(以外)의 자(者)가 행하는 등화관제(燈火管制), 소방(消防), 방독(防毒), 피난(避難) 및 구호(救護)와 이것들과 관련해 필요한 감시(監視), 통신(通信) 및 경보(警報)를 …… 말한다.

1945년 3월 10일의 도쿄 대공습(東京大空襲) 사실을 알리는 일본 대본영(大本營)의 발표 내용이다. 이를 계기로 패망 직전의 일제는 긴급히 소개정책(疎開政策)의 추진에 박차를 가하였다. (『매일신보』 1945년 3월 11일자)

이러한 상태에서 일제가 패망으로 가는 막바지에 이른바 '소개공지(疎開空地)'라는 비상조치를 서둘러 취하게 된 직접적인 계기는 1945년 3월 10일에 단행된 미군기(美軍機)의 도쿄대공습(東京大空襲)이었다. 이 사건에 대해 일본 대본영(大本營)에서 직접 발표한 내용에는 당시의 상황이 이렇게 묘사되어 있다.

금(今) 3월 10일 영시(零時)부터 2시 40분 사이에 B29 약(約) 130기(機)는 주력(主力)으로써 제도(帝都, 도쿄)에 내습(來襲)하여 시가지(市街地)를 맹폭(盲爆)하였다. 우(右) 맹폭(盲爆)에 의(依)하여 도내 각처(都內 各處)에 화재(火災)

가 일어났으나 궁내서 주마료(宮內省 主馬寮)는 2시 35분, 기타(其他)는 8시 경(頃)까지에 진화(鎭火)되었다. 현재(現在)까지 판명(判明)된 전과(戰果)는 다음과 같다.

격추(擊墜) 15기(機), 손해(損害)를 준 것 약(約) 50기(機).

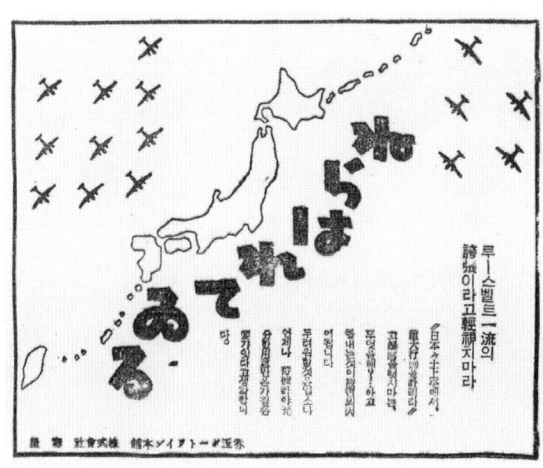

『매일신보』 1943년 4월 13일자에 수록된 광고 한 토막에는 흥미롭게도 "일본 본토 상공에서 공습하리라는 미국 루스벨트 대통령의 '폭언'에 주눅이 들지 말되 그것을 경시하지 말고 잘 대응하자"는 취지의 문안에 담겨 있다.

미군의 공습은 여기에 그치지 않고 사흘이 지난 3월 13일 밤 11시 30분부터 약 3시간에 걸쳐 B29 폭격기 약 90대가 동원되어 오사카 지구(大阪 地區)에도 거세게 퍼부어졌다. 이에 따라 도쿄와 오사카 지역의 시가지 일대는 잿더미가 되다시피 큰 타격을 입게 되었고, 이러한 일본 본토에 대한 미군기의 직접 공격에 기겁을 한 일제는 부랴부랴 소개정책(疎開政策)을 시행하는 것으로 급선회를 하게 되었던 것이다.

『매일신보』 1945년 3월 15일자에 수록된 「본토결전(本土決戰)을 각오(覺悟), 요원외(要員外)는 소개(疎開)하라, 공습하(空襲下)의 전투배치강화(戰鬪配置强化)」 제하의 기사는 이러한 본토공습에 대한 대비책으로 소개정책의 긴급성을 이렇게 설파하고 있다.

적의 본토공습은 확실히 본격적으로 들어섰는 모양이다. 단기결전을 초려하는 적은 대뜸 내지 본토를 노리고 상륙작전까지 감히 행하려는 눈치가 최근에 보이면서 우리나라의 전력의 파쇠와 전의상실을 목표로 주요도시에 '야간맹폭'을 계속하기 시작하였다. 적이 아무리 많은 폭탄과 소이탄을 가지고서 본토 주요지를 초토화한다 하더라도 이로써 전쟁이 곧 어떻게 되는 것이 결코 아니다. 때를 기다려서는 일격으로서 적을 섬멸시키고 말 준비와 각오를 우리 1억 국민을 가지고 있다. 그러나 우리는 전력을 증강시키며 최후까지 싸우기 위하여서는 싸우는 준비가 반드시 있어야 한다. 조선도 B29의 정찰은 이미 십 수 회에 이르렀다. 언제 어떠한 모양으로 그 악마 같은 B29가 우리 머리 위에 맹폭을 할는지 모른다. 과연 우리는 잘 싸울 수 있는 준비를 갖추고 있는가?

적기의 정찰이 있을 적마다 우리는 방공자재를 챙견하고 또는 방공호를 다시 살피는 등 많은 훈련을 쌓아왔다. 이제 누구의 지시를 기다려서 등화관제를 잘하라든가 방공호를 파야겠다는 것은 너무도 얼빠진 일이라. 아직까지 적이 투탄을 하지 않고서 정찰만으로서 달아났기 때문에 혹은 대수롭게 생각지 않을 수도 없었으며 공습의 처참한 경험을 맛보지 못하였다. 그러나 이제라도 주저치 말고서 냉정히 우리의 주위를 살피고 언제든지 한 전투원으로 싸울 수 있는 태세를 갖추어야 하겠다. 이번 제도(帝都) 도쿄(東京)에 대하여 적의 야간맹폭은 우리의 통분을 한층 더 폭발시키고도 남는 바 있거니와 다시 돌이켜 생각하면 좀 더 소개(疎開)를 철저히 하지 않았든가 하는 느낌을 갖게 한다. 소개는 도피가 아니다. 어디까지나 전력을 증강시키는 한 수단이다. …… (하략).

『경성일보』 1945년 8월 11일자에 수록된 '남해 망운산 기슭에 추락한 미군 비행기의 잔해' 사진과 관련보도이다. 이처럼 일제의 패망시점에 이를수록 식민지 조선에도 미군기의 실제 공습 사례가 점차 가시화하고 있었던 것이다.

이에 따라 조선총독부에서도 불요불급한 학동(學童)들과 부녀자(婦女子)를 비롯하여 필수요원이 아닌 도시인력들을 중심으로 교외지역 또는 농촌 연고지 등으로 서둘러 분산소개토록 독려하는 한편 앞서 언급한 바와 같이 경성을 비롯한 주요 대도시에 소개공지(疎開空地)를 지정하는 조치를 내리게 된다. 이것은 적기공습에 따라 도심지가 전소(全燒)되는 것을 방지하기 위해 일종의 방화대(防火帶, 방화띠) 역할을 담당하는 공간인 셈이다.

서울 지역의 경우에 이들 가운데 특히 세 군데 구역이 눈에 띄는데, (1) 종로 5정목~서사헌정(西四軒町, 지금의 장충동 2가) 노선, (2) 종묘(宗廟)~대화정(大和町, 지금의 필동) 노선, (3) 경운정(慶雲町, 지금의 경운동)~남산정(南山町, 지금의 남산동) 노선이 그것들이다.[86] 이들 지역에 대해서는 소개공지의 지

---

86) 이들은 모두 그 폭이 50미터에다 길이가 1킬로미터를 넘는 장대구간(長大區間)으로, 결국 해방 이후 시기에 이르러 각각 (1) 훈련원로(訓鍊院路; 종로 5가~쌍림동), (2) 세운상가(世運商街; 현대상가~세운상가~청계상가~대림상가~삼풍상가~풍전상가~신성상가~진양상가의 순서), (3) 삼일로(三一路; 탑골공원~세종호텔)가 들어서는 공간으로

『매일신보』 1945년 5월 11일자에는 공습에 대비한 소개공지(疎開空地)의 지정에 따라 건물철거공사가 본격 개시된 사실을 알리는 기사가 수록되어 있다. 패망을 불과 석 달 앞둔 시점이었으나 그만큼 미군기의 공습 가능성은 그 자체가 공포감의 원천으로 받아들여지기에 충분했다.

정과 더불어 신속히 건물철거공사가 개시되었으며, 『매일신보』 1945년 5월 13일자에 수록된 「필승(必勝)의 무장(武裝)에 진발(進發), 소개건물제각(疎開建物除却)의 총력전(總力戰)」 제하의 기사는 당시의 상황을 이렇게 전하고 있다.

철벽같은 방위도시를 이룩하기 위한 경성부의 건물소개는 드디어 11일 부내 세 곳 공사구에 집을 허는 공작대의 출동으로 시작되었다. 건설을 앞둔 파괴 …… 오랫동안 정든 이웃을 떠나고 대대로 경영해오던 가게를 싸우는 도시건설을 위하여 깨끗이 내놓고 아무런 미련도 없이 선

변신하게 된다. 참고로, 이 가운데 '종로 5가~쌍림동' 구간의 도로명칭은 1966년 11월 26일 서울특별시 고시 제1093호에 의해 대학로(大學路; 혜화동로터리~쌍림동)로 제정되었다가, 1984년 11월 7일에는 서울특별시 공고 제673호에 의해 대학로 남쪽 구간을 분리하여 훈련원로(訓鍊院路, 종로5가 사거리~장충단공원)로 개칭하였다. 그 이후 도로명 주소법의 시행과 맞물려 2010년 4월 22일 서울특별시 고시 제2010-149호에 따라 지금은 동호로(東湖路; 종로5가 사거리~옥수역 구간)의 연장선에 편입된 상태에 있다. 또한 세운상가의 조성과정에 대해서는 손정목, 『서울 도시계획 이야기 1』(한울, 2003), 241~286쪽에 걸쳐 수록되어 있는 「아! 세운상가여 – 재개발사업이라는 이름의 도시파괴」라는 글에 자세히 정리되어 있다.

뜻 집을 헐어내는 것이다. 그간 자기 손으로 헐어낸 집 이외에 제1차 지정이 된 곳으로 아직 헐지 않은 집에 대하여 11일부터 일제히 공작대가 출동한 것이다.

11일 오전 8시 제1구공사사무소에서는 명치정(明治町) 불란서교회에서, 제2구공사사무소에서는 파고다공원에서, 제3공사사무소에서는 남대문(南大門)국민학교에서 각각 집 허는 작업에 동원된 학도를 약 2천 명의 수입식(受入式)을 거행하고 이어서 집을 허는 현장에서는 각 경찰서 별로 특별공작대가 동원되어 우선 빈집부터 질서 있게 헐어내기 시작하였다. 헐어낸 집의 헌 재목 등은 학도들의 수고로 그 자리에서 정리운반되어 첫날의 집 허는 공사는 순조롭게 진행되었다. 이러한 첫날의 제각공사로 중구에서 종로구(鍾路區)로 뻗치는 ○○지대는 폭이 40'메돌'로부터 50'메돌'의 훤한 방공공지가 생기었다. 이리하여 언제 있을지 모르는 적의 맹폭에 대비하여 부내 곳곳에선 건설을 위한 적전파괴의 쇠뭉치 소리가 힘 있게 울렸고 한편 학도작업대들의 기운찬 모습이 소개 이삿짐의 구루마와 함께 씩씩하게 적을 격멸할 의기도 드높은 중에 이 날의 제각공사는 완전히 끝났다. (사진은 집 헐어내는 현장)

그리고 『매일신보』 1945년 6월 22일자에 수록된 「소개건물제각(疎開建物除却), 학도작업 종료식(學徒作業 終了式)」 제하의 기사를 보면, 학생들을 대거 동원한 이 건물철거공사는 불과 한 달여 사이에 종료된 것으로 나타난다.

경성부내의 건물소개는 순조로 진행되었고 헐러내는 작업에는 그 동안 각 공사사무소와 공작대 학도들의 헌신적인 작업으로 일단락을 지었다. 특히 제1공사사무소에서는 5월 14일부터 6월 20일까지 중앙중학(中央中學) 7백여 동원학도들의 작업종료식을 20일 오후 4시 부청 앞 광장에서 거행하고 그 동안의 수고를 크게 감사하였다.

『매일신보』 1945년 6월 8일자에는 글자 그대로 '공터'로 변한 소개공지가 엉뚱하게도 애국반원들에 의해 푸성귀를 가꾸는 이른바 '일평농원(一坪農園)'으로 탈바꿈되고 있는 장면이 소개되어 있다. 뒤에 보이는 대문의 모습으로 보아 이곳은 종묘(宗廟)의 바로 앞쪽인 듯하다.

그런데 정작 이렇게 서둘러 헐어낸 자리는 애당초 도로개설의 목적도 아니었고 그냥 빈터로 놀려두기는 뭣했는지, 느닷없이 이른바 '일평농원(一坪農園)'이라는 이름의 자투리 채소밭으로 활용되곤 했다. 그리고 서울 도처에 방공호(防空壕)가 급조되고, 총독부박물관과 도서관이나 이왕가미술관이 폐쇄되는 한편 이곳에 소장된 보물 문화재와 중요 도서들이 안전지대로 긴급 소개된 것도 바로 이 시기였다. 또한 백의(白衣, 흰옷)를 입는 경우에 기총소사(機銃掃射)의 표적이 되기 쉽다 하여 이를 금지하고 유달리 색의(色衣)를 착용할 것을 독려하기도 했다.

또 한 가지 특기할 만한 사실은 이러한 소개정책의 추진과 동시에 도회지의 축견(畜犬)을 완전히 박멸시켰다는 대목이다. 이에 관해서는 『매

적기(敵機, 미군기)의 표적이 되기 쉬우므로 백의(白衣)를 벗을 것을 강조하는 내용이 담긴 『매일신보』 1945년 7월 21일자의 보도내용이다.

일신보』 1945년 3월 23일자에 수록된 「도시축견(都市畜犬)을 박살(撲殺), 공습(空襲)에 대비(對備) 각도(各道)로 시달(示達)」 제하의 기사를 통해 그 이유를 엿볼 수 있다.[87] 여기에 나오는 '박살'은 때려 죽인다는 것이고, '늑살'은 목을 졸라 죽인다는 표현이다.

> 공습이 있을 때는 그 폭격에 놀래어 개(犬)가 발광하여 가지고 일반에게 해를 끼치는 것이 구주(歐洲) 각 도시를 비롯하여 최근에는 제도(帝都, 도쿄)와 각 주요도시의 공습에서 경험되었다. 조선도 적기가 반드시 공습을 조만간에 행할 것은 뻔한 일이므로 총독부 농상국장은 20일부

---

87) 이밖에 야축견 박살의 구체적인 실행방법에 관한 내용은 『매일신보』 1945년 3월 30일자에 수록된 「공습(空襲)에 대처(對處), 야축견 일제박살(野畜犬 一齊撲殺), 경기도(京畿道)서 실시범위(實施範圍)와 방법결정(方法決定)」 제하의 기사를 참고할 수 있다.

로 각 도지사에 통첩을 띄워 주요도시의 각 가정에서 기르는 개를 오는 4월 15일까지 전부 조치할 것을 지시하였다. 종래에도 도시에서는 야견(野犬)을 조치하여 왔지만 이번에는 군용개(軍用犬)만 제외하고는 각 가정에 두고 기르는 개라도 경성, 평양, 부산 등 16개 부(府) 도시에서는 일제히 박살 혹은 늑살하여 그 모피는 군용으로 공출하게 한다. 농촌은 제외하므로 그대로 기를 수 있으나 지정된 16개 도시의 주변 부락민은 야견 축견을 구별치 않고 전부 조치하며 이것은 각도에서 지정한 기관이 맡아서 사전에 개를 기르는 주인에게 이 취지를 잘 알리고 박살 또는 늑살하기로 되었으므로 각 가정에서는 금후 공습이 있는 경우에 개로 하여금 해를 입지 않고 또는 일반에게 해를 끼치지 않도록 이에 협력할 것이다.

이와 관련하여 이 당시 얼마나 많은 개들이 일시에 처분된 것인지 『매일신보』 1945년 5월 11일자에 수록된 「순국충견(殉國忠犬)들 공양법요(供養法要)」 제하의 기사는 이들을 위한 공양제가 벌어진 사실까지 알려주고 있다.

본토 공습에 만전의 대비를 갖추고자 부내의 각 가정에서 길러오던 개를 처치하였는데 이에 조선군용견협회(朝鮮軍用犬協會) 조선본부 주최와 국민총력 조선연맹, 경성일보사와 본사 후원으로 오는 17일 오후 1시부터 부내 대화정(大和町) 조계사(曹溪寺)에서 순국충견 공양대법요(殉國忠犬 供養大法要)를 행한다.

이들과 아울러 창경원 동물원에 있던 맹수(猛獸)의 처지도 크게 다를

『국사편찬위원회 수집 사진자료 1』(2016)에는 해방 직후 미군정찰기가 담아낸 서울시가지 사진(1945년 9월 8일 촬영)이 수록되어 있는데, 오른쪽 중간 부분에 "종묘 앞~대화정 2정목(지금의 필동 2가) 구간"의 소개공지 일부가 살짝 드러나 있다. 오늘날 세운상가(世運商街, 1967년 개관)가 자리하고 있는 바로 그 지역이다. (ⓒ국사편찬위원회)

바가 없었다. 전시체제 하에서 먹이공급이 원활하지 못하기도 하였거니와 혹여 공습이 벌어지는 와중에 우리를 탈출한다면 큰 불상사가 일어날 수도 있다는 이유로 이들 역시 전부 독살 처분되었다고 알려진다. 동물원의 기능이 겨우 복구된 것은 해방 이듬해의 일이었는데, 『동아일보』 1946년 1월 26일자에 수록된 「재개(再開)된 창경원(昌慶苑), 애교(愛嬌)의 사자(獅子), 호표(虎豹)는 작고(作故)」 제하의 기사는 호랑이와 사자가 없이 재개장한 동물원의 상황을 이렇게 알리고 있다.

> 오랫동안 닫혔던 창경원(昌慶苑) 문이 열린다. 공습을 빙자하여 작년 4월 동물원의 사자, 범, 곰, 표범 등의 맹수를 잡아 죽인 이후 쓸쓸하던 동물원은 작년 8월 4일 아주 문을 닫혔다가 이번 해방 후 첫 새해를 맞

이하여 19일부터 개원하였는데 일반에게는 26일부터 정식으로 공개하기로 되었다. 입장료는 대인 2원, 소인 1원, 단체는 그 반액이다. (사진은 어린이들을 기다리는 동물원)

『동아일보』 1967년 7월 24일자에 게재된 '세운상가 아파트'의 개관 안내 광고이다. 해방 이후 한때 무질서한 피난민촌 밀집지역이기도 했던 이곳은 하필이면 일제가 패망을 넉 달 앞두고 미군공습에 기겁하여 긴급하게 조성한 '소개공지(疎開空地)'를 터전으로 삼아 건립한 구조물이다.

언젠가 어느 대학교 박물관의 소장자료 몇 점을 우연히 구경할 기회가 있었는데, 거기에 일제 패망 직후인 1945년 9월 9일에 미군 정찰기에 의해 포착된 서울 시가지 항공사진 하나가 포함되어 있었다. 창덕궁 돈화문 앞에서 명동성당 일대에 이르기까지 서울 중심부의 전경이 두루 포착된 장면 속에서 가만히 보아하니 교동국민학교 남쪽에서 탑골공원 옆을 지나 청계천을 건너고 명동성당 후면의 샬트르 성바오로 수녀원 옆으로 불규칙한 폭의 공터가 길게 이어진 것이 퍼뜩 눈에 띄었다.

처음엔 무슨 공사를 벌이다만 듯이 잔뜩 헤집어 놓기만한 그것이 뭔지 의아했으나 나중에 전시체제기의 막바지에 미군공습에 대비하기 위해 고안했던 소개공지(疎開空地)의 존재를 이해하고 나서야 이 사진의 남다른 사료적 가치에 고스란히 주목할 수 있었다. 좀 더 세월이 흘러 이곳은 남북 방향의 간선도로로 변신하였고, 더구나 길 이름마저 '삼일로 (三一路)'라는 근사한 명칭이 붙게 되었으니 되려 그 바람에 패망 직전 일제가 이 땅에 저질러 놓은 도시공간의 훼손 내력을 읽어낼 여지는 안타깝게도 별로 없어 보인다.

● 이 글은 『민족사랑』 2022년 3월호에 게재하였던 것을 수정 보완하였다.

18

종로경찰서(鍾路警察署), 반도 민심의 근원을 차단하는 억압기구

다른 경찰서에 비해 빈번하게 청사의 위치를 옮긴 까닭은?

1945년 8월 15일, 일제 패망 당시의 시점에서 서울 전역에는 창덕궁경찰서(昌德宮警察署), 본정경찰서(本町警察署), 종로경찰서(鍾路警察署), 동대문경찰서(東大門警察署), 서대문경찰서(西大門警察署), 용산경찰서(龍山警察署), 영등포경찰서(永登浦警察署), 성동경찰서(城東警察署), 성북경찰서(城北警察署), 마포경찰서(麻浦警察署) 등 도합 10개의 경찰관서가 촘촘하게 포진하고 있었다.[88] 이들 경찰서의 연혁을 정리하다 보니 한 가지 퍼뜩 눈에 띄는 것이 본정('중부'로 개칭), 서대문, 성동, 성북, 마포 등과 같이 해방 이후 한 번도 청사를 옮기지 않고 지금도 그 자리에 그대로 남아 있는 경찰서가 많다는 사실이다.

나머지의 경우도 기껏해야 한두 번 정도 위치 이전이 있었던 것이 확

---

88) 이 가운데 '창덕궁경찰서(창덕궁과 덕수궁을 관할)'는 1949년 2월 23일 대통령령 제59호 「경찰서의 명칭 위치 및 관할구역 변경에 관한 건」에 의해 '경무대경찰서(景武臺警察署, 중앙청과 경무대 구내를 관할)'로 명칭이 변경되었다. 그리고 '본정경찰서'는 1947년 2월 1일에 '중부경찰서(中部警察署)'로, '동대문경찰서'는 2006년 3월 1일에 '혜화경찰서'로 각각 개칭되었다.

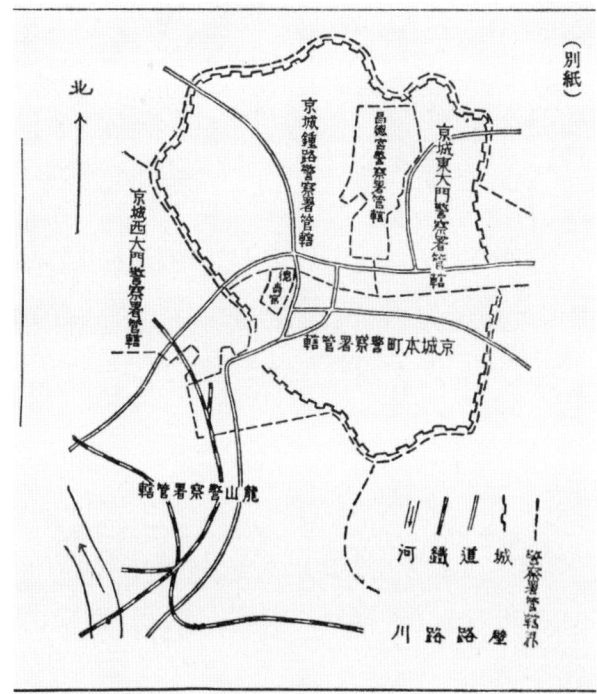

『조선총독부관보』 1920년 1월 29일자에 수록된 '경성 소재 각 경찰서별 배치현황'이다. 여기에 나타난 종로경찰서의 관할구역은 일제 패망 시기까지 변동 없이 그대로 유지되었다.

인되지만, 이와는 다르게 좀 예외적인 것이 종로경찰서의 사례이다. 간략하게만 살펴보더라도 종로경찰서는 처음에 탑골공원에 인접한 옛 북부경찰서 청사(1915년 6월)에서 시작하여 일한와사전기회사 사옥(옛 한성전기회사 사옥, 1915년 9월), 공평동의 경성복심법원 청사(1929년 9월)를 거쳐 인사동의 태화여자관(1943년 10월) 자리로 거듭 옮겨 다녔고, 해방 이후 시기에는 공평동 청사(1949년 1월)로 되돌아갔다가 다시 경운동 신축 청사(1957년 3월)로 이전한 것으로 나타난다.[89] 그렇다면 이처럼 빈번한 청사

---

89) 현재 종로경찰서 홈페이지에 정리된 경찰서 연혁자료에는 "낙원동 58번지(1945.10.21, 현 세무서) → 공평동 163번지(1948.11.25, 현 제일은행 본점) → 경운동 94번지(1957.3.13,

『애뉴얼 리포트(1911~1912)』에 수록된 북부경찰서(北部警察署, 탑골공원 동쪽 인접지)의 전경사진이다. 이 건물은 1910년 9월에 신축되었으며, 1915년 6월 1일에 북부경찰서가 종로경찰서로 전환될 당시의 시점에 청사로 사용하던 공간이었다. (민족문제연구소 소장자료)

이동에는 어떤 특별한 이유가 있었던 것일까?

'악명 높은' 종로경찰서가 처음 세상에 등장한 것은 헌병경찰제도(憲兵警察制度)로 상징되는 이른바 '무단통치(武斷統治)'가 한창 정점을 치닫고 있던 1915년 6월 1일의 일이었다. 이때 북부경찰서는 물론이고 여기에 속한 동대문분서(東大門分署)와 서대문분서(西大門分署)가 한꺼번에 통폐합되면서 종로경찰서가 생겨났고, 이와 함께 기존의 남부경찰서는 본정경찰서로 개칭되는 한편 용산경찰서가 폐지되면서 이곳은 용산헌병분대(龍山憲兵分隊)의 관할로 넘겨지는 등의 변화가 있었다.[90]

현 SK재동주유소) → 경운동 90-18번지(1982.11.22, 현 청사 위치)"의 순서대로 청사를 옮겨 다닌 것으로 정리되어 있으나, 당시의 신문자료와 지도자료로 확인되는 내용과는 상당한 오차가 있는 것으로 보인다. 특히, 1958년 5월 25일에 발행된 『지번입 서울특별시가지도』(서울역사박물관 소장자료)를 보면 이 당시에 이미 지금의 자리에 '종로경찰서' 표시가 나와 있는 것이 확인되고 있다.

90) 용산경찰서는 헌병경찰제도의 폐지와 더불어 1919년 8월 20일 조선총독부령 제136호에 의해 재설치되었다. 그리고 그 이후 1920년 1월 29일에 이르러 종로경찰서에서 분할되어 동대문경찰서와 서대문경찰서가 신설된 바 있다.

종로경찰서 (옛 중부경찰서 및 북부경찰서)의 편제 및 공간 변동 연혁

일자	변동 내역
1904.8.3	경무중서(警務中署, 옛 좌포청 자리)에 육군법원 및 육군감옥서가 이접하고 경무중서는 전 평시서 자리(종로 2가 39번지)로 이접
1908.1.1	중부경찰서(종전의 경무중서)가 신설되고 북부경찰서(수문동 소재)는 별도로 존재
1909.10.17	중부경찰서 청사개축공사로 옛 돈화문 친위대 건물에 임시 이전
1910.8.5	중부경찰서(교동 소재)가 북부경찰서로 개칭되고, 기존의 북부경찰서는 북부경찰서 수문동분서(수문동 소재)로 변경
1910.9.30	북부경찰서를 탑동공원 옆 신축 청사(종로 2가 39번지)로 이전
1914.3.1	북부경찰서 수문동분서는 북부경찰서로 통합
1915.6.1	북부경찰서가 '경성종로경찰서'로 개칭되고, 북부경찰서 동대문분서 및 서대문분서는 일괄 종로경찰서에 통폐합
1915.9.1	종로경찰서를 옛 일한와사전기회사 자리(종로 2가 8번지)로 이전
1920.1.29	종로경찰서에서 분리되어 동대문경찰서와 서대문경찰서가 신설
1929.9.4	종로경찰서를 옛 경성복심법원 자리(공평동 193번지)로 이전
1943.10.24	종로경찰서를 옛 태화여자관 자리(인사동 195번지)로 이전
1946.4.15	종로경찰서가 번호제(番號制)에 따라 제1관구 경찰청 제10경찰서로 개칭
1946.9.18	제1관구 경찰청 제10경찰서가 수도관구 경찰청 서울 제2구경찰서로 개칭
1949.1.15	서울 제2구경찰서가 공평동 옛 종로경찰서 자리로 복귀
1949.2.23	서울 제2구경찰서가 서울종로경찰서로 개칭
1957.3.13	종로경찰서를 경운동 신축 청사(경운동 90-18번지)로 이전
2022.8.4	종로경찰서가 청사신축공사로 인하여 공평동 1번지(하나투어빌딩, 옛 SM면세점 서울점)로 임시 이전

그 이후 1920년 1월 29일에 이르러 종로경찰서에서 다시 분리되어 동대문경찰서와 서대문경찰서가 각각 신설되었으며, 이 당시에 재편된 종로경찰서의 관할구역은 일제 패망 때까지도 그대로 유지되었다. 종로경찰서라고 하면 아무래도 조선인 집결지역의 중심적인 활동공간을 담당한다는 점이 가장 두드러진 특징이라고 할 수 있는데, 이로 인해 일제의 식민통치자들로서는 가장 촉각을 곤두세우는 지역이라고 하면 단연 이곳을 손꼽기 마련이었던 것이다.

『매일신보』 1920년 1월 31일자에는 신설되는 '경성서대문경찰서'와 '경성동대문경찰서'의 간판 모습이 소개되어 있다. 그 이전까지는 두 곳 모두 '경성종로경찰서'의 관할에 속하였다.

『동아일보』 1929년 9월 4일자에는 「종로서타령(鍾路署打鈴) (1) 혈색(血色)의 적벽양옥(赤壁洋屋), 특색(特色)은 탑상괘종(塔上掛鐘), 옛날 옛적엔 집으로도 내노라고 내 앞에 아니 떠는 놈은 없었나니, 염라청사(閻羅廳舍)의 기춘추(幾春秋)」 제하의 연재기사가 남아 있는데, 이를 통해 그 당시 조선 민중의 눈에 비친 종로경찰서에 대한 인상이 어떠했는지를 잘 엿볼 수 있다.[91]

…… 이리하여 조선은 경찰정치라고도 하고 서장정치라고 부르기에까

---

91) 여기에 나오는 '종로서타령(鍾路署打鈴)'은 종로경찰서의 청사 이전(공평동 소재 경성복심법원 및 경성지방법원 자리)을 계기로 그 동안 관할구역 내에서 벌어진 파란만장한 대동단(大同團) 사건, 보합단(普合團) 군자금 모금사건, 의열단(義烈團) 사건, 김상옥(金相玉) 사건 등에 관한 회고담을 정리하여 1929년 9월 4일부터 9월 22일에 이르기까지 총 10회에 걸쳐『동아일보』지면에 수록된 연재물이다.

지 조선경찰은 최대한 위력을 가지고 민중에게 호랑이와 같이 임하였다.

경찰서가 많다. 그 중에도 조선 사람에게는 종로경찰서에 대한 인상이 어느 방면으로 보더라도 가장 뿌리 깊이 박혀 있다. 조선의 중앙수도인 서울에서도 한복판인 종로 큰 거리에 위치하고 있는 까닭으로 아까 말한 바와 같이 가장 높은 시계탑이 솟은 까닭으로도 그러하려니와 그보다도 종로서는 지금까지 발휘한 기능이 조선의 무수한 모든 경찰서보다도 몇 곱, 몇 십 곱, 몇 백 곱 더한 까닭으로도 그러하니 조선경찰의 특색이 실로 이 종로경찰서에 뭉쳐있으매 종로경찰서는 조선경찰서의 대표적 전형이다.

그런데 이 종로경찰서가 인연 깊은 이 집을 버리고 멀지 않은 재판소 자리로 이사한다. 금 4일부터 이삿짐을 나른다 하니 아마 며칠 안 돼 아주 집을 비어놓고 말 터이다. 그러면 이 집은 어떻게 되려는고? 북부의 십만 주민을 쥐락펴락하며 수없이 많이 그 앞을 지나가는 사람은 눈물을 자아내고 진저리를 치게 하며 혹은 원한의 초점되던 이 집, 폭탄의 세례까지 받던 이 집의 엉키고 엉킨 지나간 날의 이야기는 과연 어떠한고?

그리고 조금 더 세월이 흘러 『매일신보』 1943년 10월 1일자에 수록된 「총후치안확보(銃後治安確保) 철석(鐵石), 부내(府內) 신진서장(新進署長)들의 역량(力量)에 기대(期待)」 제하의 기사를 보면, 이 당시 조선인으로서는 최초이자 유일하게 종로경찰서장의 자리에 오른 도경시(道警視) 윤종화[尹鍾華, 창씨명은 '이사카 카즈오(伊坂和夫)']의 부임 소감에도 이러한 대목이 포함되어 있다.

긴장된 결전시국 하의 대경성의 치안을 담당할 경찰진도 이번 이동에 주요부에도 대변동을 보게 되어 경무국 경제과장으로 중후침착한 인물이 기대되던 오카(岡久雄) 씨가 경찰부장으로 임명되면서 반도경찰서 중 경시청 같은 존재인 종로경찰서장에 최초의 조선인인 경시서장으로 경기도 보안과장으로 있던 이사카(伊坂) 씨가 신임되고 또 같이 경성의 관문을 맡은 본정(本町)경찰서에는 본부 경무과 사무관으로 있던 호시테(星出壽雄) 씨, 용산(龍山)경찰서장에 보안과 사무관으로 있던 와키다(脇田惠) 씨, 그리고 경기도 보안과장에는 평북에서 타나카(田中鳳德, 전봉덕) 씨가 각각 빛나는 영전을 보게 되었는데 경성의 세 서장은 모두 30을 갓 넘은 신진기예의 유자격자로 야심적인 그들의 포부와 역량에는 일반시민의 기대가 크다. 그러면 우리의 신임 경찰부장 이하 새 서장들의 포부는 어떤 것인가 듣기로 하자.

[근로태세(勤勞態勢) 정비(整備)할 터, 이사카 종로서장(伊坂 鍾路署長)의 결의(決意)]

그 동안 많은 도움을 받았다. 작년 말에 와서 약 9개월간 일하였다. 참으로 유쾌하게 지냈다. 지도와 협력을 하여준 상사 선배와 사회 여러분께 감사한다. 이번 제일선에 나가게 된 것은 처음인데 책임이 무거움을 더욱 느낀다. 특히 반도인에게는 처음 되는 '포스트'인 만큼 그 책임은 실로 큰 줄 안다.

종로는 반도의 중추지대이고 반도인 중 상층계급이 많은 곳으로 반도 민심의 동향을 결정하는 근원지라고 할 수 있는 곳이다. 그러므로 이곳에 철통같은 필승체제가 서 있지 않으면 병참기지반도의 사명을 다하기 어려울 줄 안다. 경찰관은 민중의 선두에 서서 계몽과 지도를 하여야 할 것을 확신한다.

나는 우선 결전하 긴급문제인 방공태세와 근로체제정리 또는 생산력 확충 등 필승의 온갖 시책의 추진력이 되어 책임을 다하여 나가려 한다. 그러기 위하여 경찰관은 먼저 자기수양과 연성으로서 위대한 감화력의 권위가 되어 민중지도를 하여야 할 것을 믿는다. 천학과 덕한내이나 상사와 선배의 지도를 바란다. (사진은 이사카 서장)

(왼쪽)『매일신보』1929년 9월 5일자에는 옛 재판소 자리(공평동 소재)로 옮겨가면서 이곳에 종로경찰서의 간판이 내걸리는 장면이 소개되어 있다. 이곳은 해방 이후 시기에 재차 종로경찰서로 사용되는 공간이기도 하다.

(오른쪽) 조선인으로서는 최초이자 유일하게 종로경찰서장의 자리에 오른 윤종화(尹鍾華, 창씨명은 '이사카 카즈오')의 부임 소감이 수록된『매일신보』1943년 10월 1일자의 보도내용이다. 여기에는 "종로는 반도의 중추지대이며 반도민심의 동향을 결정하는 근원지"라는 구절이 포함되어 있다.

여기에 언급되어 있듯이 "종로는 반도의 중추지대이며 반도민심의 동향을 결정하는 근원지"라는 말은 그 자체로 종로경찰서의 위상을 단적으로 엿볼 수 있는 표현이 아닌가 한다. 또한 종로는 때로 "조선사상계(朝鮮思想界)의 중심타(中心舵)"라고 일컬어지며, 각 사상단체(思想團體)를 감시해야 하는 탓에 종로경찰서는 그 어느 곳보다도 이른바 '고등계 형사(高等係 刑事)'의 구성비율이 높았던 곳이기도 했다.92)

이와 관련하여 『동아일보』 1926년 5월 14일자에 수록된 「종로서(鍾路署) 비밀서류(秘密書類), 매일 발수(每日 發受) 3백 통(通), 비밀문서가 갑자기 늘어서 하루에 평균 3백 통이 내왕, 시절(時節) 만난 경찰(警察)의 활동(活動)」 제하의 기사는 경성의 중심경찰서인 '종로경찰서'가 취급하는 고등계 관련 비밀정보의 수효가 일본인의 중심거리에 자리한 '본정경찰서'의 그것에 비해 3배 가량이나 많다는 사실을 이렇게 전하고 있다.

요사이 경기도 경찰부 고등과를 위시하여 시내 각 경찰서 고등계는 순종효황제(純宗孝皇帝) 국장과 및 조선박람회(朝鮮博覽會) 개회 등으로 지방사람들의 상경이 많아졌으며 또는 그에 따라 각처로부터 모여드는 고비정보(高秘情報)가 부쩍 늘고 또는 무슨 비밀한 계획이나 있지 않을까 하

---

92) 예를 들어, 『매일신보』 1926년 4월 25일자에 수록된 「사상취체 거익준엄(思想取締 去益峻嚴), 전선(全鮮) 고등경찰(高等警察) 증원(增員), 종로서(鍾路署)는 형사(刑事) 10명 기위증원(旣爲增員)」 제하의 기사에는 "고등계 형사가 10명 증가"된 사실이 언급되어 있으며, 특히 『매일신보』 1928년 8월 2일자에 수록된 「종로서 고등계(鍾路署 高等係)에, 사복(私服) 3, 4명 증가, 고등경찰계가 커진다」 제하의 기사에는 다시 고등계 형사가 증원된 내용을 알리는 한편 "목하(目下) 종로서에는 서원 총수가 서장(署長) 이하 280명이요, 고등계원은 23명으로 기중(其中) 사복근무자(私服勤務者)는 17명"이라는 사실도 함께 적어놓고 있다.

는 생각으로 눈코 뜰 새 없이 주야를 불명불휴의 상태로 분망하게 지내는 중이라는데 경성의 중심경찰서인 종로서 고등계에서는 계원을 증원한 것은 물론이요 동 고등에서 취급하는 정보의 수효는 본래부터 시내에서는 가장 비밀서류가 많다는 본정서보다도 약 3배 가량이나 되는 터이었었지만은 국상 이래로는 아직 통계를 꾸며보지 아니하였으므로 자세한 것은 알 수 없으나 약 3할 이상 증가되었을 듯하여 매일 타처로부터 오는 고비서류의 수효가 150벌 가량이나 되며 동서로부터 발송하는 서류수효도 약 150벌 가량 되어 매일 동서에서 취급하는 서류만 해도 약 3백 벌 가량씩은 된다더라.

종로경찰서의 청사 이전과 관련하여 한 가지 흥미로운 대목은 특이하게도 일제패망기에 이르러 종전의 태화여자관(泰和女子館, 옛 인사동 명월관지점 자리)을 사용하던 시절도 있었다는 사실이다.[93] 이것은 1941년 12월 29일 조선총독부 고시 제286호 「적산관리법시행령(敵産管理法施行令) 제1조의 규정에 의한 적국(敵國)」을 통해 "미국(米國, 필리핀연방 및 영지 전체를 포

---

93) 옛 명월관지점 자리(인사동 195번지 구역)는 원래 실소유주가 이완용(李完用)이었으나 1920년 12월 11일에 매매계약을 통해 미국 남감리회 선교본부가 이곳을 넘겨받았고, 그 이후 여자교육기관인 '태화관'으로 사용하다가 1939년 11월 4일에 이르러 이곳에 다시 '태화여자관'을 신축 준공하였다. 이러한 상태에서 이른바 '대동아전쟁(大東亞戰爭, 태평양전쟁)'의 확산과 관련한 1941년 12월 22일의 법률 제99호 「적산관리법(敵産管理法)」, 칙령 제1178호 「적산관리법을 조선, 대만 및 화태에 시행하는 건(件)」, 칙령 제1179호 「적산관리법시행령」 등이 제정되면서 미국 선교단체와 관련한 일체의 시설이 '적산'으로 분류되었으므로 그 바람에 이곳이 '종로경찰서'로 전환 사용되기에 이르렀다고 볼 수 있다. 참고로 1942년 4월 22일 조선총독부 고시 제775호 「적산관리법 시행령 제3조 제1항 제4호의 규정에 의한 본방(本邦)법인 지정」 및 조선총독부 고시 제776호 「적산관리법 시행령 제4조 제1항의 규정에 의한 적산관리인(敵産管理人) 선임」에 '적산'으로 분류된 미국선교단체의 목록이 나열되어 있다.

『매일신보』 1939년 6월 14일자에 소개된 태화여자관의 신축 준공 당시 모습이다. 하지만 불과 2년 만에 태평양전쟁의 발발로 미국 남감리회 선교본부의 소유이던 이 건물이 이른바 '적성재산(敵性財産, 적산)'으로 분류됨에 따라 난데없이 종로경찰서로 변신하는 상황이 전개되었다.

함)과 영국(英國, 인도 및 해외영토를 포함)"이 그 대상국으로 지정되면서 이곳의 시설 일체가 이른바 '적산(敵産)'으로 간주되었기 때문에 벌어진 일이었다.

『경성일보』 1942년 8월 1일자에 「갱생(更生)하는 적성(敵性), 태화관(泰和館)이 종로서(鍾路署)의 신청사(新廳舍)로, 금추(今秋) 11월경 이전(移轉)」 제하의 기사는 태화여자관 건물이 느닷없이 종로경찰서로 변신하게 되는 배경적 요인에 대해 이러한 설명을 달아놓고 있다.

멀리 한국시대(韓國時代)부터 동양침략(東洋侵略)의 근거로서 독아(毒牙)를 휘두르고 있던 전선 각지(全鮮 各地)에 산재(散在)한 미영계(米英系)의 교회(敎會), 회사(會社), 점포(店鋪)는 전쟁의 봉화(烽火)와 더불어 우리나라의 손에 관리되어지도록 되어 생산공장(生産工場) 혹은 황민수련도장(皇民修鍊道場)으로 충당되어 지고 있는데, 여기에 또 한 가지 오랜 기간 미국이 그리스도교회 사교기관(社交機關)이라는 미명(美名)하에 숨어 음모(陰謀)와

책략(策略)의 근거지(根據地)로 있던 인사정(仁寺町) 태화관(泰和館)이 얄궂게도 대동아전(大東亞戰) 아래 반도 심장가(半島 心臟街)의 치안확보에 매진하는 종로경찰서의 청사에 대신할 곳으로 결정, 금추(今秋) 11월경에 이전을 보는 것으로 되었다.

종로서는 시국(時局)의 전전(進展)과 더불어 사무(事務)도 팽창(膨脹)하여 현 청사로서는 좁은 것도 있고 또한 오래 되어 개축(改築)하기로 결정하여 3년 전 마츠오카 서장(松岡署長, 현 나진부윤) 시대로부터 준비를 진행하고 있는데, 자재관계(資材關係)에서 실현곤란시(實現困難視)되고 있는 가운데 때마침 대동아전에 봉착, 얄궂게도 관내(管內)의 적성재산(敵性財産)이던 태화관을 이용하는 것으로 되었던 것이다.

종로서의 신청사는 화신(和信)의 안쪽, 견지정(堅志町)의 전차통(電車通)에서 자동차도 통하는 교통지편(交通至便)한 장소이며, 2천여 평(坪)의 부지(敷地)에 화강암건(花崗岩建) 3계(階, 층), 지하실도 있고, 화려한 대강당(大講堂), 스팀의 설비도 되어 있다고 하는 아메리카 독득(獨得)의 화미(華美)를 다한 근대적 건물, 지금까지 이런저런 박안(薄顔)의 느낌이 있던 종로서였지만, 이 췌택(贅澤, 사치)한 건물을 입수하여 저들이 남겨놓은 설비를 활용하여 총후치안(銃後治安)의 사무를 보는 것처럼 된 고마움, 바로 성전(聖戰)이 준 증물(贈物)이나 다름이 없다.

하지만 일제의 패망과 더불어 이 건물의 원래 주인이던 미국감리교회가 즉각 되돌아왔으므로 필연적으로 청사반환의 문제가 불거지게 되었다. 실제로 해방이 되자마자 미군정 시기에 서울종로경찰서 청사에 대해서는 거듭 명도령(明渡令)이 내려진 바 있었으나 예전 종로경찰서 자리에는 하필 미군이 주둔하고 있던 까닭에 결국 종로경찰서는 한동안 오

태화여자관 자리에 종로경찰서가 이사하는 당시의 장면을 포착한 『경성일보』 1943년 10월 24일자의 보도내용이다. 일제 치하에서는 이른바 '적산(敵産)'이었으나 해방이 되자 원래의 주인이던 미국감리교회가 즉각 돌아왔으므로 청사반환문제가 불거지게 된 것은 당연한 수순이었다.

갈 데가 없는 신세가 되고 말았던 것이다.[94]

이러한 상태에서 태화여자관 건물이 반환되고 종로경찰서가 공평동에 자리한 옛 청사로 되돌아온 것은 1949년 1월 15일의 일이었다. 이 과정에 대해서는 『조선일보』 1949년 1월 18일자에 수록된 「곡절(曲折) 많은 태화관(泰和館), 종로서 이전(鍾路署 移轉)으로 다시 부활(復活)」 제하의 기사에 그간의 경위가 이렇게 정리되어 있다.

서울시 종로경찰서는 지난 15일 그전 종로경찰서 자리인 종로 1가 화신백화점 창고로 다시 이전하였다. 이로 인하여 인사동 건물은 미국감리교회에서 도로 인계 받아 부녀육성사업기관인 태화관으로 부활케 되

---

94) 미국감리교회에 의한 건물 명도령 신청에 관해서는 『조선일보』 1947년 11월 28일자에 수록된 「청천(晴天)의 벽력(霹靂), 종로서(鍾路署)에 명도령(明渡令), 태화여자관(泰和女子館)의 부활(復活)?」 제하의 기사를 참조할 수 있다.

었다. 본시 동 건물에는 복잡한 내력이 있다. 본시 한국시대 이완용(李完用)이 지은 요리집 태화관(太華館)으로 3.1독립선언 당시 33인이 밀회를 거듭한 건물로 조선 기와집이었는데 그 후 미국감리교에서 이를 매수하고 개축한 후 부녀교육사업을 경영하던 태화여자관(泰和女子館)이다. 왜국이 망해가기 시작하여 최후 발악을 하던 1941년말 경 미국선교사들은 귀국을 피치 못하게 되어 조선감리교에 동 건물의 보관을 위탁하고 미국으로 돌아갔던 것인데 당시 경기도 경찰부에서는 방금 반민행위자로 낙인을 받고 피검되어 있는 화신(和信) 박흥식(朴興植)에게 일금 50만 원에 양도케 흉계를 꾸미어 종시에는 박(朴)의 손으로 동 건물이 넘어 갔으며 박은 그 대신 종로 1가에 있던 종로서를 동 건물과 교환하여 해방을 맞은 것이고 그 후 미군선교사들이 재차 입국하여 보니 경찰이 사용하고 있어 재작 1947년 11월 말일경 동 건물을 내어달라고 야단을 하여 일시 말썽이 되었었는데 종로서로서는 도로 자기 집을 찾자니 미군이 사용하고 있어 아무 대책이 없었던 바 이번 미군에서 종로 1가 건물을 명도함으로써 이전케 된 것이다.

이로부터 8년 가량의 세월이 흐른 다음, 종로경찰서는 다시 경운동 신축청사(통칭 '안국동 청사')로 자리를 옮기는 과정이 이어지는데 이곳이 바로 지금의 경찰서 청사가 들어서 있는 그 장소이다.[95] 이와 동시에 직전까지 종로경찰서로 사용되던 옛 경성복심법원 청사는 박흥식 소

---

95) 이 당시 종로경찰서의 청사이전에 관해서는 『조선일보』 1957년 3월 8일자, 「종로서 청사, 신축(新築)을 완료」; 『경향신문』 1957년 3월 14일자, 「종로경찰서 이전식(移轉式)」; 『동아일보』 1957년 3월 15일자, 「종로경찰서 이전」 등 제하의 기사를 통해 확인할 수 있다.

유의 화신산업(和信産業)으로 넘어가면서 곧바로 철거되어 사라지고 말았다.96)

『조선일보』 1957년 5월 9일자에는 두 차례(1929~1943, 1949~1957)에 걸쳐 종로경찰서 청사로 사용된 옛 공평동 경성복심법원 자리에 대한 내력이 정리되어 있다. 이 기사를 통해 1908년에 옛 평리원(대심원) 청사의 용도로 지어진 옛 건물은 박흥식의 화신산업으로 넘겨지면서 곧장 철거되어 사라진 사실을 확인할 수 있다.

---

96) 옛 종로경찰서 공평동 청사의 철거에 관해서는 『조선일보』 1957년 5월 9일자에 수록된 「종로서(鐘路署) 옛 건물(建物)과 백년간(百年間)의 내력(來歷) 의금부(義禁府)에서 경찰서(警察署)로, 뺏긴 목숨 그 얼마였나, 기구한 일세기사(一世紀史)도 철훼(撤毁)로 종막(終幕)」 제하의 기사에 자세히 서술되어 있다. 이 건물은 원래 1908년 5월에 평리원(平理院, 그해 8월 1일에 '대심원'으로 전환) 청사의 용도로 지어진 것이며, 1909년 11월 1일 이후 고등법원, 경성공소원(1912년 4월 1일에 경성복심법원으로 개칭), 경성지방재판소(1912년 4월 1일에 경성지방법원으로 개칭), 경성구재판소(1912년 4월 1일에 폐지) 등이 나란히 들어섰다가 1911년 11월 30일에 이르러 이 가운데 고등법원이 탁지부 청사(서소문동 38번지)로 이전하면서 이곳은 경성복심법원과 경성지방법원의 용도로만 사용되었다. 그 이후 1928년 10월 10일에 이른바 '경성3법원' 청사(지금의 서울시립미술관)의

철거 직전의 종로경찰서 경운동 청사(2023년 8월 촬영)의 모습이다. 현재 종로경찰서는 청사신축 공사로 인하여 2022년 8월 4일 이후 공평동 1번지 하나투어빌딩으로 임시 이전중인 상태에 있다.

　이상에서 보듯이 종로경찰서가 빈번하게 청사의 위치를 옮겨 다닌 것은 무엇보다도 조선인의 독립운동과 관련하여 제일선에서 사상동향을 탐지하고 이를 차단하는 대표적인 억압기구인 까닭에 특히 '고등계'를 중심으로 한 지속적인 인력충원과 기능확대가 만들어낸 결과물이 아닌가도 싶다. 더구나 전시체제기에 맞물려 전반적인 사회통제의 확대에 따라 경찰 조직 자체가 비대화하면서 그 결과로 만성적인 공간부족상황이 지속되었기 때문이기도 하다.

　지하철 1호선 종각역 8번 출구로 올라가면 장안빌딩(종로 2가 8번지) 앞에서 '김상옥 의거터(金相玉 義擧址)' 표석을 마주할 수 있는데, 드물게 남아 있는 이러한 흔적을 통해 한때 이곳이 종로경찰서가 있던 자리였음을 겨우 짐작케 한다. 이것을 제외하고는 이러한 내력을 지닌 종로경찰

신축 이전이 이뤄짐에 따라 빈터로 남은 공평동 옛 법원청사는 종로경찰서의 몫(1929년 9월 4일 이전)으로 귀착되었다.

서가 특정한 시기에 어느 장소에 터를 잡고 있었던 것인지를 파악할 수 있는 장치가 전혀 없는 것이 사실이다. 폭압적인 식민통치기구들이 자리했던 공간들도 결코 망각되어서는 안 되는 곳이니만큼 이를 드러내어 그 존재와 내력을 알리는 장치는 지금에라도 서둘러 마련될 필요가 있다고 하겠다.

● 이 글은 『민족사랑』 2023년 8월호에 게재하였던 것을 수정 보완하였다.

제4부 ────────── 결국 학교도
예외는 아니었다

19

위문대(慰問袋) 모집의 시초는 의병토벌 일본군대를 위한 것

친일귀족 이완용도 한몫 거든 위문품주머니의 제작 풍경

지금은 사라진 풍경이지만 학창시절에 "일선장병 아저씨께"라든가 "파월국군 아저씨께"라는 구절로 시작되는 위문편지나 엽서를 해마다 썼던 경험을 가진 분들이 아직은 많을 줄로 안다. 누군가는 정성스럽게, 또 다른 누군가는 마지못한 의무감에 틀에 박힌 작문을 하여 숙제로 제출하거나, 아예 정규수업 한 시간을 비워 전교생이 동시에 글짓기를 하곤 했던 기억이 새삼스럽다. 이것 말고도 비누, 수건, 치약, 칫솔, 과자 등의 위문품을 담는 주머니 즉 '위문부대' 만들기 같은 것도 있었다.

그런데 이러한 위문편지나 위문품주머니는 도대체 언제부터 있어왔던 것일까? 이에 관한 기록을 찾아보았더니 흥미롭게도 『순종실록부록』 1914년 10월 10일자의 기사에는 다음과 같은 내용이 보인다.

왕비(王妃)가 출정군인(出征軍人)을 위하여 위문대(慰問袋, 이몬부쿠로) 300개(箇)를 만들어 애국부인회 본부(愛國婦人會 本部)에 보내어 이를 전해지도록 하였다.

한 무리의 여인들이 모여 한창 위문대(慰問袋)를 제작하는 광경이 담긴 사진엽서이다. 뒷면에는 이 엽서를 조선총독부가 직접 발행한 것으로 표시되어 있다. 이 사진은 별도의 자료를 통해 1938년 3월 1일에 다옥정(茶屋町, 다동) 소재 한성권번사무소(漢城券番事務所)에서 촬영한 기생들의 모습이라는 사실이 확인된다.(민족문제연구소 소장자료)

여기에서 나오는 '왕비'는 '순정효황후(純貞孝皇后, 순종비)'를 가리키고, 출정군인이라고 하는 것은 제1차 세계대전 발발 당시 독일의 조차지인 중국 교주만(膠州灣)을 점령한 일본군대를 말한다.

이 글에 등장하는 애국부인회는 오래 전인 1901년에 일본불교 동본원사 주직(東本願寺 住職)의 딸인 오쿠무라 이오코(奧村五百子, 1845~1907)가 주동이 되어 일본황실과 귀족의 부인네들을 규합하여 만든 단체이며, 전병사자(戰病死者)의 유가족을 구호(救護)하고 전장의 군인들을 위문하거나 지원하는 것이 주요 활동이었다.[97] 권세가들의 부인이 모인 탓인지

---

97) 『조선신문』 1926년 4월 23일자에 수록된 「오쿠무라 여사(奧村女史) 동상제막식(銅像除幕式)」 제하의 기사는 전라남도 관내 적십자사 애국부인회 제2회 총회를 겸하여 광주와

『매일신보』 1920년 2월 22일에 소개된 위문대 제작 장면이다. 경성일보사와 매일신보사의 위문대 모집행사에 호응하여 경성공립고등여학교의 일본인 학생들이 위문대를 만드는 일에 열중하고 있다.

이내 조직이 크게 확장되고 활동규모도 비약적으로 늘어났는데, 특히 1904년과 1905년에 걸친 러일전쟁을 거치면서 이 단체의 구호활동이 두드러졌다. 그러니까 '위문대'의 역사에 있어서 근대적인 모습은 바로 '러일전쟁'에서 비롯된 것으로 보아도 무방하다.

이 단체의 초기활동을 낱낱이 적어 놓은 카와마타 케이이치(川俁馨一) 편집, 『애국부인회사(愛國婦人會史)』(1912)의 139~140쪽을 보면, 러일전쟁 당시에 각 지역에서 '위문대'를 포함한 금품을 모집하고 이를 군대에 배급한 내역이 잘 드러나 있다.

37, 8년 전역(三十七八年 戰役; 즉, 러일전쟁)의 본회 활동에 대해 해외(海外)의 여러 나라와 단체 또는 개인으로부터 자금의 기증을 받은 것이 매우 많았다. 여기에 그 가운데 가장 주요한 것을 기술하면,

1. 향항(香港, 홍콩) 재주영인(在住英人)으로부터의 기증 : 1904년 6월 홍콩 재주의 영국인 제씨(諸氏)는 개전 이래 우리나라(즉, 일본)에 열심히 동정(同情)을 표하였고 일본의 출정군인 유족 구조의 목적으로 의연금(義捐金)

연고(緣故)가 깊은 여걸(女傑) 오쿠무라 이오코 여사(奧村五百子 女史)의 동상제막식이 24일에 광주공원(光州公園)에서 거행된다는 사실을 알리고 있다.

을 모집하였는데, 본방주차(本邦駐箚, 일본주재) 영국공사(英國公使) 맥도날드의 손을 거쳐 본회에 금(金) 1만 7천 원(圓)을 기증하였다. 이에 대해 이와쿠라 회장(岩倉 會長)이 사장(謝狀)을 보냈다.

2. 한국황실(韓國皇室)로부터 하사금 : 1904년 8월 17일에 한국황태자비 전하(韓國皇太子妃殿下)에게서 금(金) 3천 원(圓), 황제폐하 귀비(貴妃)에게서 금(金) 2천 원(圓)의 하사가 이루어졌으므로 이와쿠라 회장(岩倉 會長)이 사장(謝狀)을 보냈다. …… (하략)

『매일신보』 1920년 2월 3일자에 게재된 경성일보사와 매일신보사 공동주최 위문대 모집 안내문이다. 국경벽원지(國境僻遠地)의 수비병, 헌병, 경찰관을 위문하는 목적인데, 그 가운데 특히 조선인 경관과 헌병이 대부분이라는 사실을 강조하는 구절이 눈길을 끈다.

머잖아 제 나라를 잡아먹을 일본제국의 군대를 위해 한국황실이 위로금을 내려준 꼴이 아닐 수 없었다. 그리고 1906년 11월에는 애국부인회의 한국지부(韓國支部)에 해당하는 조직인 한국위원본부(韓國委員本部)의 발회식이란 것이 있었고, 이듬해인 1907년 11월에는 한국위원본부 제1회 총회가 왜성대구락부 운동장에서 개최되었던 것으로 확인된다.

『애국부인회사』의 271쪽 부분에는 이밖에 주목할 만한 내용이 하나 더 수록되어 있는데, 1908년에 이른바 '한국주차일본군(韓國駐箚日本軍)'을 위해 '위문대'의 모집이 대대적으로 이뤄졌다는 사실이 그것이었다. 우리나라와 직접 관계하여 '위문품주머니'가 모집된 사례로는 아마도 이것이 처음이 아닌가 싶다.

> 본회(本會)는 한국주차군대(韓國駐箚軍隊) 및 헌병(憲兵), 경찰관(警察官)으로서 비도토벌(匪徒討伐)에 종사하는 자, 약 2만 명을 위문할 목적으로 본지부(本支部) 직원에 통지하여 명치 41년(1908년) 9월 20일을 기한으로 위문대모집(慰問袋募集)에 착수했다. 그리고 그 결과는 대단히 호황(好況)으로 위문대 총수 34,557개나 되기에 이르러 예정수 2만 2천 개를 초과한 것이 12,557개이다. 따라서 본회는 동년(同年) 10월 12일, 회단서료(繪端書料, 그림엽서료)로 기증한 금액 2,389원 남짓한 것을 합쳐 그 증정방법을 한국위원본부(韓國委員本部)에 위임했다.

여기에 등장하는 '비도(匪徒)'라는 표현은 달리 '폭도(暴徒)'라고도 했는데, 이는 다름 아닌 '의병(義兵)'을 일컫는 용어였다. 그러니까 '비도토벌'이라 함은 1907년 군대해산과 더불어 전국 각지로 흩어진 한국군인들과 여기에 합세한 의병들을 한국 땅에 주둔하던 일본군이 소탕한다는 소리였다. 이 일에 애를 쓰는 군인, 헌병, 경찰을 위해 애국부인회가 '위문대'를 모집하였는데 그 성과가 좋아서 주둔군 총수보다 훨씬 초과하는 성적을 얻었다는 얘기인 셈이다. 참으로 서글프게도 우리나라에서 드러난 '위문대' 모집의 역사는 의병토벌을 위한 일본군대, 바로 거기에서 시작되고 있었던 것이다.

경술국치 이후 애국부인회는 정식으로 '조선지부(朝鮮支部)'의 형태를 갖추게 되었으니 때마다 위문금품의 모집은 그치질 않았다. 그 모든 것이 제국의 군대 즉 일본 황군을 위한 것이었음은 말할 나위가 없다. 애국부인회의 활동 이외에 경성일보사와 매일신보사와 같은 조선총독부 기관지의 활동도 두드러졌다.

예를 들어『매일신보』1920년 2월 3일자, 제1면을 보면 '위문대모집(慰問袋募集)'이란 사고(社告)가 대문짝처럼 수록되어 있다. 여기에는 이 신문사가 주동이 되어 이른바 '국경벽원지(國境僻遠地)의 수비병(守備兵), 헌병(憲兵), 경찰관(警察官)'을 위한 위문금품이나 위문엽서를 한 달 동안 모집한다는 내용이 담겨 있다. 희망하는 물품의 목록에는 대략 다음과 같은 것들이 망라되어 있으며, 다만, 파손되기 쉬운 것, 유물(濡物, 젖은 물건), 즙물(汁物, 국물로 된 것) 등은 절대로 불가하다고 알리고 있다.

서적(書籍), 잡지(雜誌), 일기장(日記帳), 잡기장(雜記帳), 반지(半紙), 괘지(罫紙), 권지(卷紙), 장대(狀袋, 편지봉투), 연필(鉛筆), 명자용지(名刺用紙), 사진첩(寫眞帖), 회엽서(繪葉書), 우편절수(郵便切手, 우표), 엽서류[葉書類; 절수(切手)를 첩(貼)할 사(事)], 하태(下駄, 게다), 마리초리(麻裏草履, 아사우라조리), 족대(足袋, 다비), 화하(靴下, 양말), 원고(猿股, 사루마타), 전지(應紙), 수식(手拭, 수건), 손수건, 석감(石鹼, 비누), 치마분(齒磨粉, 치약), 양자(楊子, 이쑤시개), 처양지(妻楊枝, 이쑤시개), 기타 방한용구(其他 防寒用具), 연엽서류(煙葉書類), 악(鰐, 악어) 등(等)을 비롯하여 건어류(乾魚類), 견절(鰹節, 카츠오부시), 건과자류(乾菓子類), 두(豆, 콩)로 제(製)한 과자류(菓子類), 우유(牛乳) 등(等), 다류(茶類), 사탕(砂糖), 미소(味素, 아지노모토), 분말우유(粉末牛乳), 제약품[諸藥品; 수약(水藥, 물약)이 아닌 것], 인삼(人蔘)엑끼쓰, 까제, 탈지(脫脂) 등(等)

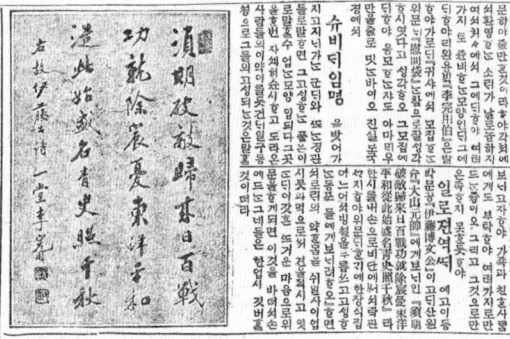

『매일신보』 1920년 2월 8일자에 수록된 위문대 모집 관련기사에는 이완용(李完用)도 이에 동참하여 손수 비단에 쓴 한시(漢詩)를 위문대에 하나씩 넣어 보낸다는 얘기가 담겨 있다. 그 내용은 하필 러일전쟁 당시 이토 히로부미가 오야마 사령관이 출정할 때 그를 떠나보내며 지은 시라고 알려 진다.

이런 것들을 목면류(木綿類)나 수건 등으로 만든 주머니에 넣어 신문사 지국이나 판매소를 통해 본사로 보내는 방식이었다. 이때 위문품을 담은 주머니로 사용된 목면이나 수건은 그 자체를 생활용구로 재활용하려는 의도였다.

그런데 참으로 가관인 것은 이 모집광고가 나가자마자 친일귀족의 대명사인 이완용(李完用)이 위문대 모집에 앞장서고 있다는 내용의 기사가 등장한다는 대목이다. 『매일신보』 1920년 2월 8일자에 수록된 「본사 위문대 모집에 열성(熱誠) 있는 이완용 백(李完用 伯), 친히 붓을 잡고 위문대를 만들기에 아주 바쁘다고, 동정의 소리가 사방에 높아」라는 제목의 기사에는, 그가 친히 러일전쟁 때 만주로 출정하는 오야마 총사령관(大山總司令官)을 위해 이토 히로부미(伊藤博文)가 읊었다는 한시(漢詩)의 한 구절을 비단에 옮겨 적는 수고까지 마다하지 않았다는 소식이 수록되어 있다.[98]

---

[98] 나카다 타카요시(中田敬義), 코마츠 미도리(小松綠) 공편(共編), 『춘무공시문록(春畝公詩文錄) 건(乾)』(1933), 53~54면에 '고풍일수 송 오야마 총사령관 출정(古風一首送大山

須期破敵歸來日 틀림없이 적을 부수고 돌아오는 날을 기약하니
百戰功就除宸憂 백전에서 공을 이뤄 천황의 근심을 거두게 하네.
東洋平和從此始 동양의 평화는 여기에 따라 비롯될 것이리니
盛名靑史照千秋 큰 명성이 청사에 천추토록 비추리로다.

이와 같은 글 내용을 일일이 써서 위문대 하나에 한 장씩 넣어 얼음과 눈 속에서 갖은 고생을 하는 국경수비대원을 위로하겠다는 이완용의 발상이 쓴 웃음을 짓게 한다. 더구나 알고 보니 이완용이 위문대 안에 한시를 적어서 보낸 것이 이때가 처음이 아니었다. 일찍이 『부산일보』1918년 9월 27일자에 수록된 「이완용 백(李完用 伯)의 위문(慰問)」 제하의 기사에도 이러한 내용이 남아 있다.

> 이완용 백(李完用 伯, 백작)은 애국부인회(愛國婦人會)의 서백리(西伯利, 시베리아) 출정군대위문(出征軍隊慰問)의 거(擧, 행동)에 대하여 견지(絹地, 비단)에 百戰得功名 天兵意氣生 聖德詔千古 皇威靜四方(싸움마다 공을 세워 이름을 얻으니/ 천황의 군대 의기가 솟네/ 성덕이 오랜 세월 알려지리니/ 황위가 온 천하에 고요하도다)의 휘호(揮毫)를 하여 40매(枚) 가량 기증(寄贈)했다고 한다.

제1차 세계대전을 거치고 국경수비에다 만주사변, 중일전쟁, 태평양전쟁으로 이어지는 군국주의와 전시체제가 지속되면 될수록 이러한 종류의 위문금품 모집은 끊이질 않았다. 이 과정에서 무수한 학생들

總司令官'出征)'의 전체 내용이 수록되어 있다.

(왼쪽) 『매일신보』 1939년 3월 14일자에 게재된 인단(仁丹) 광고문안이다. "위문대를 보냅시다"라는 구절과 함께 "그럼, 헤이타이상(兵隊さん, 병사아저씨)은 위문대 안에 무엇을 제일 좋아할까요?"라는 것을 함께 적어서 자신들의 제품이 위문품으로 널리 활용되기를 권유하고 있다.

(오른쪽) 『동아일보』 1939년 1월 4일자에는 새해를 맞이하여 신년초매(新年初賣) 서비스품 제공을 내건 정자옥(丁子屋)의 광고문안이다. 맨 마지막에는 "정성껏 다함께 위문대를"이라는 구절과 함께 1층에 위문품 매장(賣場)이 따로 마련되어 있다는 사실을 표시하고 있다.

은 위문문(慰問文) 작성에 동원이 되는 일이 반복되다보니 위문대 만들기와 위문편지 쓰기는 어느 새 학창시절의 통과의례로 자리매김 되었던 것이다.

  위문대 제작의 일상화에 따라 신문지상에는 위문대 기부와 관련한 미담(美談) 소개가 줄을 잇고, 시국에 편승하여 이 기회를 상술로 적극 활용하려는 광고들이 부쩍 늘어났다는 사실도 흥미롭다. 이러한 종류의 광고에는 모리나가(森永) 캬라멜이나 인단(仁丹)과 같은 유명제품을 비롯하여 안약과 상비약이나 비누, 파리약(분말) 등에 관한 것이 곧잘 눈에 띈다. 1937년 8월에는 총독부 전매국에서 황군위문용 담배로 '가찌도끼(勝鬨, 승리의 함성)'를 만들어 시판하였는데, 이 담배는 변질방지를 위해 은박지로 처리하고 아름다운 시국카드도 함께 포장하여 위문대 제

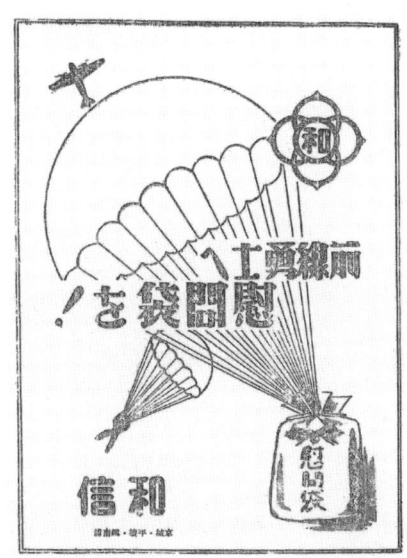 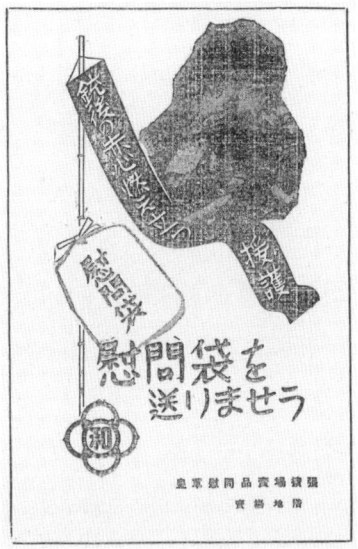

(왼쪽) 『조광』 1942년 12월호에 수록된 화신(和信) 백화점의 광고문안이다. 여기에는 "전선용사에게 위문대를!"이라는 구호가 전면에 배치되어 있다.

(오른쪽) 『조광』 1943년 2월호에 수록된 화신(和信) 백화점의 광고문안이다. 여기에는 "총후(銃後)의 적심(赤心) 불타오르는 원호(援護)", "위문대를 보냅시다" 등의 문안이 적혀 있고, 지하층에 배치된 황군위문품 전용매장을 더욱 확장하였다는 사실도 함께 알리고 있다.

작에 적극 활용토록 하였다.

그리고 이 대열에 글자그대로 만물잡화상을 뜻하는 '백화점'도 빠질 수 없다. 삼월(三越, 미츠코시), 정자옥(丁字屋, 쵸지야), 삼중정(三中井, 미나카이) 등 일본인 백화점뿐만 아니라 조선인 운영의 화신백화점(和信百貨店)은 대개 1층 출입구 부근에 있는 핵심 공간에 위문품 전용매장을 개설하고, 주요 일간지나 잡지매체에 위문대 발송을 독려하는 구호를 가득 담은 광고를 잇달아 게재하는 행태를 보여주었다.

이와 관련하여 『매일신보』 1941년 8월 23일자에 수록된 「도쿄 경성(東京 京城) 전시국민생활문답(戰時國民生活問答) (3) 석일(昔日)의 사치(奢侈)의 전당(殿堂), 지금은 국책선전(國策宣傳)과 위문품전람장(慰問品展覽場), 백화점

편(百貨店 篇)」제하의 기사를 보면, 그 말미에 「필수품 배급기관(必需品 配給機關), 시국협력(時局協力)에 안 뒤지는 서울 백화점(百貨店)」이라는 대담내용이 수록된 것이 눈에 띈다.

[문(問)] 동경백화점은 옛 모양을 아주 변하여 국책을 선전하는 기관으로 되어 버렸다는데 서울은 어떻습니까? 우리네 생활과 가장 밀접한 관계를 가진 백화점인지라 서울백화점도 옛 모양 그대로 있을 리는 없을 터인데…….
[답(答)] 경성백화점조합 이사장(京城百貨店組合 理事長) 박흥식(朴興植)
나도 동경을 자주 다니며 동경 일류백화점을 많이 보았지만 동경에 비하여 서울백화점이 시국에 협력하는 데 뒤떨어진다고는 볼 수 없습니다. 원래가 백화점이라면 누가 더 새 유행을 더 많이 잘 만들어내느냐 하는 것을 자랑삼던 곳이라고 볼 수 있었는데 그것도 동경이 본 고장되어 있었을 뿐 아니라 고객층으로 보아도 여기보다 더 심하지 않을 수 없었던 것이 사실입니다. 사변후 특히 '칠칠금지령'[99]으로 종래의 사치품을 일체 금하게 되면 백화점은 어떻게 될 것이냐 하는 것이 문제이었으나 사실인즉 그 후의 성적은 조선이나 내지나 모두가 전부 더 나아가고 있습니다. 이것으로 곧 백화점이 대중의 일용필수품배급기관으

---

99) '칠칠금지령(七七禁止令)'은 1940년 7월 6일에 제정된 상공성 농림성령(商工省 農林省令) 제2호「사치품 등 제조판매제한규칙(奢侈品 等 製造販賣制限規則)」을 가리킨다. 이 규칙의 부칙에 따라 1940년 7월 7일부터 시행하는 것으로 정해졌기 때문에 이를 '77금지령'이라고 호칭하였는데, 이날은 '중일전쟁 개시일'이기도 하였다. 이 규칙의 영향으로 조선에서도 역시 1940년 7월 24일에 조선총독부령 제179호「사치품 등 제조판매제한규칙(奢侈品 等 製造販賣制限規則)」이 제정되어 발표 즉시 시행에 들어갔다.

로 종래의 자본과 신용과 또 인원을 총동원하여 전보다 더 봉사하려고 힘쓰고 있다는 증거일 것입니다. 이렇게 되면 백화점은 종래의 상점이란 것보다 국가적인 한 배급기관으로 그 임무가 더 중대해졌습니다. 이에 백화점의 신체제는 국민대중을 태우고 국책선으로 달리는 기차가 될 것입니다. 그만큼 일반고객들도 많이 달라졌습니다. 생활이 실질적으로 들어가고 있다고 봅니다. 점내의 장치설비로 본다면 진열장으로부터 상품진열이며 상담소 같은 것, 또 영화관 등 될 수 있는 대로 널리 손님들에게 이용되도록 하되 시국에 뒤지지 않도록 정신을 쓰고 있습니다. 손님들이 이 점을 알아주어야 할 것입니다. (사진은 박흥식 씨)

위문대에 들어갈 잡화품목의 공급처 역할을 맡았던 이들은 어찌 보면 전시체제의 주요 수혜자이기도 했던 것이다. 반민특위 체포 1호였던 박흥식(朴興植, 1903~1994)이 국방헌금과 비행기헌납에 이어 비행기공장을 설립하는 노골적인 친일의 길을 걸었던 것은 전시체제가 가져다주는 경제적 이득이라는 단물에 너무 취했던 탓이었는지도 모를 일이다.

● 이 글은 『민족사랑』 2015년 5월호에 게재하였던 것을 수정 보완하였다.

20

멀쩡했던 교가(校歌)와 교표(校標)가 무더기로 개정된 연유는?

조선어 가사는 금지되고 무궁화와 태극 문양은 지워지던 시절

많은 사람들에게 좀 생소한 사실로 받아들여질 수도 있겠지만, 일제강점기의 상황에서도 '조선어장려시험(朝鮮語獎勵試驗)'이란 것이 한창 성행하던 시절이 있었다. 그것도 이른바 '내지인(內地人, 일본인)' 관리들을 대상으로 이러한 조선어 능력시험이 치러졌고 그 성적에 따라 장려수당(獎勵手當)까지 줬다고 하였으니, 참으로 의아한 일이라 생각지 않을 수 없겠다.

이러한 일의 연원을 찾아보니까 무엇보다도 1921년 3월 9일에 제정된 칙령 제34호 「조선총독부 및 그 소속관서 직원의 조선어장려수당에 관한 건(件)」이 눈에 띈다.[100] 이 내용에 따르면, "조선총독부 및 소속관서

---

100) 이에 앞서 1910년 9월 30일에 제정된 칙령 제387호 「통역겸장자(通譯兼掌者) 특별수당(特別手當)의 건(件)」이라고 하여 조선총독부 및 소속관서의 판임문관(判任文官), 순사(巡査), 간수(看守) 및 여감취체(女監取締)로서 조선어 통역의 일을 겸장하는 자(조선인으로서 판임문관, 순사, 간수 및 여감취체로서 일본어 통역에 겸장하는 자도 마찬가지)에 대해 특별 월수당을 지급하는 규정이 존재하였으나, 이것은 이때 새로운 칙령 (1921년 3월 9일 제정된 칙령 제34호)의 부칙(附則)에 따라 폐지되었다.

『경성일보』1930년 8월 22일자에 수록된 '조선어시험문제집'의 광고 문안이다. 여기에는 대정 10년(1921년) 총독부 조선어장려시험이 개시된 이래 금년까지의 각종 문제가 전부 망라되어 있다고 적고 있다.

'내지인' 판임관(判任官) 이하의 직원으로서 조선어(朝鮮語)가 통하는 자에게는 조선총독(朝鮮總督)이 정하는 바에 따라 당분간 월액(月額) 50원(圓, 엔) 이내의 수당을 지급할 수 있다"고 정하고 있다.

이와 관련하여 『매일신보』 1921년 3월 12일자에 수록된 「선어장려수당(鮮語獎勵手當)」 제하의 기사에는 이러한 제도 도입의 경위와 절차를 이렇게 설명하고 있다.

> 종래는 학교원(學校員)의 전부(全部)와 순사(巡査)에게 통역수당(通譯手當)으로 선어장려(鮮語獎勵)의 목적을 위하여 수당액을 여(與)하였는데, 금회(今回)는 행정청(行政廳), 재판소(裁判所)를 일괄하여 조선어장려수당을 여한다 함이 근본(根本)이오 차(此) 예산은 본년도 10만 원으로 일정한 시험 합격자(試驗合格者)에게 여할 터이라 하며 급제자(及第者)는 약(約) 5백○ 이상의 예산으로 하고 시험은 갑을(甲乙) 2종(種)에 분(分)하며 수험자(受驗者)는 판임관(判任官), 판임관대우(判任官待遇) 및 고원(雇員)에 한(限)하고 갑종시험(甲種試驗)은 을종시험(乙種試驗)에 합격한 자로 소속장관(所屬長官)의

제4부 | 결국 학교도 예외는 아니었다

추천(推薦)에 의한 자에 대하여 행(行)하고, 을종시험은 각 관청의 장(長)이 응시자(應試者)를 선정한 후(後) 추천한 자에 대하여 도청(道廳)에서 행하는데 합격자에게는 증서(證書)를 여하며, 2개년(個年)마다 시험을 행하는 고(故)로 증서의 유효기간(有效期間)은 2개년으로 갑종합격을 1등 50원, 2등 30원, 을종합격자를 3등 20원, 4등 10원, 5등 10원 이내에 분(分)하여 각각 급여(各各 給與)한다더라.

이에 따라 1921년 5월 6일에는 조선총독부 훈령 제28호 「조선총독부 및 소속관서 조선어장려규정」이 정식으로 제정되어 "조선총독부와 소속관서에 속한 '내지인' 판임관, 판임관대우, 고원에 대해 조선어장려시험에 합격하거나 또는 시험위원의 전형(銓衡)을 거쳐 학력(學力)을 인정받은 경우 그 종별등급(種別等級)에 따라 정해준 조선어 장려수당(갑종은 4년간, 을종은 2년간)을 지급받도록" 되었다.[101] 이 규정에 따르면, 갑종시험은 "조선어의 통역(通譯)에 차질이 없는 정도"의 수준을 나타내며, 을종시험은 "보통의 조선어를 이해할 정도"의 여부를 측정하는 것을 가리켰다.[102]

---

[101] 이러한 제도가 생겨남에 따라 1918년 6월 28일에 제정되어 이미 시행중에 있던 조선총독부 훈령 제34호 「내지인교원 조선어시험규칙(內地人敎員 朝鮮語試驗規則)」은 더 이상 실효가 없는 것으로 간주되어, 1921년 8월 18일에 조선총독부 훈령 제48호를 통해 '내지인교원 조선어시험규칙'은 폐지되는 과정을 거쳤다.

[102] 그 이후 1924년 8월 11일에 이르러서는 중간 단계의 조선어 사용능력에 해당하는 종류를 신설하고자 조선총독부 훈령 제19호 「조선총독부 및 소속관서직원 조선어장려규정(개정)」을 통해 기존에 '갑종시험'과 '을종시험'의 두 종류만 있던 것을 '제1종 시험(조선어의 통역에 차질이 없는 정도)', '제2종 시험(조선어로써 자기의 의사를 발표하기에 차질이 없는 정도)', '제3종 시험(보통의 조선어를 이해하는 정도)' 등으로 재분류하였다.

그렇다면 조선총독부가 이처럼 조선어능력을 습득할 것을 일본인 관리들에게 적극 장려하고 이를 위해 특별수당까지 지급했던 까닭은 무엇이었을까?

이 점에 있어서는 일찍이 『매일신보』 1912년 5월 11일자에 수록된 「일선동화(日鮮同化)의 방법(方法)」 제하의 기사에 다음과 같은 내용이 남아 있었던 것이 눈에 띈다.

> 야마가타 정무총감(山縣政務總監)은 각 도청(各道廳)에 통첩(通牒)을 발(發)하였는데 각 보통학교(各普通學校)의 내지인 교원(內地人 敎員)으로써 조선어(朝鮮語)를 해(解)함은 민심감화(民心感化)에 완능(完能)이 유(有)할지오, 조선인 교원(朝鮮人 敎員)도 내지어(內地語, 일본어)를 장려(獎勵)하여 기(其) 숙련(熟鍊)한 자(者)는 특(特)히 우대(優待)의 도(道)를 여(與)한다 하였으니 일선인(日鮮人)의 교원(敎員)된 자(者)는 필(必) 어학(語學)에 주의(注意)하려니와 기타 교외(校外)의 재(在)한 인사(人士)도 차(此) 의지(意旨)를 통량(洞諒)하여 내지인(內地人)은 조선어(朝鮮語)를 투습(套習)하고 조선인(朝鮮人)은 내지어(內地語)를 투습(套習)하여 동화(同化)의 속도(速度)됨을 희망(希望)하노라.

이와 아울러 1918년에 일본인 교원을 대상으로 한 조선어시험규칙의 제정과 관련하여 세키야 테이자부로 학무국장(關屋貞三郎 學務局長)이 "직접 조선인과 접촉하는 일본인 관리(官吏) 또는 교원(敎員)이 조선어를 이해하지 못하면 행정(行政)과 교육(敎育)에 있어서 도저히 철저한 성적(成績)을 얻기 어렵다"고 언급한 대목도 떠올릴 필요가 있다. 말인즉슨 이러한 조선어장려시험은 일본어 능통자가 절대적으로 부족했던 식민지 조선의 상황에서 어디까지나 원활한 식민통치를 뒷받침하기 위한 불가피한

선택의 하나로 도입된 제도였던 셈이다.[103]

그러나 1930년대 후반에 이르러 전시체제기가 본격적으로 전개되면서 나름으로 황금시대를 구가했던 이러한 조선어장려정책은 급전직하의 상태를 맞이하게 된다. 중추원(中樞院), 도회(道會), 부회(府會), 읍회(邑會), 면협의회(面協議會) 등의 각종 공회(公會)에서 조선어 사용이 금지되는 한편, 관공리(官公吏)에 대해 관청에서는 물론이고 가정에서도 일체 조선어를 사용하지 말라는 엄명이 내려진 것도 이 시기의 일이었다.

이와 함께 내선융화(內鮮融和)의 근본기조에 따라 일본어의 보급이 급선무였으므로 일본인 관리에 대한 조선어장려수당을 폐지하고 오히려 이른바 국어(國語, 일본어)에 능숙한 조선인에 대해 수당을 지급하는 쪽이 더 합당하다는 주장이 크게 표출되기도 했다.[104] 이러한 결과로 1937년 6월 21일에는 조선총독부 훈령 제39호 「대정 10년 칙령 제34호에 의한 수당지급에 관한 건(件)」이 새롭게 제정되면서 기존의 「조선총독부 및 소속관서 조선어장려규정」은 폐지되었다.[105]

---

103) 세키야 학무국장의 발언 내용에 대해서는 『매일신보』 1918년 7월 6일자에 수록된 「조선어시험규칙(朝鮮語試驗規則)에 취(就)하여, 세키야 학무국장 담(關屋 學務局長 談)」 제하의 기사를 참조할 수 있다.

104) 이러한 논지에 대해서는 『조선신문』 1936년 11월 21일자에 수록된 「국어(國語)에 감능(堪能)한 선인(鮮人)에게 수당지급제도(手當支給制度), 조선어장려수당(朝鮮語獎勵手當)을 폐(廢)하고」 제하의 기사를 참조할 수 있다. 이 기사의 말미에는 다만, 이러한 주장에 대해 그 당시 경찰관(警察官)들이 조선어 장려수당의 8할(割) 가량을 점유하고 있는 형편임을 감안하여 총독부 경무국은 조선의 오지촌락(奧地村落)에서는 여전히 경찰사무 집행상 조선어는 절대로 필요한 상황이라는 점을 내세워 이러한 수당폐지론에 대해 반대의향을 표명했다고 적고 있다.

105) 일제강점기에 조선총독부가 시행한 조선어시험이 언제까지 지속되었는지를 확인해 보니, 『조선총독부관보』 1942년 10월 27일자에 수록된 '조선어 갑종시험 광고(1942년 11월 18일 시행)' 및 『조선총독부관보』 1943년 6월 26일자에 수록된 '조선어 을종시험

『조선총독부관보』 1937년 8월 30일자에 게재된 조선총독부령 제301호 「고등보통학교규정(개정)」의 내용이다. 이에 따라 우리말 발음으로 가르치던 '한문(漢文)' 과목은 삭제되고 그 자리는 이른바 '국어한문(國語漢文, 일본어 발음식 한자)'이 차지했다.

○府令

●朝鮮總督府令第百三十一號
高等普通學校規程中左ノ通改正ス
昭和十二年八月三十日

朝鮮總督　南　次郎

第七條第一項中「朝鮮語及漢文」ヲ「朝鮮語」ニ改ム
第十一條第一項及第二項中「朝鮮語及漢文」ヲ「朝鮮語」ニ改ム同條第二項中「及平易ナル漢文」ヲ削ル
第二十三條第一項左表中「朝鮮語及漢文」ヲ「朝鮮語」ニ改ム

附則

本令ハ昭和十二年九月一日ヨリ之ヲ施行ス朝鮮語ノ敎科書ハ當分ノ內仍從前ノ朝鮮語及漢文ノ敎科書ヲ使用セシムルコトヲ得

이때 『매일신보』 1937년 6월 22일자에 수록된 「조선어장려규정이 개정되어 21일부터 실시」제하의 기사는 이러한 규정 개정의 취지와 구체적인 내용을 이렇게 소개하였다.

미나미 총독(南總督)의 제창(提唱)인 국어(國語)의 장려방침(奬勵方針)은 전선 관계(全鮮官界)에 보급철저(普及徹底)하여 가까운 장래(將來)에는 하인(何人)이든지 국어를 해(解)할 수 있는 정도(程度)에까지 진(進)하고 있는 현상(現狀)에 감(鑑)하여 총독부에서는 금회(今回) 조선어장려규정의 전면적 개정(全面的 改正)을 단행하여 21일 총독부 훈령으로써 공포 즉일(公布 卽日) 실시되었다. 즉, 종래의 조선어장려규정에 의하면 제1종(수당 20원), 제2종

광고(1943년 7월 24일 시행)'가 각각 해당 종류의 마지막 흔적이었던 것으로 드러난다.

(수당 10원), 제3종(수당 3원)의 3종(種)이 있었는데 이것은 전부 폐(廢)하고 새로이 갑종(甲種, 수당 10원), 을종(乙種, 수당 5원)의 2종(種)에 분(分)하여 종래의 제1종 우(又)는 제2종의 합격증(合格證)은 차(此)를 갑종합격증으로 하고, 제3종 합격증은 차(此)를 을종합격증과 동등의 것으로 간주하는 것이어서 신규정(新規定)에 의한 조선어시험은 좌(左)의 표준(標準)으로써 시행하는 것이다. (하략)

그런데 이러한 변화가 비단 관계(官界)만의 문제는 아니었고 학교(學校) 쪽이라고 해서 전혀 예외는 아니었다. 이 당시 학교에서는 이미 수업시간에 일본어의 상용화가 철저하게 강요되고 있었고, 여기에 더하여 운동시간은 물론이고 각 가정에서도 일본어 사용을 크게 독려하는 상황이 이어지고 있었던 것이다.

1937년 5월 20일에 오노 로쿠이치로 정무총감(大野綠一郎 政務總監)이 내린 통첩(通牒)「학교에 있어서 국어교육(國語敎育)의 쇄신철저(刷新徹底)에 관한 건(件)」에는 다음과 같은 내용이 수록되어 있다.[106]

학교에 있어서 국어교육의 철저에 관해서는 누차 통첩 및 지시한 바이기는 하지만, 국민정신진작강화(國民精神振作强化)의 요구가 더욱 긴절(緊切)함이 있는 이때, 특히 국어교육의 중대함에 비춰 좌기(左記)의 여러 점(點)에 유의하여 그 목적을 달성하기에 유감(遺憾)이 없기를 기(期)할 지이다.

　　기(記)

---

106) 이 자료가 수록된 출처는 『문교의 조선(文敎의 朝鮮)』 1937년 9월호, 135쪽이다.

일(一), 학교 내에서 직원(職員), 생도(生徒), 아동(兒童)의 국어사용이 수업시간 중에 있어서는 이미 이것의 철저(徹底)를 보고 있지만, 운동시간(運動時間) 중에 있어서도 아직 그 철저를 보지 못하고 있는 것은 유감인 바이므로 학교 내에 있어서는 되도록 국어사용의 여행(勵行)을 기할 것.

이(二), 국어과(國語科)의 화방(話方, 회화), 철방(綴方, 작문) 지도법에는 특히 연구개선을 더하여 일층 발표능력(發表能力)의 증진을 꾀하는 것이 필요하다고 인식시킴에 덧붙여 이에 대해 적당한 지도를 행하고, 동시에 도군(道郡) 교육회(敎育會) 등에 연구회, 발표회 등의 개최를 장려하여 교수능력(敎授能力)의 증진을 기할 것.

삼(三), 국어교육을 단지 국어과만의 임무로 하지 말고 각 교과목의 교수를 통해 이것의 철저를 기하며, 특히 회화와 작문 등 발표능력의 지도에 노력할 것.

사(四), 보통학교(普通學校)에서 학예회(學藝會) 등을 개최하여 회화의 연습을 철저케 함과 동시에 국어가정화(國語家庭化)의 기연(機緣, 기회)이 되게 하며, 더욱이 부형모자(父兄母姉)에 대한 국어의 강습 등을 장려할 것.

오(五), 사립학교교원(私立學校敎員)의 채용인가(採用認可)에 당(當)해서는 '사립학교규칙(私立學校規則)' 제11조 단서(但書)의 규정에 불구(不拘)하고 일반교원과 동양(同樣)의 국어통달(國語通達)이라는 점을 일층 중시함과 아울러 기채용(旣採用)의 교원에 대해서도 특히 이를 독려하는 등 적당한 조치를 강구할 것.

육(六), 보통학교교원(普通學校敎員)의 국어력 증진에 대하여 강습회, 기타 적당한 시설을 할 것.

이와는 별도로 지명(地名)이나 인명(人名) 등의 고유명사(固有名詞)에 대해

관공립소학교의 교가에 대해서도 인가제(認可制)가 도입된다는 소식을 전하고 있는 『매일신보』 1939년 4월 19일자의 보도내용이다. 이에 앞서 일제는 여러 사립학교 교가의 조선어 가사를 일본어로 변경토록 강요한 바 있었다.

조선어식 한자음으로 읽는 것은 일체 삼가하고 이를 이른바 '국어한문(國語漢文, 일본어식 발음)'으로 통용케 하라는 방침이 시달되기도 했다. 1937년 8월 30일에 조선총독부령 제131호 「고등보통학교규정(개정)」에 따라 기존의 '조선어급한문(朝鮮語及漢文)'이라는 과목에서 '한문'은 폐지되고 단지 '조선어'만 남게 된 것이 이러한 조치의 결과물이었다.

이 당시에 한 가지 더 주목할 부분은, 특히 여러 사립학교(私立學校)에서 사용하는 우리말 가사의 교가(校歌)도 역시 전부 일본어로 고쳐 부르게 했다는 사실이었다. 예를 들어, 『동아일보』 1937년 10월 13일자에 수록된 「사립교(私立校)의 교가 경정(校歌更正), 종래(從來)의 조선어(朝鮮語)를 전부(全部) 국어(國語)로, 위선(爲先) 경기도(京畿道)부터 실시(實施)」 제하의 기사에는 이러한 내용이 남아 있다.[107]

---

107) 각 학교의 교가(校歌)에 포함된 불온가사(不穩歌詞)와 조선말 가사 등에 대한 총독부 당국의 조사와 단속 현황은 『동아일보』 1937년 7월 3일자에 수록된 「경무국(警務局)에서 전조선(全朝鮮) 사립학교 교가 조사(私立學校 校歌 調査), 기휘(忌諱)에 걸린 것이 52교(校)」 제하의 기사, 그리고 『매일신보』 1937년 7월 4일자에 수록된 「사교 교

총독부에서는 전조선 각 사립학교의 교가(校歌)를 조사하여 보았던 바 그 가사(歌詞)가 대부분이 조선문으로 되었고 또 불온한 점도 없지 않다 하여 금후 국어를 더욱 장려하는 의미에서 우선 경기도 관하의 수개 중등학교의 교가를 전부 국어로 고쳐 부르게 하는 동시에 앞으로 전 조선에도 이 방침에 따르도록 하리라 한다.

『매일신보』 1927년 1월 29일자에 소개된 배화여자고등보통학교의 교표 및 교가 관련 연재기사의 한 토막이다. 여기에 보이는 교표는 학교명의 영어이니셜인 P.W.S 세 글자로 교화(校花)인 난초(蘭草)의 형상을 만들고 전체적으로 태극(太極)의 문양이 되도록 배치하였다.

그리고 이러한 일은 때마침 1938년 3월 제3차 조선교육령(朝鮮敎育令)의 개정이 시도되자 이것과 맞물려 종전에 사용하던 교가(校歌), 교기(校旗), 응원가(應援歌), 모표(帽標) 등 전반에 걸쳐 이를 내선일체와 황국신민의 정체성에 맞게 대대적으로 일본식으로 변경하는 작업으로 연결되었다.[108] 이에 따라 교표의 도안에 한글, 영문 이니셜, 무궁화, 태

가 단속(私校 校歌 團束), 평남(平南)서도 엄중시행(嚴重施行)」 제하의 기사를 통해 그 흔적을 확인할 수 있다.

108) 국체명징(國體明徵), 내선일체(內鮮一體), 인고단련(忍苦鍛鍊)의 3대 교육방침을 토대로

(왼쪽) 배화여자중고등학교, 『배화 칠십년사』(1968)에 수록된 1938년 이후 배화고등여학교 시절에 사용하던 교표의 모습이다. 교표 개정에 대한 일제의 강압에 따라 종전의 영문이니셜과 태극 문양은 완전히 사라지고 배화(培花)라는 한자를 큼지막하게 넣은 새 도안으로 바뀌었다. (민족문제연구소 소장자료)

(오른쪽) 동덕50년사편찬위원회, 『동덕50년사』(1960)에 수록된 1939년 이후 동덕고등여학교(同德高等女學校)에서 새로 만든 문양의 모습이다. 여기에는 교표 개정에 관한 일제 당국의 압박으로 목면화(木棉花) 형상을 바탕으로 하여 동덕(同德)이라는 한자를 넣어 표시한 모습이 보인다. (민족문제연구소 소장자료)

극, 십자가 등의 문양이 들어간 경우에는 예외 없이 이를 변경하도록 강요되었다.[109]

『동아일보』 1938년 5월 6일자에 수록된 「종래(從來)의 교기 교가(校旗

하여 만들어진 제3차 조선교육령 개정(1938년 4월 1일 시행)의 내용에 대해서는 『조선총독부관보』 1938년 3월 4일자(호외)에 수록된 칙령 제103호 「조선교육령(개정)」, 『조선총독부관보』 1938년 3월 15일자(호외)에 수록된 조선총독부령 제24호 「소학교규정(개정)」, 조선총독부령 제25호 「중학교규정(개정)」, 조선총독부령 제26호 「고등여학교규정(개정)」, 조선총독부령 제27호 「사범학교규정(개정)」 등을 참조할 수 있다. 이때 "국어(國語, 일본어)를 상용(常用)치 아니하는 자(者; 즉 조선인)"가 다니던 종전의 보통학교(普通學校), 고등보통학교(高等普通學校), 여자고등보통학교(女子高等普通學校)는 각각 일본식 교육편제인 소학교(小學校), 중학교(中學校), 고등여학교(高等女學校)로 통합 전환되었다.

109) 이럴 경우 대개 교명(校名)을 한자(漢字)로만 표시하는 방식이 그 대안으로 채택되는 사례가 많았다.

『조선일보』 1938년 2월 10일자에 소개된 동덕여학교의 교표이다. 여기에는 태극 바탕의 도안 안쪽에 무궁화 가지와 동덕(同德)이라는 글자로 묘사된 꽃봉오리 모양이 배치되어 있다. 기사의 말미에는 "이 휘장은 그만두기로 하고 곧 새 의장의 교표가 나오게 되어 있습니다"라고 하여 교표 개정이 진행되고 있는 상황임을 알리고 있다.

校歌) 일신(一新)을 각도(各道)에 통첩(通牒)」 제하의 기사를 통해 이러한 변화의 흐름을 살펴볼 수 있다.

4월 1일부터 시행된 조선교육령 개정에 의하여 보통학교가 소학교로 되고 고등보통학교가 중학교로 명칭을 전부 개정하였는데 이 명칭과 적합하지 않는 재래의 교기, 교가, 응원가, 모표, 이밖에 학교의 제반 시설을 통하여 완전히 전것을 버리고 명실히 함께 새로운 기분을 나타내도록 하는데 그 개정에 있어서 될 수 있는 대로 로마문자, 외국어 등으로써 표시하는 것을 피하고 '황국일본'의 기분을 나타내도록 하라고 학무국에서 4일부로 각도지사에 통첩하였다.

그리고 앞서 사립학교 교가의 조선어 가사를 일체 일본어로 교체토록 지시한 데에 이어 관공립소학교(官公立小學校)의 교가도 전면적인 심사 대상으로 삼아 이를 인가제로 전환하기로 했다는 소식도 전해졌다. 이와 관련하여 『매일신보』 1939년 4월 19일자에 수록된 「황국신민 정신 고조(皇國臣民 精神高調), 교가(校歌)에도 인가제(認可制), 본부(本府)서 위원회(委員會)열고 81교가 심사(校歌 審査)」 제하의 기사에는 다음과 같은 내용이 서술되어 있다.

교풍을 자랑하며 학원생활을 구가(謳歌)하는 전조선 관공립소학교에 교가(校歌)는 종래로 각 학교에서 마음대로 가사와 곡조를 만들어 그 중에는 소학생의 어린이로서는 정도에 너무 높은 것도 있고 또는 가사 내용이 빈약하여 정조교육상에 상서롭지 못한 영향을 주는 일이 없지 아니하므로 총독부 학무국에서는 교육령 개정에 주지를 철저히 시키기 위하여 교가에 인가제(認可制)를 설정하고 검정(檢定)을 받지 아니한 교가는 단연 폐지하게 되었다. 그 결과 교가심사위원회를 설정하고 지난 6일 제1회 위원회를 총독부 편집과(編輯課)에서 연 다음 여섯 명의 위원을 선정하여 전조선 3천여 교로부터 모인 대표학교 81교의 교가를 심사하기로 되어 17일 제1회 심사를 마치었다. 그 심사의 결과 27교는 훌륭하나 나머지 54교는 작곡과 가사가 적당치 아니한 것으로 인정되어 단연 고쳐지을 것을 명하게 되었다. 특히 새 교가를 제정하는 경우에는 황국신민의 정신을 고조하는 용장한 작곡을 강조하는데 한하여 심사 후에 인가할 방침으로 장래는 중등교의 교가도 다시 검토할 방침이라고 한다.

한때 일본인 관리들에게 조선어장려시험이랍시고 야단법석을 떨었던 것도 결국은 식민통치를 원활하게 수행하기 위한 방편의 하나였을 뿐

진정으로 그들이 조선어를 받아드릴 심산은 전혀 아니었던 셈이다. 그러다가 이마저도 전시체제기가 지속되고 조선인들 사이에서도 다수의 일본어 능통자들이 속출하자 오랜 속내를 드러내어 그들의 편의대로 조선어는 금지하고 이른바 '국어상용(國語常用)'의 기치를 드높이는 쪽으로 돌변하였는데, 이러한 행태야말로 식민통치자들이 지닌 어찌할 수 없는 본성의 하나가 아닌가 싶다.

● 이 글은 『민족사랑』 2022년 8월호에 게재하였던 것을 수정 보완하였다.

21

군국주의에 짓밟혀 헝클어진 조선인 여학생들의 꿈

부산항공립고등여학교 졸업앨범, 1944년

여기에 빛바랜 한 권의 졸업앨범이 있다. 표지에는 '추상(追想), 2604'(민족문제연구소 소장자료)라고 표시되어 있는데, 여기에 나타난 숫자는 이른바 '황기(皇紀; 초대 일본천황의 즉위를 기점으로 계산) 2604년'을 일컫는 것으로 이는 곧 일제의 패망 직전 시기인 '서기 1944년'에 해당한다.

속표지로 넘겨 살펴보니 한 가운데에 '부산요새사령부 허가제(釜山要塞司令部 許可濟)'라는 흔적이 발견되는데, 이것은 「군기보호법(軍機保護法)」과

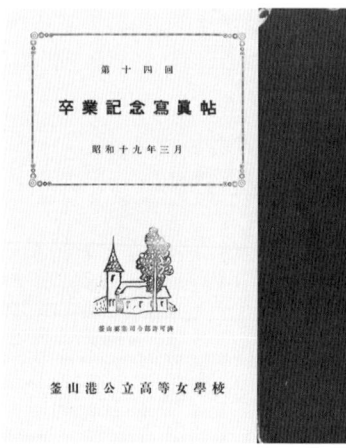

'추상(追想) 2604'라고 새겨진 부산항공립고등여학교의 졸업기념사진첩 겉표지와 속표지의 모습이다. 기원 2604은 서기 1944년에 해당하는 연도이다. (민족문제연구소 소장자료)

「요새지대법(要塞地帶法)」에 따라 군사기밀과 관련한 엄밀한 사진검열(寫眞檢閱)이 완료된 출판물이라는 표식이다. 위아래 쪽에는 '제14회 졸업기념사진첩(소화 19년 3월)', '부산항공립고등여학교(釜山港公立高等女學校)' 등의 표시가 있으므로, 이것이 부산 소재 '경남여자고등학교'의 전신인 '부산항공립고등여학교'의 졸업앨범이라는 것을 알 수 있다.

이 학교는 원래 1927년 4월에 부산공립여자고등보통학교(약칭 '부산여고보')라는 이름으로 개교하였으나, 1938년 「조선교육령(朝鮮敎育令)」의 개정에 따라 고등여학교의 편제로 전환된 바 있다. 그 이전까지는 국어(國語) 즉 일본어를 상용(常用)하느냐 그렇지 않느냐의 구분기준에 따라 조선인은 보통학교(6년), 고등보통학교(5년), 여자고등보통학교(5년 또는 4년)에 다녔으나, 이때 '내선일체(內鮮一體)'를 명분으로 내세워 일본인과 조선인 구분 없이 모두 일본인 학생들처럼 소학교, 중학교, 고등여학교로 이름을 바꿔달도록 했던 것이다.

부산공립고등여학교(일본인)와 부산항공립고등여학교(조선인)의 연혁 비교

구분	개교 일자	교명 개칭(1938)	비고
부산공립고등여학교	1906.4.1	–	(현) 부산여자고등학교
부산공립여자고등보통학교	1927.4.23	부산항공립고등여학교	(현) 경남여자고등학교

이에 따라 이 학교도 이름을 변경하게 되었는데, 이미 부산지역에는 일본인 학교였던 부산고등여학교가 존재하고 있었으므로 이를 피하다 보니 '부산항고등여학교(약칭 '항고녀')'라는 굉장히 어색한 명칭이 탄생하였다. 가령 서울지역의 경성제일공립고등보통학교가 경성제일중학교가 아닌 '경기중학교'로, 경성제이공립고통보통학교가 경성제이중학교가 아닌 '경복중학교'로, 경성공립여자고등보통학교가 경성고등여학교가 아

황기 2600년을 맞이하기에 앞서 카시하라신궁건국봉사대(橿原神宮建國奉仕隊)에 참가한 기념으로 세워졌다는 표시가 남아 있는 '팔굉일우' 비석의 모습이다. (민족문제연구소 소장자료)

닌 '경기고등여학교'로 각각 엉뚱한 이름을 갖게 된 연유도 이러한 현상과 동일한 맥락이었다.

　표지를 넘겨 본문 페이지로 들어가면 첫머리에 봉안전(奉安殿)과 대마전(大麻殿, 대마봉사전)의 사진이 먼저 눈에 띈다. 봉안전은 교육칙어(敎育勅語)[110]나 천황의 어진영(御眞影, 사진)을 받들어 모시도록 했던 공간이며, 대마전은 이세신궁(伊勢神宮)에서 발급하는 부적을 보관하던 곳으로 일제강점기의 여느 학교라면 대개 이런 시설물을 갖춰놓고 학생들에게 일

---

110) 통칭 '교육칙어'는 이른바 '명치천황' 시절인 1890년 10월 30일에 내려진 「교육에 관한 칙어(敎育ニ關スル勅語)」를 말한다. 여기에는 전문(全文) 315자(字)로 "국민도덕의 기본과 교육의 연원, 그리고 12가지 실천덕목"을 명시하였고 이를 통해 "제국의 충량(忠良)한 신민(臣民)이 되도록 하는 근본방침"을 담고 있었다.

『조선신문』 1939년 12월 1일자에는 황기 2600년(즉, 1940년)을 맞이하여 일본의 초대 천황을 제신으로 하는 카시하라신궁(나라 소재)의 신역확장공사가 벌어지자 이곳에 '건국봉사대'로 참가한 이들이 작업을 완료하고 해산식을 벌이는 광경이 소개되어 있다.

상적인 참배를 강요하곤 했다. 이 사진의 아래에는 필굉일우(八紘一宇; 온 세상이 하나의 집처럼 천황의 덕이 두루 미치도록 한다는 뜻)라고 새긴 비석의 모습도 수록되어 있는데, 이것은 황기 2600년을 맞이하여 카시하라신궁건국 봉사대(橿原神宮建國奉仕隊)에 참가한 기념으로 세운 것이라는 표시가 남아 있다.[111]

---

111) 일본 나라(奈良)에 있는 카시하라신궁(橿原神宮)은 초대 진무천황(神武天皇)과 히메타타라이스즈히메황후(媛蹈鞴五十鈴媛皇后)를 제신(祭神)으로 삼는 곳이며, 기원(紀元) 2600년이 되는 때를 한 해 앞두고 1939년에 이곳의 신역 확장(神域 擴張)과 외원정지사업(外苑整地事業)을 벌일 때 이 작업에 자원하여 참여한 이들을 일컬어 '카시하라신궁건국봉사대(橿原神宮建國奉仕隊)'라고 하였다. 『조선신문』 1939년 12월 1일자에 수록된 건국봉사대의 해산식 관련 기사에는 이 당시 일본 전역에서 몰려든 봉사단체가 7,184곳에, 총인원이 1,312,716인에 달했다고 적고 있다.

이와 관련하여 『부산일보』 1940년 3월 3일자에 수록된 「카시하라신궁(橿原神宮) 봉사근로(奉仕勤勞)의 기념비(記念碑), 부산항고녀교(釜山港高女校)에 건립, 영구(永久)히 적성(赤誠)을 전하는 팔굉일우(八紘一宇)」 제하의 기사에는 이 비석의 건립경위가 다음과 같이 정리되어 있다.

> 기원(紀元) 2600년을 봉축하는 일억민초(一億民草)의 적성(赤誠)은 불타올라 성역(聖域) 카시하라신궁 외원 그라운드(橿原神宮 外苑 グラウンド) 건설공사에 즈음하여 전국학생근로봉사대(全國學生勤勞奉仕隊)가 참가(參加)했는데 부산항공립고등여학교(釜山港公立高等女學校) 3년생(年生, 현 4년생) 81명(名)은 작년(昨年) 4월 18일 여기에 참가(參加) 토운(土運) 및 기타 한(汗, 땀)의 봉사를 행하여 훌륭한 반도여성(半島女性)의 의기(意氣)를 앙양(昂揚)했다. 동교(同校)에서는 이 쾌거(快擧)를 영구히 후배(後輩)에 대한 지침(指針)으로 하는 의미(意味)에서 기념비(記念碑)를 건립중(建立中)이던 바 작년(昨年) 12월 22일 준성(竣成)을 보았으며, 빛나는 황기(皇紀) 2600년의 정월(正月) 1일, 전교생(全校生) 참렬하(參列下)에 성대한 제막식(除幕式)을 행하였다. 기념비는 '팔굉일우(八紘一宇)'를 새긴 천연석(天然石)으로 교정(校庭)에 삼엄(森嚴)한 공기(空氣)를 빚으며 조석(朝夕)으로 생도(生徒)의 경건(敬虔)한 배례(拜禮)의 자세가 눈에 띄고 있다. [사진은 기념비 = 진해만요새사령부 검열제(鎭海灣要塞司令部 檢閱濟)]

여기에 나오는 '팔굉일우'는 일본의 초대 천황인 '진무천황(神武天皇)'의 '카시하라(橿原) 전도(奠都; 도읍을 정하는 것)의 대조(大詔)'에 포함된 표현이며 이른바 '황기(皇紀) 2600년'을 맞이하던 무렵에 크게 유행어처럼 부상한 용어인데, 『매일신보』 1940년 2월 16일자에 수록된 「팔굉일우(八紘一宇)

의 자의(字義), 적당(適當)히 영역 불능(英譯 不能)」제하의 기사에는 이 말의 뜻풀이에 대해 다음과 같은 설명이 남아 있다.

[도쿄전화(東京電話)] 기원(紀元) 2600년과 함께 급작스레 인구(人口)에 회자(膾炙)되는 '팔굉일우'란 말은 아(我) 건국정신(建國精神)을 표시하는 자(者)로서 여러 가지 경우에 사용되지만 해석(解釋)이 구구(區區)하여 의회(議會)에서도 누누(屢屢)히 문제가 되었고 13일 예산총회(豫算總會)에서는 마츠우라 문상(松浦 文相)이, 또 14일에는 츠츠미 야스지로(提康次郎) 씨의 질문에 답하여 요나이 수상(米內 首相)이 "굉대무변(宏大無邊)의 어신덕(御神德)을 편(遍)히 천하(天下)에 홍포(弘布)하려는 대어심(大御心)이라"고 명확히 하여 자(玆)에 자의(字義)의 고정해석(固定解釋)이 나왔는데 여하간(如何間) 의장(議場)에서 이 문제가 나온 것은 철도성 관광국(鐵道省 觀光局) '팜푸렛트'에 "싸- 유니바-스 원 파미리이 프린시풀(The Universe One Family Principle)"이라고 영역된 데서 발단(發端)된 것이다. 금후(今後) 이 문구(文句)를 외국역(外國譯)할 경우에는 어떻게 될 터인가?
관광국에서는 카타오카 국장(片岡 局長)이 "그런 번역은 사실로 적당치 않을는지 모르나 팔굉일우란 말에 그대로 적당한 영어가 없으므로 우선 그렇게 역(譯)한 것이나 역어(譯語)는 그대로 사용할 경우에 오해 없도록 주석(註釋)을 부(附)하면 좋겠다고 생각한다", 또 동대 명예교수(東大 名譽教授) 이치카와 산키 박사(市河三喜 博士)도 "팔굉일우란 말을 간단히 표현할 역어는 발견되지 않는다"고 영어학계(英語學界)의 태두(泰斗)도 수긍하는 터인데 여하간 심원(深遠)한 우리네 이상(理想)을 외국인(外國人)에게 알리기는 번역(飜譯)으로는 좀처럼 어려운 문제이다.

'교육자에 대한 칙어'와 '이중교' 사진액자가 나란히 걸린 부산항공립고등여학교 후쿠모토 교장실의 모습이다.
(민족문제연구소 소장자료)

다시 두어 장을 넘기면 일본인 교장 후쿠모토 이치타로(福本市太郎)의 집무실 풍경이 등장한다. 여기에는 "건전한 국민의 양성은 전적으로 사표(師表)가 되는 자의 덕화(德化)에 따른 것이니 …… 운운" 하는 소화천황이 내린 「교육의 직임에 있는 자에 대한 칙어(敎育ノ任ニ在ルモノニ對スル勅語)」(1931년 10월 30일)를 적은 액자와 더불어 일본 도쿄 황궁 앞 이중교(二重橋, 니쥬바시) 사진이 벽면에 나란히 걸린 모습이 보인다.[112] 특히, 천황의 존재를 상징하는 이중교의 사진 액자는 대개 각 교실마다 칠판 위쪽에 걸려 있어서 일본인 선생들이 걸핏하면 "천황 폐하께서 우리를 굽어보신다"고 하면서 학습을 독려하거나 학생들을 통제하는 수단으로 곧잘 사용했다고 전해진다.

다시 몇 장을 더 넘기면 10여 명씩 짝을 이룬 졸업생들의 기념촬영사

---

112) 통칭 '교육자에 대한 칙어'는 1931년 10월 30일에 이른바 '소화천황'이 도쿄고등사범학교 60년 기념식장과 도쿄 문리과대학 및 도쿄고등사범학교에 행차할 때 문부대신(文部大臣)을 불러 하사한 내용으로 알려진다.

졸업생들이 기념촬영을 위해 늑목(肋木) 앞에 나란히 선 장면이다. 상의는 교복을 착용하고 있으나 하의는 한결같이 '몸페' 차림을 하고 있는 것이 이색적이다.
(민족문제연구소 소장자료)

진이 죽 이어진다. 그런데 이들의 복장을 보아하니 학생복이긴 한데 한두 장을 제외하고는 모두 치마가 아닌 이른바 '몸페(もんぺ, 몸뻬, 몬페)' 차림인 것이 이색적이다. 이 무렵 『매일신보』 1943년 5월 8일자에 수록된 「몸페 복지(服地, 옷감) 지정(指定)말라, 폐물활용(廢物活用)도 좋다고 각 여학교(各女學校)에 주의(注意)」 제하의 기사에는 몸페착용과 관련한 풍경을 이렇게 그려내고 있는 것이 눈에 띈다.

> 어느 때 우리국토에 날아 들어올지 모르는 적기를 격퇴하기 위한 방공(防空) 태세는 철벽 같이 확립시켜야 한다. 여기서 일반직장을 비롯하여 각 가정에서도 이 취지를 철저히 깨닫고 자진하여 협력하는 것이 반가운 일이다. 그 중에서도 공부만 하면 그만이라고 알아온 각 학교에서까지도 선생과 생도가 완전히 일치하여 이 방공활동에 힘쓰고 있는 것은 유달리 반가운 현상이다.
> 그런데 너무나 열성이 지나친 때문에 극히 일부인 것은 사실이지만 어떤 고등여학교 같은 데서는 이 방공준비 때문에 학부형들의 오해를 사

고 있는 경향이 있다는 것이다. 각 여학교에서는 방공활동을 철저히 하기 위하여 생도들에게 '몸페'를 입힌다. 이것은 애국반의 가정부인들이 '몸페'를 입고 방공활동을 하는 것과 그 취지가 조금도 다름이 없다. 그러므로 여자생도들에게 '몸페'를 입히는 것은 극히 당연한 일이요 또 철저히 실행시켜야만 할 일이다.

그러나 여기서 문제되는 것은 '몸페'를 만들 옷감이다. 어떤 학교에서는 그 빛깔과 옷감 종류를 지정하여 교복과 같이 통일시키려는 곳이 있다. 그런데 물자가 윤택하지 못한 이 때인 만큼 물건을 구하기가 힘들어 생도 당자는 물론이요 그 부형들도 고통을 받게 된다. 사려고 해도 용이하게 살 수는 없고 학교에서는 지정한 것으로 해 입으라고 하는 데서 학교당국과 학부형 사이에 오해가 생기게 된다. 이 같은 일은 물론 극히 일부 학교에만 있는 현상이다. 그러나 물자를 절약하는 데 모범을 보여야만 할 학교에 이런 일이 있다는 것은 유감스러운 일이다. …… (하략)

전시체제가 강화하면서 활동성을 높이고 물자절약을 한다는 방편으로 남자들에게는 국민복의 채택과 더불어 각반(脚絆)을 착용토록 했고, 일반여성은 물론이고 여학생들에게도 '몸페' 제복을 강요하던 시절이었음을 실감하게 된다. 또한 행군연습을 나가거나 근로보국대(勤勞報國隊) 활동에 동원되는 경우에도 이런 복장을 한 모습이 사진첩의 곳곳에 드러나 있다. 이밖에 금속물공출(金屬物供出)에 관한 장면과 용두산신사봉찬체육대회(龍頭山神社奉讚體育大會)라고 제목이 붙어 있는 사진자료도 이 졸업앨범에서 눈여겨 볼 대목이다.

이 사진첩에 수록된 이색적인 풍경을 하나 더 소개하면 체력장검정

여학생 제복에도 '몸페'가 등장하기 시작했다는 사실을 알리는 『매일신보』 1941년 11월 16일자의 보도내용이다.

(體力章檢定)이 바로 그것이다. 이것은 장차 강제징병으로 국방의 제일선에 서게 될 청년남녀에 대한 체력관리를 제고할 목적으로 1940년 4월 6일에 법률 제105호 「국민체력법(國民體力法)」(1940년 9월 26일 시행)이 제정되었고, 그 여파로 조선 전역에 대한 체력검사를 겸해 성과별로 체력장(體力章)을 수여한 행사를 말한다.[113]

특히 여학생들은 인구정책상의 필요에 의해 이러한 체력장 검정 제도가 적용된 것으로 확인되는데, 이러한 도입배경에 대해서는 『매일신보』 1941년 9월 11일자에 수록된 「여자(女子)도 체력장 제도(體力章 制度), 인구정책상(人口政策上) 신중(愼重)히 협의진행중(協議進行中)」 제하의 기사를 통해 엿볼 수 있다.

---

113) 그런데 식민지 조선에 있어서 체력검사와 관련한 별도의 법령이 처음 등장한 사례는 일제가 패망을 코앞에 둔 1945년 3월 12일에 이르러서야 만들어진 제령 제5호 「조선체력령(朝鮮體力令)」이었던 것으로 확인된다. 또한 이것은 1945년 4월 28일의 조선총독부령 제93호에 의해 "소화 20년(1945년) 5월 1일부터" 시행하는 것으로 정해진 바 있다.

[도쿄전화(東京電話)] 일반여성들의 체위를 향상시킬 것을 목적으로 여자 체력장(女子體力章) 제도협의회는 국민체력진흥회(國民體力振興會) 주최 아래 8일 오후 2시부터 후생성(厚生省)에서 체력진흥회 이사장 타케이(武井) 인구국장을 비롯하여 육군성 병무국 고노(河野) 중좌, 육군군의학교 스즈키(鈴木) 중좌, 후루야(古屋) 후생기사, 이노우에(井上) 정보관, 테루오카(照岡) 노동과학연구소장, 요시다(吉田) 도쿄고등체육학교 교수 등 관계 각 방면의 위원 54명이 출석하여 개최되었다.

인구의 절반을 점령하는 여자의 체력장 제정은 인구정책상 남자보담도 중대하며 그러니만치 더욱 신중을 기하지 않으면 안 된다 라는 타케이 인구국장의 인사에 뒤이어 각 위원으로부터 활발한 의견의 개진이 있었는데 특히 체력장의 대상으로 하는 여자의 연령, 임신, 생리(生理)시에 있어서의 검정방법 등에 대하여 여러 가지로 논의가 집중되었다. 이 의견을 정리하여 새로이 위원 중에서 10명 정도의 전문위원을 선발하여 소위원회를 결성하여 가지고 심의를 속행하여 체력장 제정의 구체안을 연구하기로 되어 있다.

금속물 공출을 위해 각 가정에서 사용하는 유기(鍮器)를 헌납한 여학생들이 이를 다시 트럭에 실어 보내는 장면이 졸업앨범에 채록되어 있다.
(민족문제연구소 소장자료)

1943년 4월 1일 이후 실시가 확정된 여학생 대상 '체력장 검정(體力章 檢定)'이 실시될 당시의 상황이다. 여기에는 1천 미터 달리기, 중량 운반, 짧은 봉 던지기 등의 장면이 동시에 포착되어 있다. (민족문제연구소 소장자료)

이러한 결과로 1943년 4월 1일부터 징병제 실시와 맞물려 조선의 전체 여자중등학교에 대해서도 체력장검정을 실시하는 것으로 확정되었다. 여기에는 당년 15세~21세를 수험자 자격으로 하여 속행(速行, 1천 미터 빨리달리기), 중량운반(重量運搬, 무거운 짐 들고 나르기; 20킬로그램 무게를 들고 50미터를 20초에 달리면 '중급'으로 간주), 승도(繩跳, 줄넘기), 단봉투(短棒投, 짧은 봉 던지기; 남자의 수류탄 던지기와 흡사) 등의 종목이 포함되었고, 이밖에 수영(水泳)과 강보(强步, 장거리 강행군)는 별도의 선택종목으로 주어졌다.

이 사진첩의 말미에는 여느 졸업앨범이 다 그러하듯이 졸업생의 명부와 출신지를 적은 향관록(鄕關錄)이 첨부되어 있다. 이 당시의 졸업생은 4의1조(組)[114]와 4의2조를 합쳐 전체 99명이었는데, 대부분은 창씨개명

---

114) 이 당시에는 몇 학년 몇 반(班)이 아니라 몇 조(組)라고 하였고, 지금의 '담임선생님'을 일컬어 '조주임(組主任)'이라고 표현하였다. 그리고 졸업생의 편성이 4의 1조와 4의 2

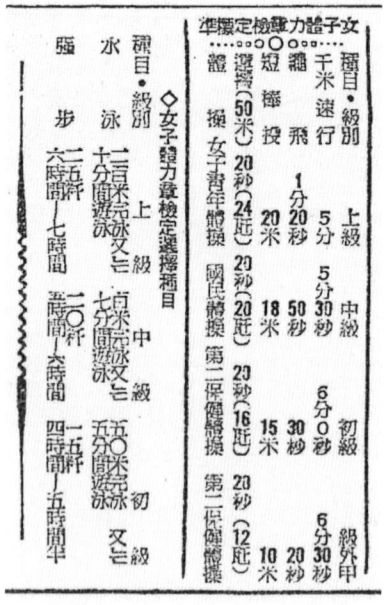

『매일신보』 1943년 5월 20일자에 수록된 '여자체력장 검정표준(종목별)'과 선택종목의 등급별 기준표이다. 특히 여학생들을 대상으로 한 이러한 체력장 검정은 전시체제의 지속과 맞물려 '인구정책상' 측면의 필요성에 따라 시도된 것이었다.

(創氏改名)이 된 탓인지 조선식 이름을 유지하고 있는 학생은 거의 드물게 눈에 띈다. 그리고 졸업생의 이름에 끝자가 가령 영자(英子), 인자(仁子), 경자(京子), 희자(喜子), 정자(貞子), 귀자(貴子), 숙자(淑子), 광자(光子), 명자(明子), 민자(民子), 애자(愛子), 춘자(春子), 순자(順子), 신자(信子)처럼 자(子)로 된 경우가 65명으로 3분의 2선에 육박하는 것으로 드러난다.

그러고 보니 이들 졸업생은 살아 계신다면 벌써 90줄을 넘어 100세를 바라보는 연세가 되는 것 같다. 졸업하자마자 일제가 패망하고 해방 이후의 혼란기와 한국전쟁 시기를 거치는 때가 하필이면 청춘기와 겹치다보니, 많은 경우에 힘들고 벅찬 시대의 고통과 역경을 온몸으로 고스란히 감수해야 했을 것이 틀림없어 보인다. 그 와중에 학창시절의 푸른 꿈은 다들 얼마만큼이나 성취하였는지 자못 궁금해지기도 한다. 어

조로 되어 있다는 것은 이 당시 이 학교는 4년제로 운영되고 있었다는 것을 말해준다.

찌 보면 광포한 군국주의에 의해 짓눌린 세상에서 제대로 미래에 대한 꿈이나 꿀 수 있었을까 하는 의문이 없지도 않다.

● 이 글은 『민족사랑』 2014년 11월호에 게재하였던 것을 수정 보완하였다.

22

마침내 조선인 학교에도 출현한 군사교련제도와 배속장교의 존재

미성년자 금주금연법과 삭발령도 학원통제의 수단으로 사용

조선인의 참정권(參政權) 및 병역의무(兵役義務)에 대하여는 당국자(當局者) 간에 숙의(熟議)한 결과로 약 10개년 간 후에 부여(賦與)하기로 정하였는데 특히 외국(外國)에 재주(在住)하는 조선인에게는 외무성(外務省)의 주장으로 일본관민(日本官民)과 동일한 자격을 여(與)하기로 결(決)한 후 각국 정부(各國政府)에게 통첩(通牒)하였다더라.

이것은 원래 『황성신문』이었다가 경술국치와 더불어 제호(題號) 변경을 강요당한 『한성신문』 1910년 9월 6일자에 수록된 「조선인 권리의무(朝鮮人 權利義務)」 제하의 기사 내용이다. 여길 보면 막 일본제국의 신영토(新領土)로 편입된 조선에 대해 병역의무의 부과를 10년간 유예한다는 구절이 포함되어 있다. 그 이유는 자세히 알려진 바 없으나 무엇보다도 언어(言語) 차이로 인해 지휘통솔이 쉽지 않은데다 함부로 무기를 소지할 수 있는 기회를 주지 않겠다는 판단이 깔려있었던 것이 아니었던가 싶다.

식민통치자들이 "조선인의 병역문제는 언어통일(言語統一)과 의무교육(義務教育)의 보급이 철저하게 이뤄지는 것이 선결과제"라는 언급을 곧잘 내

뱉은 것도 이러한 맥락으로 이해가 된다.[115] 그게 아니라면 그들의 충직한 본토 신민(臣民)들만으로도 제국 군대의 유지를 감당할 수 있다고 보았으므로 구태여 '이등국민(二等國民)'에 불과한 식민지 백성을 대상으로 병력충원을 시도할 필요조차 없었다는 것이 더 큰 이유였을지도 모르겠다.

아닌 게 아니라 '조선'은 어디까지나 제국헌법의 시행구역 밖에 있는 식민지(殖民地)였던 탓에 일본정부의 직할구역을 뜻하는 이른바 '내지(內地)'와는 확연히 구분되는 특별지역의 하나로만 취급되고 있었다.[116] 경술국치 당시의 시점인 1910년 8월 29일에 제정 공포된 칙령 제324호 「조선(朝鮮)에 시행(施行)할 법령(法令)에 관한 건(件)」에 따르면, 식민지 조선에 적용되는 법률은 조선총독의 명령(命令)인 '제령(制令)'의 형태이거나 "법률의 전부 또는 일부를 조선에 시행한다"는 별도의 칙령(勅令)이 있어

---

115) 우가키 조선총독(宇垣 朝鮮總督)의 경우, 이 문제와 관련하여 "조선인(朝鮮人)의 병역문제(兵役問題)에 분주하고 있는 인사도 있고 또 병역지망의 청년으로부터 최근 빈빈(頻頻)히 편지도 받을 일이 있는 바 취지정신은 실로 훌륭한 것으로 1일이라도 속히 그 실현의 기회가 도래하기를 희망한다. 그 때문에는 의무교육(義務敎育)의 보급철저가 선결문제인데 국민으로서의 자격의 완성이 전제조건이라 할 것이다. 따라서 금일은 아직 시기상조라고 하지 않을 수 없다"(『매일신보』1934년 1월 20일자 관련 보도)고 설파한 사실이 있으며, 또한 "조선인 병역문제는 언어통일이 된 후에야 시행하겠으되 중등학교에 군사교련을 시켜본 결과 성적이 매우 좋으므로 의무병역의 전제로 일개 대대나 또는 이개 대대의 지원병을 모집하여 볼 작정으로 …… 운운"(『조선일보』1935년 7월 11일자 관련 보도)한 적도 있었다.
116) 1918년 4월 16일에 제정 공포된 법률 제39호 「공통법(共通法)」(별도의 칙령에 의해 1918년 6월 1일부터 시행)에 따르면 일본은 크게 '내지(內地)', '조선(朝鮮)', '대만(臺灣)', '관동주(關東州)'라는 지역으로 구분하며, '화태(樺太, 사할린)'는 내지에 포함하는 것으로 규정하고 있다. 그리고 1923년 3월 28일에 제정 공포된 법률 제25호 「공통법(개정법률)」(시행일은 1923년 4월 1일)에 따라 지역 구분에 있어서 '남양군도(南洋群島)'가 새로 추가되었다.

조선에 대한 징병제도(徵兵制度)의 실시가 확정된 사실을 알리는 『매일신보』 1942년 5월 10일자의 보도내용이다. 애당초 식민지 조선은 이른바 '내지(內地)'와는 구분되는 특별지역인 탓에 '병역법(兵役法)'의 적용대상에서 빠져 있었으나 전세가 다급해지자 일제는 조선인들에게도 병역의 의무를 부과하기에 이른다.

야만 했다.[117] 따라서 이곳은 법률상으로도 처음부터 「징병령(徵兵令)」의 적용대상지역에서 완전히 빠져 있었다.[118]

  그러나 만주사변(1931년)을 거쳐 중일전쟁(1937년)에 이르러 소모적인 침략전쟁이 지속되면서 이러한 상황은 급변하기에 이른다. 신무천황제일(神武天皇祭日)인 1938년 4월 3일에 맞춰 시행된 「육군특별지원병령(陸軍特別

---

117) 이 칙령은 1911년 3월 24일에 이르러 법률 제30호 「조선(朝鮮)에 시행(施行)할 법령(法令)에 관한 법률(法律)」로 대체되었다.
118) 일본의 「징병령(徵兵令)」은 1873년 1월 10일에 태정관포고(太政官布告)로 처음 등장하였다가 1889년 1월 22일에 법률 제1호로 제정되었으며, 1927년 3월 31일에 이르러 법률 제47호 「징병령(개정법률)」(시행일은 1927년 12월 1일)을 통해 이를 「병역법(兵役法)」으로 개칭하였다.

병역의 의무가 없던 조선인 학교에 대해서는 군사교련의 실시와 배속장교의 배치가 결정된 사실을 알리는 『조선일보』 1934년 7월 18일자의 보도내용이다. 이에 따라 1934년 제2학기부터 경성제일공립고등보통학교(나중의 경기중학교)와 경성제이공립고등보통학교(나중의 경복중학교)를 대상으로 하여 최초로 군사교련수업이 개시되었다.

志願兵令)」은 부족해진 병력자원을 식민지 조선에서 긴급 조달하기 위한 응급조치의 하나였다. 그러다가 다시 태평양전쟁(1941년)의 확전에 따라 1942년 5월 9일에는 조선에 대한 징병제 실시계획이 공표되었고 여기에는 일시동인(一視同仁)과 내선일체(內鮮一體)를 실현하여 명실상부한 황국신민(皇國臣民)이 되도록 한다는 그럴싸한 명분이 내세워졌음은 물론이다.[119]

그런데 이러한 징병제 실시에 관한 연혁을 죽 살펴보노라면 이것과 맞물려 항상 함께 등장하는 것이 하나 있었으니, 조선인 학생을 대상으로 한 '군사교련제도(軍事敎練制度)'의 시행여부가 바로 그것이었다. 예를 들어 『동아일보』 1924년 4월 12일자에 수록된 「조선학생(朝鮮學生)에도

---

119) 조선인에 대한 징병제 실시는 1942년 3월 2일 법률 제4호 「병역법 중 개정법률」(시행일은 1943년 8월 1일)을 통해 징집대상자(徵集對象者)에 "조선민사령(朝鮮民事令) 중 호적(戶籍)에 관한 규정(規定)의 적용(適用)을 받는 자(者)"를 추가하는 형태로 이뤄졌다.

군사(軍事)를 교련(敎練), 위선 공립학교부터 시작, 금년(今年)부터 실시방침(實施方針)」 제하의 기사에는 이러한 내용이 서술되어 있다.

일본에서는 중등 정도 20학교에 육군장교(陸軍將校)를 배치하여 군사교련(軍事敎練)을 하여 왔으며 조선에서도 일본인 중학교와 일본인을 위주(爲主)하는 실업학교에서는 벌써 군사교련을 실시하여 왔으나 조선인을 위주하는 고등보통학교나 일본인과 조선인이 공학하는 실업학교와 전문고등학교에서는 조선인에게 군사교련을 시키는 것이 국책상으로 보아 적당치 못하다는 해석으로 지금까지는 군사교련을 실시치 아니하고 지내왔었는데 최근에 이르러 일본인과 조선인이 공학하는 학교에서 조선인 때문에 일본인 학생에게 군사교련을 실시치 못하는 것은 균형(均衡)을 잃은 일이며 그렇다고 일본인에게만 따로 떼어 가르칠 수도 없으므로 마땅히 조선인에게도 가르치는 것이 옳은 일인데 그렇다면 공학하는 학교에 다니는 조선인에게 군사교련을 시키면서 조선인만 위한 학교에는 실시치 않는다는 것은 또한 모순이라 하여 총독부 내에서 여러 가지로 물론이 분분하던 바 결국은 일체로 조선인학교에도 군사교련을 시키는 것이 마땅하다고 낙착되어 조선군사령부의 동의까지 얻은 후 벌써 학무국원을 도쿄(東京)로 파송하여 육군성(陸軍省)과 문부성(文部省)에 장교파송과 총기공급을 교섭케 하였는데 모든 경비는 총독부 비용으로 하리라 하며 교섭이 즉시 낙착될 터이므로 금년부터 실시하게 되리라더라.

[비용관계(費用關係)로 점진적 실시(漸進的 實施)]
군사교련을 조선인에게 실시하는 것이 원칙으로 보아 옳다는 의론이 성립되어 별항과 같이 실시를 보게 되었으나 공사립을 일제히 실시하자면

많은 장교와 경비가 소용되므로 도저히 일조일석에 일시에 실시할 수는 없으며 또한 조선인에게 군사교련을 시키는 것이 과연 어떠한 영향을 미치게 할는지 의심되지 않는 바도 아니므로 총독부에서는 우선 금년도부터는 공립학교에만 실시하고 차차 점진적으로 사립학교 전부에 보급하리라는 바 공립학교에만 실시하자도 4, 50명의 장교가 필요하며 총검도 필요하나 육군성에는 한꺼번에 그리 많은 인원과 기구를 내어줄 수 없다는 의향을 가지었으며 더욱 총도 전부 무료로 대여할 능력이 없다는 회답이 있었으므로 일부에서는 혹은 목총(木銃)을 사용하게 될는지도 모른다더라. …… (하략)

이를 테면 '태생적으로' 병역의무를 지닌 일본인 학생들이야 더 말할 나위가 없지만, '법률적으로' 아무런 병역의무를 질 필요가 없는 조선인 학생들까지 끌어들여 군사교련의 대상에 포함해야 하는지가 계속 논란이 되고 있었던 것이다. 더구나 이른바 '일선공학(日鮮共學)'의 형태로 운영하는 관공립학교도 여럿 존재하였으므로 이 경우에 조선인 학생들은 제외할 것인지의 여부도 현안문제로 떠오르곤 했다.

아무튼 이러한 논의의 결과로 1926년 4월 1일 이후에는 병역의무와 직접 관계가 있는 공립중학교(公立中學校, 일본인 전용학교)의 전부(全部; 10개교가 여기에 해당)와 일본인 위주의 관립경성사범학교, 경성공립상업학교, 인천남공립상업학교, 부산제일공립상업학교 등 14개교가 일괄 군사교육의 대상학교로 선정되기에 이른다.[120] 그리고 1928년 9월에 개시되는

---

120) 이에 관련된 것으로는 『매일신보』 1926년 2월 25일자에 수록된 「군사교육 실시결정(軍事教育 實施決定), 병역의무관계(兵役義務關係)로 원칙(原則)으로써 내지인 학생(內

『매일신보』 1928년 7월 6일자에는 조선 내 각 전문학교에 대한 군사교련의 실시와 관련하여 각 지역의 부대에서 선발된 육군현역장교들이 해당 학교에 '배속장교(配屬將校)'로 임명된 내용이 소개되어 있다.

제2학기(第二學期)부터 전문학교(專門學校) 과정에 대해서도 군사교련을 실시하는 방침이 결정되면서, 그해 7월 3일에는 경성제국대학(본과 및 예과), 경성고등공업학교, 경성고등상업학교, 경성법학전문학교, 경성의학전문학교, 수원고등농림학교 등 각 학교에서 복무할 육군현역(陸軍現役)인 배속장교(配屬將校)의 임명이 이뤄졌다.[121]

地人 學生)에게 과(課)할 방침(方針)」 제하의 기사 및 『조선일보』 1926년 2월 26일자에 수록된 「군사교육 실시범위(軍事敎育 實施範圍), 전부(全部) 14교(校)」 제하의 기사가 남아 있다.

121) 교련제도와 육군현역 배속장교의 배치에 관한 규정으로는 1925년 4월 11일에 제정 공포된 칙령 제135호 「육군현역장교학교배속령(陸軍現役將校學校配屬令)」과 1925년 7월 2일에 제정 공포된 칙령 제246호 「문부대신 소할외(文部大臣 所轄外)의 학교(學校)에 육군현역장교(陸軍現役將校)를 배속(配屬)하는 건(件)」이 있다. 이에 따르면 "관공립의 사범학교, 중학교, 실업학교, 고등학교, 대학예과, 전문학교, 고등사범학교, 임시교원양성소, 실업학교교원양성소 또는 실습보습학교교원양성소에는 남생도의 교련을 관장토록 하기 위해 육군현역장교를 배속한다"고 하였고 "사립의 중학교, 실업학교, 고등학교, 대학예과 또는 전문학교 등은 당해학교의 신청에 따라 육군현역장교를 배속할 수 있다"고 정하였다. 그리고 이와는 별도로 "궁내대신, 문부대신 이외의 각성대신, 조선총독, 대만총독, 관동장관 또는 화태청장으로부터 협의가 있는 때에는 육군대신이 소할 학교에 육군현역장교를 배속할 수 있다"는 내용도 포함되어 있다.

『조선총독부관보』 1942년 5월 23일자에 게재된 총독부 훈령 제29호 「육군현역장교의 배속을 받은 학교의 교련교수요목(敎練敎授要目)」의 말미에는 학교종류별 및 학년별 교련수업 시수표(時數表)가 일목요연하게 정리되어 있다. 예를 들어 중학교(옛 고등보통학교 포함)에서는 매주 2~3시간의 교련수업과 아울러 매년 4~5일간의 야외연습(野外演習)을 이행해야 하는 것으로 표시되어 있다.

이러한 상황에서 조선인 학교에 대한 군사교련의 실시와 배속장교의 배치가 본격적으로 개시된 것은 1934년 하반기의 일이었다. 이에 관해서는 『조선일보』 1934년 7월 18일자에 수록된 「제일(第一) 제이고보(第二高普)에 금추(今秋)부터 장교배치(將校配置), 평양상업(平壤商業), 의전(醫專) 양개소(兩個所)에도, 조선인 군사교련(朝鮮人 軍事敎練)의 일보(一步)」 제하의 기사에 이러한 내용이 채록되어 있다.

기보=조선인의 중등교육기관인 고등보통학교에 현역장교를 배속(配屬)시켜 군사교련을 시키려는 안은 이미 결정된 이래 그 배속관계를 당국에서 고구하던 중 낙착되어 각각 관계 학교에 통기하였다는 바 이것은 예산과 및 배속장교 수효관계로 각 학교에 일시에 다 하지는 못하고 우선 경성의 제일, 제이의 두 곳 공립고등보통학교와 대구(大邱), 평양(平壤)의 두 곳 의학전문학교와 평양공립상업학교(平壤公商) 등에만 우선 배치키로 결정하였는데 오는 2학기 초부터는 실제 교련에 착수하게 되리라 한다.

종래 고등보통학교로는 전주(全州)와 청주(淸州)의 두 곳 고등보통학교에 장교를 배속시키고 교련하였는데 이는 그 두 지방에는 중학교가 없어서 일본 내지인 학생도 공학을 하는 관계상 병역의무연한 때문에 그 학생들을 교련키 위하여 배속시켰던 것이므로 순수한 조선학생의 교련을 위한 장교배속은 이번이 처음이라 한다. 이 외에 19사단 관하 학교의 장교배속은 아직 결정되지 아니하였다 한다.

이보다 약간 앞서 『매일신보』 1934년 6월 27일자에는 「조선인(朝鮮人)에 대한 병역의무(兵役義務)의 전제(前提), 고등보통학교(高等普通學校)에 군사교련(軍事教練)을 8월(月)부터 실시(實施)?」라는 기사가 등장한 바 있다. 여기에 나오는 제목에서 보듯이 이러한 조치는 그 자체로 "머지않은 장래에 조선인에 대해서도 병역의 의무를 부과하려는 의도"를 내포한 것으로 받아들여지지 않을 수 없었던 것이다.

여기에 더하여 해가 바뀌어 1935년 8월 1일에는 다시 동래고등보통학교, 대구고등보통학교, 광주고등보통학교, 함흥고등보통학교, 경성(鏡城)고등보통학교, 춘천고등보통학교, 평양고등보통학교 등 7개 조선인 학교에 대해 군사교련을 위한 배속장교의 추가배치가 이뤄진 것으로 확인된다.[122] 이러한 결과로 각 학교에서는 때마다 정해진 일정에 따라 마치 군인들처럼 '교련사열(敎練査閱)'을 받는 것이 하나의 연례행사로 정착되기

---

122) 이에 관한 것으로는 『조선일보』 1935년 8월 4일자에 수록된 「7개 고보교(高普校)에 장교(將校)를 배치(配置), 군사교련을 시키기 위하여 1일(日) 육군이동(陸軍異動)에 발표(發表)」 제하의 기사 및 『동아일보』 1935년 8월 4일자에 수록된 「각 지방 고보(各地方 高普)에 장교(將校)를 배치(配置), 1일부(日附)로 각각 발령(發令)」 제하의 기사가 있다.

『매일신보』 1943년 9월 28일자에 소개된 중앙중학교의 교련사열(敎練査閱) 장면이다. 여기에는 징병제의 실시를 1년 앞두고 군사교련을 통해 총후학도의 의기와 감투정신을 한층 더 발휘해야 한다는 사실이 강조되어 있다.

도 했다.[123]

『매일신보』 1943년 9월 28일자에 수록된 「이 의기(意氣)를 보라, 징병진발(徵兵進發)의 각 학교 교련사열 시작(各學校 敎練査閱 始作)」 제하의 기사에는 흡사 병영지(兵營地)의 연병장(練兵場)과 하등 다를 바 없이 변한 학교 교정의 풍경을 이렇게 묘사하고 있다.

명년부터 실시되는 세기적인 명예의 징병을 앞두고 반도 청년은 감격과

---

123) 교련사열은 1925년 4월 11일의 칙령 제135호 「육군현역장교학교배속령」에 포함된 "제4조 육군대신은 현역장교로써 본령에 의해 장교를 배속한 학교에 있어서 교련실시의 상황을 사열(査閱)토록 할 수 있다"라는 구절에 근거를 두고 진행되었다.

동시에 교련으로서 황군의 자질을 닦고 있다. 이리하여 적 미영격멸에 불붙은 결의로 심신을 단련하고 전기(戰技) 훈련으로써 전선 8만 학도는 학원도 결전장으로 통한다는 굳은 결의 아래 징병에의 진군을 하고 있는 것이다. 이에 군 당국에서는 27일 중앙중학(中央中學)을 필두로 하여 징병제 실시 후 최초로 18년도(1943년도) 전선학교 교련사열을 실시하여 피 끓는 총후학도의 의기와 감투정신을 드날리기로 되었다.

사열 첫날인 27일 오전 8시 정각 사이토(齋藤) 중위 지휘 아래 8백여 중앙 건아 5개 중대는 군장도 늠름한 태도로 조선 제○○부대 오가와라(大河原) 대좌를 사열관으로 하여 사열을 받았다. 사열은 나카이(中井) 조선군 병무부장, 후지이(藤井) 도 학무과장, 이밖에 전선 각지로 파견될 사열관 12명과 부내 각 중등학교 배속장교들의 참관 아래 거행되었는데 우선 전교생은 오가와라 사열관의 사열을 받고 지축도 흔들릴 만큼 우렁찬 걸음걸이로 분열식을 한 다음, 각 학년별의 교련사열이 시작되었다.

이어 제1학년의 각개훈련(各個訓練)과 체조, 제2학년의 밀집훈련(密集訓練), 4학년생의 일돌필중(一突必中)의 기세에 차 총검도와 사격으로 교련장은 가장 긴장된 가운데 평소의 훈련이 그대로 전개되고 사열관의 눈은 그들의 일거수 일동작을 살핀다. 오후에는 제3학년의 전장운동(戰場運動), 수류탄(手榴彈) 던지기, 방독구호작업, 5학년의 전투교련, 진중근무(陣中勤務) 상황 등으로 진지감투의 뜻있는 교련사열은 오후 4시 경 다음과 같은 오가와라 사열관의 강평으로 사열을 마치었다.

그런데 특히 이 날은 장차 군국의 어머니로서 책임이 큰 경기고등여학교(京畿高女) 4학년생 160여 명과 다음 날의 황군이 될 재동국민학교(齋洞國民學校) 6학년 학동들의 견학이 있어 더 한층 교련사열에 이채를 띠웠다.

[오가와라 대좌 강평(大河原 大佐 講評)]

정식 교련의 역사가 짧은 학교로서 오늘의 교련상황은 처음부터 끝까지 대단 훌륭하였다. 그러나 부분적으로 볼 때 제군은 열의는 있으나 아직 적을 격퇴하고야 만다는 기백이 아직도 적음을 그 자세에서 알 수 있었다. 좀 더 기백을 갖추고 기술을 연마하여주기를 바란다. 나는 지금의 성과 열을 가지고 교련의 참된 정신을 파악하여 훈련을 받아 나간다면 1년 이내로 훌륭한 성과를 거둘 수 있으리라는 것을 믿는다. 더욱이 이제의 우리 학도는 언제라도 총을 잡고 전선으로 나갈 수 있다는 책임을 자각하여 군사교련에 한층 분발 정진하여 주기를 바란다.(사진은 교련을 사열하는 광경)

그런데 한 가지 흥미로운 것은 한창 조선인 학교에 대한 교련교육의 실시를 강화하던 바로 그 시기와 맞물려 '미성년자에 대한 금주금연'을 대단히 강조하거나 한 걸음 더 나아가 아예 이를 '법제화'하여 제재를 가한다는 내용의 기사들이 곧잘 신문지상에 등장했다는 사실이다.[124] 알고 보니 이 역시 일제에 의한 조선인 병력동원계획과 전혀 무관하지 않았다.

---

[124] 일찍이 1900년 3월 6일에 제정 공포된 법률 제33호「미성년자 끽연금지법(未成年者 喫煙禁止法)」(시행일은 4월 1일)에 따르면 "미성년자는 흡연을 할 수 없으며 이를 위반하는 자에 대해서는 담배와 흡연기구를 몰수하고, 친권자 또는 감독자에 대해 1원(圓)이하의 과료(科料)를, 또한 미성년자에게 담배와 기구를 판매하는 자는 10원 이하의 벌금(罰金)에 처하도록" 했다. 그리고 1922년 3월 29일에 제정 공포된 법률 제20호「미성년자 음주금지법(未成年者 飲酒禁止法)」(시행일은 4월 1일)에는 "미성년자는 주류(酒類)를 음용(飲用)할 수 없으며 이를 위반하는 자에 대해서는 주류와 그 기구를 행정처분으로 물수 폐기하고, 이를 제지하지 못한 친권자 또는 감독자와 주류 판매자 및 공여자에 대해 과료(科料)를 처분하도록" 정하고 있었다.

'미성년자 금주금연법'이 조선에서 실시된 지 1주년이 되는 때를 맞이하여 이 법령의 철저한 준법운동이 전개되고 있는 사실을 알리는 『매일신보』 1939년 11월 7일자의 보도내용이다.

미성년자 끽연금지법 및 음주금지법의 제정과 적용 연혁

일자	내용
1900.3.7	법률 제33호 「미성년자 끽연금지법」(시행일은 4월 1일)
1922.3.30	법률 제20호 「미성년자 음주금지법」(시행일은 4월 1일)
1938.3.25	칙령 제145호 「미성년자 끽연금지법 및 미성년자 음주금지법을 조선(朝鮮), 대만(臺灣) 및 화태(樺太)에 시행하는 건」(시행일은 4월 1일)

예를 들어, 『매일신보』 1938년 2월 2일자에 수록된 「지원병제도(志願兵制度)에 수반(隨伴), 미성년자 금주금연법령, 체위향상(體位向上) 사회교풍상(社會矯風上) 긴급문제(緊急問題), 4월부터 실시예정」 제하의 기사를 보면 이러한 미성년자 금주금연령이 지원병제도의 실시에 앞선 선결조치로 시도된 사실이 엄연히 기록되어 있다.

이번 새로이 실시를 보게 되는 지원병제도에 대하여 한 가지 여기에 따르는 새로운 법령이 그 제정과 실시를 급히 하고 있는 것이 있다. 즉 총독부에서는 일반 청소년들의 체위향상을 위하여 미성년자(未成年者)들의 금주금연법(禁酒禁煙法)을 내지(內地)와 같이 시행하고자 얼마 전부터 원안을 작성하던 중 작년 가을에 법제국(法制局)에 회부하여 심의를 청하여 왔었다.

그리하여 조선인의 지원병제도 실시에 따라 청소년들의 체위향상은 현하의 절실한 문제로 되어 있는 만큼 위선 청소년의 건강을 해롭게 하는 음주 끽연을 절대로 금지하고자 하는 것이 선결문제로 되어 있으므로 총독부에서는 급속한 실현을 통감하여 법제국의 심의를 재촉하게 되어 이번 4월부터는 이것이 실시하게 되리라 한다. 물론 이 발령실시에 따라 반도 장래의 국방을 짐지고 나서는 반도 청소년들이 건강이 확보될 것으로 이에 대한 기대는 자못 큰 바 있으며 동법의 내용은 내지의 법률을 골자로 한 것이라고 한다.

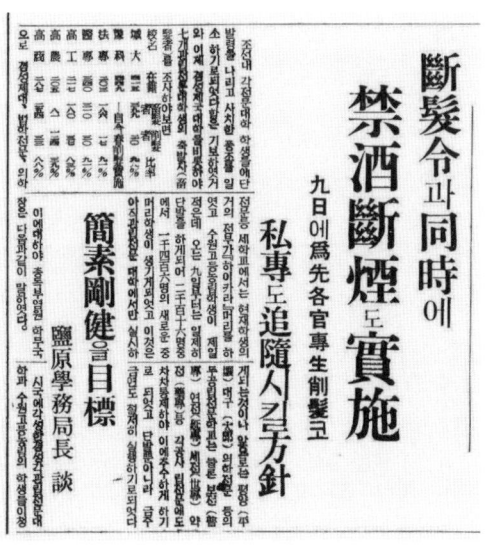

『동아일보』 1937년 11월 7일자에는 조선 내 각 전문학교 학생들에 대한 '삭발령(削髮令)'과 관련하여 전문학교별 축발자(蓄髮者, 하이칼라)와 삭발자(削髮者)의 비중에 대한 조사내역이 수록되어 있다. 이 당시 관립전문학교는 물론이고 연희, 보성, 세브란스의학, 중앙불교 등 조선인 사립전문학교도 이러한 삭발령의 대열에서 비껴나질 못하였다.

까까중머리가 된 오노 정무총감(大野 政務總監)의 모습이 소개된 『매일신보』 1938년 8월 2일자의 보도내용이다. 이 당시는 전시체제 하에서 질실강건(質實康健)을 내세워 총독부 관공리는 물론이고 각 학교의 학생들에 이르기까지 하루가 멀다하고 군대식으로 삭발토록 독려하는 일이 이어졌다.

    이와 함께 이 시기에 '삭발령(削髮令)'도 함께 내려진 사실에 주목할 필요가 있다. 이른바 '시국(時局)의 각성(覺醒)'이라는 미명 아래 1937년 11월 5일에는 학무국장 명의의 통첩(通牒)이 발령됨에 따라 관립 대학교 및 전문학교 학생은 일괄하여 군대식으로 완전 삭발을 해야 하는 처지가 되었다. 더구나 정무총감을 비롯한 총독부 관공리들이 솔선수범하여 이른바 '마루보즈(丸坊主, 삭발머리)'를 하는 장면이 연일 신문지면을 장식하는 일이 벌어지곤 했던 것이다.[125]

  이밖에 『매일신보』 1942년 5월 7일자에 수록된 「존폐기로(存廢岐路)의

---

125) 여기에 나오는 '보즈(坊主)'는 '승려'를 뜻하는 표현이며, 이것과 결합하여 빡빡머리를 가리켜 '마루보즈'라고 하였다. 이것과 비슷하게 그 당시의 신문지상에는 '중머리', '중대가리', '백호머리(배코머리)', '까까머리'와 같은 표현들이 빈번하게 등장하는 것을 확인할 수 있다.

학원구기(學園球技), 최후(最後)의 단안(斷案)을 주목(注目), 각도(各道) 학무체육관 회의(學務 體育官 會議)를 초집(招集)」 제하의 기사를 보면 다음과 같은 흥미로운 상황이 채록되어 있는 것이 눈에 띈다.

> 전시하 국민의 중견층인 청소년의 체육훈련은 언제든지 총칼을 메고 전장에 설 수 있도록 유검도, 사격, 총검술 등을 중심으로 하는 국방훈련에 중점을 두어야 될 것은 말할 것도 없거니와 전시체육훈련의 목표가 이와 같이 확립됨에 따라 종내 중등, 전문학교에서 오랜 역사를 가지고 많은 비용을 들여 대규모로 주력하여 오고 있는 야구, 정구, 축구, 농구, 배구 등 구기(球技)가 재검토의 도마 위에 서게 된 것도 당연한 결과인데 이 경기가 모두 일반대중의 관람흥미의 초점이 되어 있는 것인 만큼 구기의 존폐문제는 사회의 주목을 끌고 있다.
>
> 4일 경성고등상업학교에서 열린 대학 전문학교 체육진흥회 평의원회에서는 금년 6월부터 순차로 거행하는 각 학교 대항경기종목에서 구기는 전부 빼버리기로 된 것은 총독부 학무당국의 구기에 대한 취급방침을 반영하는 것으로서 한층 더 경기관계자는 물론 일반의 큰 관심을 끌고 있는데 이 문제에 관한 총독부 당국의 견해를 타진하면
>
> 1. 대학 전문은 전시하 수업연한의 임시단축에 의하여 2년 반 내지 3년 반으로 짧아진 것
> 2. 대학 전문학생은 졸업하면 곧 군, 기타 생산력 확충산업에 종사하는 것
> 3. 일부 선수만이 독점하는 폐해가 많은 구기를 학생수가 적은 대학, 전문학교에서 치중하는 것은 경비부담, 기타 여러 가지 관계로 불합리한 것

등 여러 점에 있어서 대학 전문학교의 경기종목에서 빼는 것이 적당하다는 견해이나 중등학교에서는 연령이 한창 발육하는 때인 것과 재학연한이 긴 것 등 대학 전문학교와는 사정이 다르므로 단체정신을 양성하는데 적당한 각종 구기는 선수제도의 폐해에 빠지지 않는 정도에서 필요를 인정하고 있다.

그러나 학교대항경기에 구기를 인정하는 여부에 대하여서는 신중히 연구할 필요가 있으므로 오는 12일 오전 8시 총독부 제2회의실에 각도 학무과 학교체육관계관 회의를 열고 충분히 협의한 결과에 의하여 총독부 당국의 최후 단안을 내리기로 되었으므로 이번 회의 결과는 크게 주목을 끄는 바이다.

흔히 단체경기로 인식되고 있던 구기종목조차도 전시체제 하에서는 총검술이나 사격과 같은 국방훈련종목에 밀려 된서리를 맞게 되었다는 것이 조금은 의아한 일이 아닐 수 없다. 이처럼 별의별 학원통제의 수단을 강화하여 조선인 학생들을 거듭 옥죄는 것도 모자라서, 마침내는 그저 '이등국민'으로만 업신여기던 식민지 조선의 젊은이들에게까지 '신성한' 국방의 의무를 지게 만든 것은 그만큼 일제 패망의 순간이 임박하였다는 반증이기도 했던 셈이다.

• 이 글은 『민족사랑』 2023년 7월호에 게재하였던 것을 수정 보완하였다.

23

일제패망기의 학교운동장이 고무공 천지로 변한 까닭은?

일본의 남방군(南方軍)이 보내온 침략전쟁의 전첩기념선물

초등학교 2학년 때 일본인들이 '대동아전쟁'이라 부른 태평양전쟁을 도발했고 전쟁 초에는 일본군이 연전연승한다고 야단이었다. 일본제국주의자들은 대동아전쟁이 아시아를 유럽제국주의 침략으로부터 해방시키기 위한 전쟁이라고 했다. 조선과 만주와 대만을 저들의 가혹한 식민통치 아래 둔 채 도발한 대동아전쟁이 아시아인의 해방을 위한 전쟁이라 떠벌린 것이다.

하와이 진주만 기습작전에서 전사했다는 9명인가를 군신(軍神)으로 찬양한 노래를 배우기도 했던 것 같고, 일본군이 고무가 많이 생산되는 (당시는 말레이시아의 일부이던) 씽가포르를 함락한 기념으로 초등학생들에게 고무공을 하나씩 주어 학교 운동장이 온통 고무공 천지였고, 말레이시아 고무로 만들었다는 운동화가 학생들에게 지급되기도 했다.

이것은 경남 마산 태생인 고려대 명예교수 강만길(姜萬吉, 1933~2023) 선생이 남긴 자서전 『역사가의 시간』(창비, 2010), 41쪽에 나오는 한 대목이다. 그가 기억하는 고무공 천지로 변한 학교운동장이 도대체 어떠한 상

『경성일보』 1942년 7월 9일자에는 남방 지역의 일본 황군(皇軍)이 보내준 고무로 만든 '전첩 기념 고무공'이 경성사범학교 부속 국민학교 학생들에게 배포되고 있는 장면이 소개되어 있다.

황으로 생겨난 것이었는지가 궁금하여 관련자료 몇 가지를 뒤져보았더니, 『매일신보』 1942년 7월 8일자에 수록된 「빛나는 남방 선물(南方膳物), 금일(今日) 고무공 첫 배급(配給)」 제하의 기사에 이러한 내용이 포함되어 있다.

> 군인 아저씨, 참으로 고맙습니다. 대동아전쟁의 혁혁한 전과에 의하여 세계에서 가장 큰 고무산지인 마레이 보르네오가 우리 세력 범위 안에 들어온 오늘 우리나라는 세계에서 고무를 제일 많이 가진 나라가 되었고 그 대신 동아의 천지에서 쫓겨난 미국과 영국은 지금 고무가 없어서 쩔쩔 매고 있는 형편이다. 관계 당국에서는 이와 같은 승리의 선물을 하루바삐 국내로 들여다가 총후에서 싸우고 있는 국민들에게 나누

어 주고자 준비를 바삐 하고 있는데 위선 전첩축하기념 고무공을 '소국민'에게 제1회 배급을 8일의 대조봉대일에 하기로 되었다. 이것은 전선 국민학교 아동들에게 한 개씩 주기로 된 것이다. 운반관계로 8일에는 경성을 비롯하여 각 도청 소재지에 있는 국민학교 남자 아동에게만 학교에서 직접 배급하고 여자용은 한 10여일 늦어질 터인데 값은 남자용이 20전, 여자용이 25전으로 결정되었다. 중학생과 어른들에게 주는 선물인 운동화, 지까다비도 이어 들어와 겨울까지는 배급하기로 될 터인데 승리의 선물에 우리는 감사하며 필승 신념을 더욱 굳게 하지 않아서는 안 되겠다.

여기에 나오는 소국민(小國民)이라는 것은 전시체제기에 '어린 황국민'이란 정도의 의미로 어린이를 일컫는 용어로 사용된 표현이다. 이 글에는 일제가 잇따른 침략전쟁의 말미에 1941년 12월 진주만 기습과 더불어 전선을 남방(南方)으로 확대하여 1942년 2월에는 신가파(新嘉坡, 싱가폴)를 함락하였고, 그 결과 뜻하지 않게 세계 최대의 고무 생산국으로 급부상하였다는 내용이 서술되어 있다.[126]

---

126) 원래 싱가폴(Singapore)은 산스크리트어에서 유래한 지명으로 통상 '사자항(獅子港)'으로 지칭되기도 하며, 일제가 이곳을 함락시킨 이후에는 '소남도(昭南島, 쇼난토)'라는 명칭을 새로이 부여하였다. 이에 관해 『매일신보』 1942년 2월 18일자에 수록된 「신가파도(新嘉坡島)를 소남도(昭南島)로 호칭(呼稱)」 제하의 기사에는 이러한 내용이 서술되어 있다. "[도쿄전화(東京電話)] 대본영 발표(大本營 發表, 17일 정오) = 신가파도/항(新嘉坡島/港)를 소남도/항(昭南島/港)로 호칭하기로 결정하였다. 적성(敵性) 신가파는 함락(陷落)되어 일전(一轉) 이에 남방공영권(南方共榮圈) 건설(建設)의 기지(基地)가 되었는데 대본영으로부터 17일 신가파도(항)를 소남도(항)로 호칭할 것을 발표하였는데 이 명명(命名)의 유래(由來)는 성은(聖恩) 빛나는 소화(昭和)의 성대웅혼장대(聖代雄渾長大)한 남방작전(南方作戰)을 진(進)하여 영(英)의 동양침략(東洋侵略)의 아성(牙

『매일신보』 1942년 7월 9일자에도 남방 지역 일본군의 선물인 '전첩 기념 고무공'이 조선에 도착하여 경성 지역의 여학생들에게도 배포되고 있는 장면이 수록되어 있다.

『매일신보』 1942년 6월 20일자에는 남방 전선의 전첩 선물로 고무공과 운동화가 조선인 학동들에게 배급된다는 기사와 관련하여 "병정 아저씨 고맙습니다"라는 제목을 사용하고 있는 것이 눈에 띈다.

城) 신가파를 함락시키고 이를 팔굉일우(八紘一宇)의 이상(理想)에 귀일(歸一)케 하여 세계신질서건설(世界新秩序建設)에 매진(邁進)하는 아(我) 대화민족(大和民族)의 대남진(大南進)을 기념(記念)한 것이다." 요컨대 '소남도'는 "소화(昭和, 쇼와)시대에 남방진출로 획득한 남쪽 섬"이라는 뜻을 담아 일본식으로 작명한 '싱가폴'의 새 지명이었다.

이 과정에서 확보된 풍부한 고무자원을 활용하여 고무공(ゴム毬; ゴムマリ), 운동화(運動靴), 지카타비(地下足袋, 바닥에 고무를 덧댄 버선 모양의 작업화), 게시고무(消しゴム, 지우개) 등이 만들어졌고, 다시 이것을 전첩기념선물(戰捷記念膳物)로 배급하는 방식으로 그들 나름의 전승분위기를 한껏 고취하는 수단으로 삼게 된다. 또한 이러한 선물의 수혜대상은 비단 '내지(內地, 일본 국내)'에만 국한되지 않고 식민지 조선에도 널리 미치게 되었으니, 마침내 이른바 '황군(皇軍)' 덕분에 남방전선에서 확보된 고무로 만든 '전첩 축하 고무공(戰捷 祝賀 ゴムボール)'이 조선의 어린 학생들에게도 처음 전달된 것이 바로 1942년 7월의 대조봉대일(大詔奉戴日; 미국과 영국에 대해 선전포고의 조서가 내려진 1941년 12월 8일을 기려 매달 8일로 정하여 전쟁결의를 새로 다지는 날)이었다.

『매일신보』 1941년 7월 29일자에는 불인(佛印, 프랑스령 인도차이나) 주재 스미타 기관(澄田機關)의 스미타 소장(澄田 少將)과 도쿠(Jean Decoux) 총독 사이에 공동방위에 관한 세목협정이 타결되었다는 소식이 수록되어 있다. 이 당시 이 지역에서 들여온 고무원료로 제작한 고무공이 처음으로 '공동방위 기념품'으로 학생들에게 널리 배포되기도 했다.

곧이어 고무신과 지카타비 등의 제품도 대량으로 흘러들어왔는데,『매일신보』 1942년 7월 28일에 수록된 「황군(皇軍)의 선물(膳物) 고무신, 전첩(戰捷)을 축하(祝賀) 조선(朝鮮)에 골고루 배급(配給)」 제하의 기사에는 각 도별로 배당된 수량까지 자세히 기록되어 있다.

혁혁한 남방 전과의 선물로서 전선의 황군용사들로부터 총후반도로 보내어 오는 고무신, '지까다비' 등의 고무제품은 총후 국민들로 하여금 황군에 대한 감사의 마음을 더욱 돋우고 특히 고무공은 소국민인 학동들로부터 '병정 아저씨의 선물'이라고 크게 환영되었는데 이번에는 다시 제2회 고무제품의 배급과 함께 이름도 빛나는 '제2회 전첩축하 고무제품배급'이라는 이름을 가진 다량의 특별배급 고무신이 들어왔다. 총수는 270만 컬레로 그 내용은 ▲ 운동화(運動靴) 820,000족(足), ▲ 지까다비 300,000족, ▲ 기타 고무신 편리화(便利靴) 178,000족이고, 각 도별의 배급할당 예정수는

1. 운동화

경기 19,100/ 충북 19,700/ 충남 41,800/ 전북 45,900/ 전남 41,800/ 경북 73,000/ 경남 93,500/ 황해 44,300/ 평남 74,600/ 평북 44,300/ 강원 27,900/ 함남 59,800/ 함북 37,800

2. 지까다비

경기 31,200/ 충북 10,200/ 충남 16,800/ 전북 16,800/ 전남 24,900/ 경북 24,300/ 경남 26,700/ 황해 22,500/ 평남 25,200/ 평북 25,500/ 강원 24,900/ 함남 28,200/ 함북 22,800

으로 되어 있으며, 이 중의 37만 컬레가 특별배급의 '전첩축하배급'으로 되어 있어 제1회 배급보다는 훨씬 많다. 경성부내에 배급 할당된 총수는 19만 1천 4백 컬레로 그 내용은

▲ 지까다비 9,900족, ▲ 편리화 20,600족, ▲ 일반용 운동화 12,300족, ▲ 동(同) 학생용 120,600족

인데 제1회 때보다 약 4만 컬레가 더 많다. 배급은 8월 초에 각지 소매상조합과 도연맹, 군, 부, 읍, 면연맹으로부터 다시 각 애국반을 거

쳐서 또는 각 학교로 전선 일제히 산업전사들과 학도들에게 배급되기로 되었다.

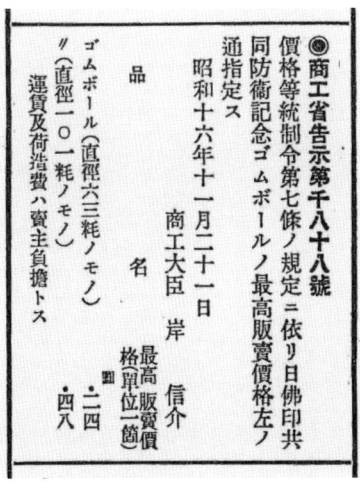

『일본제국관보』 1941년 11월 21일자에 수록된 '상공성 고시' 내역에는 '일불인 공동방위기념 고무볼(日佛印 共同防衛記念 ゴムボール)' 개당 판매가격이 표시되어 있다.

이를 테면 느닷없는 고무 제품의 풍년 사태는 바로 이러한 침략전쟁이 빚어낸 부산물이었던 것이다. 그런데 『매일신보』 1941년 11월 22일자에 수록된 「불인(佛印)서 고무공, 소국민(小國民)에게 배급(配給)」 제하의 기사는 싱가폴 함락에 앞서 이미 고무제품을 활용한 선물공세가 시도된 선례가 있었음을 보여주고 있다.

[도쿄전화(東京電話)] 새해도 하루하루 가까워 오는데 이것은 또 굉장히 반가운 선사 —. 늦어도 오는 정월까지에는 우리 제국과 긴밀한 관계를 맺고 있는 우방 불인(佛印)에서 수입된 고무를 재료로 하여 전국 25만의 귀여운 소국민들에게 25만여 타(打)나 되는 고무공(毬)과 4할이나 고무를 섞은 운동화 또는 일반노동자에게도 역시 4할을 섞은 지까다비가 배급된다. 우리 제국과 불인과는 지난 7월에 공동방위가 체결된 이래로 불인 측의 호의로서 다량의 고무가 수입되어 그 중의 일부분이 상공성을 위시하여 육, 해, 문부성, 후생성과 기획원의 알선으로 귀여운

소국민들과 생산 확충에 밤낮을 헤아리지 않고 감투하는 산업전사 혹은 전선에서 활약하는 황군장병들의 적성에 대하여 보답키로 되었다. 고무공(球)의 수효는 남자는 3인에 한 개, 여자는 5인에 한 개씩 각각 배급되는 셈이니 결국은 각 국민학교에서 추첨케 될 터이나 종래와 같이 전표는 물론 학교장의 증명서도 필요 없게 되며 그 위에 품질은 사변 전과 똑같게 하였으며 고무공, 운동화, 지까다비 등은 모두 '일불인공동방위기념'이라는 '마크'를 넣게 되었다. 배급될 상세한 수량은 고무공이 소년용 9만 5천 30타(打. 1개에 가격이 24전씩이며 3인에게 한 개씩 배급될 터), 여자용 6만 1천 6백 40타(1개에 40전씩이며 5인에게 1개씩)이며 배급할 시기는 제1회가 금월말 내로 되어서 정월 설놀이까지에는 충분히 배급될 터이고 배급할 순서는 우선 6대 도시에서부터 먼저 시작하여 차츰각 지방으로 될 것이다.

여기에 나오는 불인(佛印)은 '프랑스령 인도차이나(베트남, 라오스, 캄보디아 지역)'를 말하며, 1940년 6월 독일의 프랑스 점령과 비시 정권(Vichy Regime)의 등장에 따라 이 지역이 사실상 힘의 공백지대로 변하게 되자 일제가 일본군 진주와 남방 자원의 획득 기회로 삼고자 적극 개입한 결과물이 '일불인 공동방위 의정서(日佛印 共同防衛 議定書. 1941.7.23)'였다. 그러니까 이때에도 이 협정의 성사를 기념하여 국민학교 학생들에게 '기념 마크'가 새겨진 고무공을 저렴하게 배급한 전례가 이미 존재했었던 것이다.

그런데 옛 신문을 뒤적이다 보니 일찍이 이러한 고무제품의 배급과 아주 유사한 사례도 하나 더 눈에 띈다. 만주사변 직후 1933년에 맞이하는 제2회 사변기념일에 등장한 이른바 '만주빵(滿洲パン)'이 바로 그것이다. 이에 관해서는 『매일신보』 1933년 9월 15일자에 수록된 「17, 8 양일(兩日)에

『조선신문』 1933년 9월 18일자에 소개된 만주빵 제조 과정을 담은 사진 자료이다. 만주사변 2주년을 기념하는 뜻에서 만주침략의 부산물로 얻어낸 만주산 곡물을 이용하는 만들어낸 것이 바로 '만주빵'이었다.

만주(滿洲)빵 판매(販賣), 시내의 빵은 전부 이것으로, 기념계획(紀念計劃)의 일항목(一項目)」 제하의 기사에서 그 흔적을 확인할 수 있다.

> 20사단 경리부 작업소에서는 오는 18일 사변 당일 만주 소산인 소맥, 대두, 조, 고량 등 10종 곡물과 꿀과 계란을 가해서 '만주빵'을 제조해서 용산 일대 군인 가족 7천 인에게 노놔주기로 되었다. 그리고 18일 해행사에서 거행하는 기념연에도 특제빵을 사용할 터이요, 이것을 다만 군인의 가족에게만 배급해서는 널리 그 뜻을 알리지 못할 염려가 있어 일반 시민에게도 선전하기 위하여 13일에는 시내 각처 '빵' 제조업자를 시켜 보통 '빵'의 제조는 중지하고 만주빵을 제조해서 전 시민에게 널리 팔게 할 터이라 한다.

일제가 만주 일대를 무력으로 장악하고 그곳에다 자신들의 뜻으로 만주국(滿洲國)을 성립시켰으며, 그 와중에 만주사변을 기념한답시고 만주 벌판에서 생산된 곡식으로 만들어낸 것이 만주빵이었던 것이다. 따

(왼쪽) 『동아일보』 1938년 9월 1일자에 소개된 파인애플 관련 기사이다. 여기에는 "파인애플은 열대지방 과실로 우리가 먹고 있는 것은 대만산(臺灣産)입니다"라는 구절이 포함되어 있는데, 이처럼 대만에서 생산되는 바나나, 파인애플 등 열대과일이 조선에까지 쉽사리 유통된 것은 이들 지역이 모두 일본의 식민지라는 사실에서 기인한 결과로 볼 수 있다.

(오른쪽) 『매일신보』 1941년 8월 1일자에 수록된 화태청(樺太廳) 포획 해구신(海狗腎) 광고이다. 이러한 광고가 신문지상에 지속적으로 등장하는 것은 이곳 역시 일본의 점령지역이었으므로 이 지역의 특산품이 여타 식민지로 쉽사리 유통될 수 있었던 것으로 풀이된다.

지고 보면 일본제국이 자랑스런 전리품처럼 자신의 점령지역에서 들여와 다른 식민지역에 유통시킨 이국적이거나 이색적인 물품이 어디 이것뿐이었으랴!

지금으로서는 선뜻 상상하기 어렵지만 경성의 거리마다 바나나와 파인애플 같은 열대과일이 넘쳐 나고 해구신(海狗腎)에 관한 광고가 신문지상에 잇따라 등장한 것도 알고 보니 이러한 연결고리에서 크게 벗어나지 않았다. 바나나와 파인애플이 일본제국의 식민지인 대만(臺灣)에서 들여온 것이고, 해구신 역시 그들의 점령지역이었던 화태청(樺太廳; 사할린)

관영(官營)으로 포획된 것이었으므로 결국 이들 모두가 일제의 식민지배가 가져다 준 부산물이었다는 점에서 그저 씁쓰레한 웃음만 짓게 될 따름이다.

● 이 글은 『민족사랑』 2021년 7월호에 게재하였던 것을 수정 보완하였다.

24

학교이름에 도(道), 방위, 숫자 명칭의 흔적이 성행했던 시절

내선일체 완성을 위한 식민교육제도의 변경이 빚어낸 부산물

여러 해 전에 박완서(朴婉緖, 1931~2011) 작가의 자전적 소설인 『그 많던 싱아는 누가 다 먹었을까』(웅진지식하우스, 1992)를 아주 흥미롭게 읽다가 일제강점기의 학교생활과 관련한 내용에 눈길이 끌려 다음과 같은 몇 가지 대목에 따라 책갈피를 꽂아둔 기억이 퍼뜩 떠오른다.

(22~23쪽) …… 오빠는 면 소재지에 있는 사년제 소학교를 졸업하고 송도로 가서 이 년을 더 다녀 그때 개정된 학제로 육 년 동안의 초등교육을 마쳤다. 숙부들은 다 사년제 소학교만 나왔는데도 마을에서 유일하게 신학문을 한 청년이었기 때문에 할아버지는 오빠가 송도에서 이 년 더 배운 걸 굉장한 고학력으로 여기셨다.

(60쪽) …… 문안에 있는, 엄마 마음에 드는 학교 중에서 다시 나의 통학거리를 감안해서 골라잡은 학교가 매동국민학교였다. 현저동에서 그 학교엘 가려면 산을 하나 넘어야 했다. 인왕산 자락이었다. 현저동 중턱에서 성터가 남아 있는 근처까지 더 올라가면 사직공원으로 통하는 꽤 평탄한 길이 나 있었다.

(82쪽) …… 국민학교 입학식은 4월이었다. 나는 또 수단 두루마기를 입고 엄마 손잡고 산을 넘어 학교에 갔다. 점잖은 동네아이들이라 과연 우리 동네 아이들하고는 달라 보였다. 예쁘장하고 깡똥한 양복으로 차려입은 애가 대부분이었다. 학부형은 일주일 동안만 따라오라고 했다.

이러한 내용을 통해 일제 때의 초등학교는 당초 4년제였다가 6년제로 바뀐 것이라든가 그 당시 입학식을 거행하는 개학시기가 지금과는 달리 4월이었다는 사실도 파악할 수 있다. 그런데 누군가 괜한 꼬투리를 잡은 것이라고 질책할는지는 모르겠지만, 작가가 선택한 용어는 엄밀하게 말하여 약간의 오류가 있어 보인다.

조선교육령의 개정에 따른 보통교육과정(조선인)의 수업연한 변경 추이

구분	1911년(제정)	1920년(개정)	1922년(개정)
보통학교	4년(3년 가능)	6년(5년, 4년 가능)	–
고등보통학교	4년	–	5년
여자고등보통학교	3년	–	5년 또는 4년(3년 가능)

조선교육령(朝鮮敎育令)의 개정에 따라 종래 4년이었던 보통학교(普通學校)의 수업연한(修業年限)이 6년(단, 토지의 정황에 의해 5년 또는 4년으로 하는 것도 가능)으로 바뀐 것은 1920년 11월 9일의 일이었다.[127] 오빠 되는 이의 나

---

127) 이 내용에 대해서는 『조선총독부관보』 1920년 11월 12일자에 게재된 칙령 제529호 「조선교육령(개정)」(1920년 11월 9일 공포)을 참조할 수 있다. 참고로, 일본의 경우에는 일찍이 1907년 3월 20일에 개정된 칙령 제52호 「소학교령(小學校令)」(1908년 4월 1일 시행)에 따라 심상소학교(尋常小學校)의 수업연한을 종전 4년에서 6년으로 이미 변경한 상태였다.

이가 작가보다 열 살 남짓 위라는 얘기가 있음에 비춰보아 대략 이 당시의 상황을 말함인 듯한데, 따라서 이 경우에는 '소학교'가 아니라 '보통학교'라고 표기하는 쪽이 맞았을 것 같다.

또한 작가는 매동국민학교에 입학한 때의 일도 자세히 서술하고 있는데, 1938년 4월 1일 이후에는 또 다시 「조선교육령(개정)」에 따라 종래의 '보통학교'라는 명칭은 일체 폐지되고 그 자리를 '소학교'가 대신하는 상황이 전개되었으므로 이것 역시 '매동국민학교'가 아닌 '매동소학교'에 입학했다고 하는 것이 더 정확한 표현이다.[128] 이 학교가 '매동국민학교'로 전환되는 것은 기존의 '소학교령'이 '국민학교령(國民學校令)'으로 대체되는 1941년 4월 1일 이후에 벌어지는 일이다.[129]

각자의 인생경험에 따라 '보통학교' 시절을 보낸 사람도 있고, '소학교' 시절을 보낸 사람도 있고, 또는 '국민학교' 시절을 보낸 사람이 있을 텐데, 이로 인해 사람마다 기억이 고착화하는 과정과 내용이 조금씩은 달라지는 게 보통이다. 한참 세월이 흐르는 사이에 학교제도가 이리저리 변했을지라도 본인의 머리에는 여전히 자신이 직접 체득한 소싯적의 언어습성이 남아 있는 탓에 자기 편의대로 이를 뭉뚱그려 학교명칭을 부르곤 하기 마련인 것이다. 박완서 작가의 경우에도 이른바 '소학교' 시절에 입학하였다가 도중에 '국민학교'로 변경된 경험을 지녔을 테니, 구태

---

[128] 이 내용에 대해서는 『조선총독부관보』 1938년 3월 4일자(호외)에 게재된 칙령 제103호 「조선교육령(개정)」(1938년 3월 3일 공포, 1938년 4월 1일 시행)을 참조할 수 있다.
[129] 이 내용에 대해서는 『일본제국관보』 1941년 3월 1일자에 게재된 칙령 제148호 「소학교령 개정(국민학교령 전환)」(1941년 2월 28일 공포, 1941년 4월 1일 시행)을 참조할 수 있다. 그리고 이 내용은 그대로 다시 『조선총독부관보』 1941년 3월 31일자에 게재된 칙령 제254호 「조선교육령(개정)」(1941년 3월 25일 공포, 1941년 4월 1일 시행)에 반영되어 있다.

『관보』 1895년 7월 28일자에 수록된 '소학교 개학 안내광고'이다. 이 당시 학부(學部)에서 게재한 이 광고에는 한성 내에 장동(壯洞), 정동(貞洞), 계동(桂洞), 주동(紬洞) 등 4개 관립소학교의 신설을 알리는 내용이 담겨 있다. 하지만 '소학교'라는 명칭은 나중에 통감부 시기가 되면서 일체 '보통학교'로 개칭되고 말았다.

여 '보통학교'라거나 '소학교'라거나 하는 식으로 이를 딱 가려내어 지칭하지는 않았던 것으로 보인다.

그렇다면 이 대목에서 한 가지 궁금증이 이는 것은 '보통학교'니 '소학교'니 '국민학교'니 하는 말들은 각각 어떻게 구분되는 용어인가 하는 부분이다.

우리나라에서는 일찍이 개국 504년(1895년) 7월 19일에 칙령 제145호 「소학교령(小學校令)」이 반포되면서 한성부 내에 장동(壯洞), 정동(貞洞), 계동(桂洞), 주동(紬洞) 등 4개의 관립소학교가 설립되었는데, 이 당시의 명칭은 글자 그대로 '소학교'였다.[130] 그러다가 대한제국 시기에 통감부(統監府)가 들어선 이후 광무 10년(1906년) 8월 27일 칙령 제44호 「보통학교령

---

130) 이 당시 「소학교령」에 따라 소학교는 관립(官立, 정부의 설립), 공립(公立, 부 또는 군의 설립), 사립(私立, 사인의 설립)의 3종(種)이 있었고, 수업연한은 심상과(尋常科)가 3년, 고등과(高等科)가 2년 또는 3년이었다.

『최근조선사정요람』제2판(1912)에 수록된 공립어의동보통학교(公立於義洞普通學校) 여자교실의 수업광경이다. 이 학교의 경우 관립양현동보통학교와 관립양사동보통학교를 합쳐 관립어의동보통학교(1907년 6월)가 된 이래 교육제도의 개편에 따라 공립어의동보통학교(1910년 4월) → 어의동공립보통학교(1911년 11월) → 경성효제공립심상소학교(1938년 4월) → 경성효제공립국민학교(1941년 4월)의 순서로 변경된다.

(普通學校令)」이 새로 제정되면서 학부직할(學部直轄)의 소학교는 일괄 '관립보통학교'로 바뀌었으며, 다시 융희 4년(1910년) 3월 11일에는 서울 소재 8개교의 관립보통학교가 공립보통학교로 전환되는 과정이 이어졌다.[131]

이러한 상태에서 경술국치를 맞이하게 되자 '식민지 교육정책'의 뼈대로 등장한 것이 이른바 '조선교육령'이다. 1911년 8월 23일에 칙령 제

---

131) 『관보』 1906년 9월 4일자에 수록된 학부령(學部令) 제24호에 따르면 이 당시 관립보통학교로 전환된 학교는 교동(校洞), 재동(齋洞), 안동(安洞), 양현동(養賢洞), 양사동(養士洞), 주동(鑄洞), 수하동(水下洞), 정동(貞洞), 매동(梅洞) 등 9개교였다. 그리고 『관보』 1910년 3월 14일자에 수록된 학부고시(學部告示) 제4호에 따르면 이 당시 관립보통학교였다가 공립보통학교로 전환된 서울 소재 학교는 교동(校洞), 재동(齋洞), 어의동(於義洞), 인현(仁峴), 수하동(水下洞), 정동(貞洞), 매동(梅洞), 미동(渼洞) 등 8개교였다.

229호로 제정된 이 법령(통칭 '제1차 조선교육령')은 제1조에 "조선에 있어서 조선인(朝鮮人)의 교육은 본령(本令)에 의함"이라고 하여 그 대상자가 아예 '조선인'이라는 사실을 분명히 드러낸 바 있다.[132] 특히 제2조에는 "교육은 「교육(敎育)에 관한 칙어(勅語)」의 취지에 기초하여 충량(忠良)한 국민(國民)을 육성(育成)하는 것을 본의(本義)로 함"이라는 내용이 들어 있는데, 이로써 식민통치자들이 이 땅에서 실현하려고 했던 식민지 교육의 목표가 무엇이었는지를 노골적으로 적시하고 있다.

조선교육령에 따른 보통교육과정의 학교 구분 (1911년 11월 1일~1938년 3월 31일)

구분	조선인(朝鮮人)	내지인(內地人, 일본인)
초등학교 과정	보통학교	(심상)소학교
중등학교 과정(남자)	고등보통학교	중학교
중등학교 과정(여자)	여자고등보통학교	고등여학교

(*) 조선교육령의 시행일(1911년 11월 1일) 이전에는 조선인에 대한 보통교육과정이 종래의 규정에 따라 '보통학교', '고등학교', '고등여학교'의 편제로 각각 구성
(**) 1922년 2월 4일 칙령 제19호 「조선교육령(개정)」 이후에는 '국어(國語, 일본어)를 상용(常用)하는 자'와 '국어를 상용치 아니하는 자'로 구분 기준을 변경

아무튼 이로부터 조선인 학동(學童)에 대한 보통교육은 '보통학교'를 거쳐 '고등보통학교' 또는 '여자고등보통학교'의 과정으로 이어지는 것으로 정해졌다. 이와는 대조적으로 내지인(內地人)이라고 일컫던 일본인의 자제(子弟)는 자신들의 본국(本國)과 동일한 방식으로 '소학교'를 거쳐 '중학교' 또는 '고등여학교'를 다니도록 되어 있었다. 그러니까 조선인은 보통

---

[132] 1911년 8월 23일에 제정된 칙령 제229호 「조선교육령」의 시행기일에 대해서는 부칙규정에 따라 이를 정하는 일은 조선총독에게 위임되었고, 그 이후 1911년 10월 20일 조선총독부령 제109호에 따라 1911년 11월 1일부터 이를 시행하는 것으로 결정되었다.

학교, 일본인은 소학교로 정확히 구분되어 있던 것이 그 시절의 규칙이 었던 셈이다.

그 사이에 일제의 '무단통치(武斷統治)'에 대한 거족적인 저항이 삼일독립만세운동으로 분출되자 이에 대응하는 조치로 등장한 것이 이른바 '문화통치(文化統治)'였다. 또한 1922년 2월 4일에 전면 개정된 칙령 제19호 「조선교육령」(통칭 '제2차 조선교육령')은 이러한 변화와 맞물려 그들이 내세운 새로운 식민지 교육정책의 결과물이었다.[133]

여기에는 무엇보다도 종래 '조선인'만을 대상으로 했던 구절을 삭제하고 표면적으로 일본인이건 조선인이건 모두 동일한 법령의 적용자라는 것을 나타내고 있었다. 하지만 실제적으로는 교묘하게도 '국어(國語, 일본어)를 상용(常用)하는 자(즉, 일본인)'와 '국어를 상용치 아니하는 자(즉, 조선인)'로 구분하여 이를 잣대로 '소학교'를 다니는 이와 '보통학교'를 다니는 이로 다시 나눴으므로, 결국 이는 종전의 방식과 하등 다를 바가 없었다.[134]

---

133) 1922년 2월 4일에 전면 개정된 칙령 제19호 「조선교육령」의 시행기일에 대해서는 부칙 규정에 따라 이를 정하는 일은 조선총독에게 위임되었고, 곧이어 1922년 2월 6일 조선총독부령 제5호에 따라 1922년 4월 1일부터 이를 시행하는 것으로 결정되었다. 이 당시의 조선교육령 개정은 표면적으로 "내지(內地, 일본)와 동일한 제도에 의하여 시행된다"는 사실을 내세웠고, 내용상으로는 "(국어를 상용치 아니하는 자에 대한) 보통교육은 …… 국민(國民) 될 성격(性格)을 함양하고 국어(國語, 일본어)를 습득 및 숙달케 함에 목적이 있다"는 것에 주안점을 두고 있었다.

134) 다만, 이 당시에 전면 개정된 「조선교육령」에서는 제25항에 "특례(特例)의 사정(事情)이 있는 경우에 있어서는 조선총독이 정하는 바에 의해 국어를 상용하는 자는 보통학교, 고등보통학교, 또는 여자고등보통학교에, 국어를 상용치 아니하는 자는 소학교, 중학교, 또는 고등여학교에 입학할 수 있음"이라는 규정이 존재하였다. 그리고 이 규정에 따라 1922년 2월 20일에 제정된 조선총독부령 제15호 「조선교육령 제25조에 의해 국어를 상용하는 자 또는 국어를 상용치 아니하는 자의 입학에 관한 건」(1922년 4월 1일

이러한 방식의 교육제도가 십수 년간 지속되다가 만주사변(滿洲事變, 1931년)을 거치고 중일전쟁(中日戰爭, 1937년)의 발발을 계기로 시대상황이 급변하게 되자, 1938년 3월 3일에는 칙령 제103호 「조선교육령(전면 개정)」(통칭 '제3차 조선교육령')이 새롭게 공포되기에 이른다. 이 당시는 전시체제기가 막 본격적으로 개시되는 때였으므로 이에 맞춰 무엇보다도 내선일체(內鮮一體)의 정신을 강조하는 새로운 교육지표가 필요했던 까닭이었다.

『매일신보』 1938년 4월 1일자에 수록된 「백도경신(百度更新)의 명(明) 1일(日), 개정 교육령 위시 신법령 시행만 7건, 내선일체완성(內鮮一體完成)에 비약(飛躍), 미나미 총독(南總督) 이상(理想)의 실현(實現), 획기적 시정(施政)의 일대혁신(一大革新)」 제하의 기사는 이러한 조선교육령의 개정 의의를 이렇게 설명하고 있다.

내선학교명칭의 통일과 공학제도를 실시하기 위한 조선교육령 개정 칙령(勅令)은 이미 지난 3월 3일에 공포되었는데 마침 4월 1일부터 실시하게 되었으며 이와 동시에 미성년자에 대한 금주법과 금연법, 또 청년훈련소의 근본적 개혁을 단행한 청년훈련소규정의 개정 법령 등 이 3대 법령은 모두 4월 1일부터 실시를 보게 되었다. 이 3대 법령은 모두 성

시행)에서는 "가정(家庭)의 사정, 수학(修學)의 편의, 또는 장래의 생활상 필요 등 특례의 사정이 있는 경우에 한하여 학교장(學校長)이 그 입학 허가를 할 수 있음"이라고 정한 구절이 포함되어 있었다. 하지만 이 규정은 1938년에 이르러 조선에 있어서 보통교육은 '소학교령', '중학교령', '고등여학교령'에 따른다고 규정한 통칭 '제3차 조선교육령'이 시행됨에 따라 이러한 구분 자체가 무의미해졌기 때문에 1938년 3월 30일에 조선총독부령 제39호를 통해 「조선교육령 제25조에 의해 국어를 상용하는 자 또는 국어를 상용치 아니하는 자의 입학에 관한 건」은 폐지되었다.

질상 서로 관련된 것으로 황국신민의 조성(造成)을 근본정신으로 한 조선교육계에 있어 또 청소년자제의 교육상으로 보아 매우 중대한 획기적 시정(施政)의 혁신 뿐 아니라 미나미(南) 총독의 반도통치의 최고 이상이고 목표인 내선일체의 완성에 일대비약을 나타내일 것으로 주목된다. 학제의 근본적 개혁은 초등학교의 대확충 계획의 실시와 아울러 가까운 장래에 반도 민중이 한결같이 대망하고 있는 의무교육제도가 실시될 전제로서 실로 교육사상으로 보아서만 아니라 문화사상의 일대 금자탑(金字塔)으로서 반도 2천 3백만 대중은 이 획기적 학제개혁의 실시를 오직 감격과 환희(歡喜)로써 맞이하고 있다. 그리고 전기 개정교육령, 미성년 금주금연법, 개정 청년훈련소령의 3종 외에 지나사변 특별세로써 시행케 되는 물품특별세와 역시 사변비의 일부로 신설된 교통세, 입장세, 그리고 전시 총후국민의 몸을 휘감게 된 '스테플 파이버' 혼방령(混紡令) 등도 명 1일부터 일제히 실시하게 된 것은 이미 세상이 다 아는 바이다.[135]

이처럼 내선일체의 완성을 위해 새로 바뀐 조선교육령에서는 상투적으로 명기했던 교육의 목적이라든가 하는 구절은 물론이고 '국어를 상용하는 자'와 '그러하지 아니하는 자'의 구분 자체가 아예 삭제되고, "보통교육은 소학교령, 중학교령 및 고등여학교령에 의함"이라는 정도의 언급만 남아 있었다. 이 말은 곧 식민지 교육제도 전체가 일본의 그것

---

[135] 이 구절에 나오는 '스테플 파이브(스테이플 화이브, staple fiber)'는 인조섬유 혼방(混紡)을 가리키는 말이며, 그 당시의 신문자료를 보면 이를 '스', '파', '스·파' '스, 푸' 등으로 줄여서 표기한 사례들도 곧잘 눈에 띈다.

『매일신보』 1938년 4월 1일자에는 이른바 '내선일체'의 완성을 위한 획기적 시정 혁신으로 조선교육령이 개정되고 기타 미성년 금주금연법이 시행되게 되었다는 소식이 수록되어 있다. 이에 곁들여 전 조선의 공사립 중등학교의 명칭이 일괄 변경된 내역도 함께 소개되고 있다.

과 완전히 동일하게 운영된다는 것을 의미했다.

이에 따라 이제껏 유지되던 '보통학교', '고등보통학교(약칭 고보)', '여자고등보통학교(약칭 여고보)'는 완전히 사라지고 그 자리는 일본의 학교편제 그대로 '(심상)소학교', '중학교', '고등여학교(약칭 고녀)'가 차지하게 되었다. 이와 아울러 교육내용 상에 있어서 종래 근근이 지속되고 있던 조선어(朝鮮語)의 교육시간이 완전히 삭제되거나 대폭 단축되었다는 사실도 주목할 만한 변화였다.

『동아일보』 1938년 4월 2일자에 수록된 「시간표(時間表)에 나타난 신교육령(新教育令), 지육편중(智育偏重)에서 정서(情緒)에, 체조(體操) 음악시간

(音樂時間)을 증가(增加)」 제하의 기사에는 이러한 교과내용의 변동에 대한 설명이 다음과 같이 채록되어 있다.

금 1일부터 개정교육령(改正敎育令)이 실시되어 명칭통일(名稱統一), 공학실시(共學實施) 등 조선교육계에 대변혁이 오게 되었는데 이 신교육령에 의한 실제의 운용, 즉 각 과목의 배정과 교수내용 등이 자못 주목되는 중 금 1일부터 개학된 중학교(종래의 고등보통학교), 고등여학교(종래의 여자고등보통학교), 소학교(종래의 보통학교)의 교수 시간표(時間表)를 보면 대체로 종전과 별 변동이 없으나 남녀 중등학교에서는 체조, 음악시간이 증가되어서 종래 지육(智育)에 편중하던 것을 정서(情緖) 교육방면에도 유의하게 되었다.
[유도(柔道) 검도(劍道)는 정과(正科)로, 수신(修身) 공민(公民)도 보충(補充), 남자중학교 전학급(男子中學校 全學級)에]
중학교(종전의 고등보통학교)의 교수시간표에 의한 과목배정 중 종전과 달라진 것을 보면 제일로 공사립을 통하여 금번 수의(隨意) 또는 가설(加設) 과목으로 된 조선어(朝鮮語)가 사실상으로는 교수시간표로부터 전부 사라져 버린 것이 큰 변동이라 할 수 있는데 이로 인하여 남는 시간에 수신(修身), 공민(公民), 박물(博物), 국어한문(國語漢文) 등 과목을 보충하였다. 종래의 조선어 교수시간은 1, 2년은 1주(週) 2시간씩, 3, 4년은 1시간씩이고 5년은 없었다. 다음으로는 중학교(종래의 중학교)와 새로운 중학교(종래의 고보교)에서 거의 전폐되거나 1, 2학년에만 1주 1시간씩 있던 음악(音樂)이 금번 정서교육(情緖敎育)의 필요로 인하여 전학년에 1시간씩으로 늘게 되었으나 아직은 설비관계 등으로 전반적 실시에까지는 이르지 못한 형편이다.

또 체육방면에 있어서는 국민체위(體位)향상을 위하여 체조, 교련, 검도를 전학년에 통하여 5시간 이상(4학년에는 6시간)을 교수하는데 특히 검도는 금번 사립학교에 있어서도 정과(正科)가 되어 허약생도퇴치에 매진하게 된 것이다.

[고녀(高女), 조선어(朝鮮語)의 시간(時間)을 실업(實業) 가사(家事)로 충당(充當), 목검(木劍) 치도(薙刀)도 체조(體操)에]

고등여학교(종래의 여자고등보통학교)의 과목변동에는 주로 금번의 개정교육령에 의하여 비상시 하의 여성으로서 특히 필요한 여러 가지를 참작하였는데 여기에서도 주목되는 것은 조선어 대신에 그 시간을 실업(1, 2년에는 상업, 3, 4년에는 원예), 가사, 가설과목인 수예(手藝), 양재(洋裁) 등을 전학년을 통하여 교수하는데 보충하는 것이다.

그리고 체조에 있어서는 종전과 같이 경기, '댄스', 교련을 교수하는 외에 특히 금년부터 목검(木劍)을 체조과목에 넣고 희망자에게는 치도(薙刀, 나기나타; 자루가 길고 끝이 '언월도'처럼 휘어진 모양의 칼)를 가르쳐 비상시 하의 튼튼한 여성을 만드는데 힘쓰게 된 것으로서 금춘부터 교정으로부터 용감한(?) 기합(氣合)의 소리가 들려오게 되었다.

[소학(小學), 수신(修身) 체조(體操) 창가(唱歌) 교수시간(敎授時間)을 증가(增加)]

소학교(종래의 보통학교)의 교수시간표에는 중등 남녀학교의 것과는 달라 조선어과목이 남아 있는데 종전의 시간과 비교하면 1, 2, 3, 4, 5년에 각 1주 5, 3, 3, 2, 2시간이던 것이 4, 3, 3, 2, 2로 단축되었다. 이 잉여시간에는 국어수신, 수공시간을 증가하였고 체조와 창가시간 1주 3시간이던 것을 4시간으로 증가하여 정서교육과 체육발달을 위하여 진력하게 된 것이다.

이러한 내선공학(內鮮共學, 일본인과 조선인이 같은 학교를 함께 다니는 일)의 실시와 학교명칭의 통일이 가시화하자 당장의 현안 과제로 떠오른 것은 새로운 교명(校名)을 어떻게 설정하느냐의 문제였다. 가령, 어느 특정 지역에 동일한 지명을 단 조선인 보통학교(또는 고등보통학교)와 일본인 소학교(또는 중학교)가 나란히 존재한다면 이때 동일한 학교명을 지닌 소학교(또는 중학교)가 둘씩이나 등장하게 될 것이므로 서로 충돌되는 이름을 어떻게 조율해야 하는지가 시급한 과제로 등장했던 것이다.

각 유형별 공립중등학교 교명개칭 내역(1938년 4월 1일 시행)

유형분류	공립중등학교 교명 개칭 내용
도(道) 명칭	경성제일고보 → 경기중, 대구고보 → 경북중, 함흥고보 → 함남중, 경성여고보 → 경기고녀, 전주여고보 → 전북고녀, 대구여고보 → 경북고녀, 함흥여고보 → 함남고녀
방위 표시 (동서남북)	전주중 → 전주남(南)중, 전주고보 → 전주북(北)중, 광주중 → 광주동(東)중, 광주고보 → 광주서(西)중, 해주고보 → 해주동(東)중, 해주중 → 해주서(西)중, 신의주여고보 → 신의주남(南)고녀, 나남여고보 → 동(東)나남고녀, 대전여고보 → 대동(大東)고녀
숫자 표시	평양중 → 평양제일중, 평양고보 → 평양제이중, 평양제삼고보(숭실) → 평양제삼중, 청주고녀 → 청주제일고녀
소재지 명칭	경성제이고보 → 경복중, 광주고녀 → 광주대화(大和)고녀, 광주여고보 → 광주욱(旭)고녀, 부산여고보 → 부산항고녀, 해주고녀 → 해주욱정(旭町)고녀, 해주여고보 → 해주행정(幸町)고녀, 평양여고보 → 평양서문고녀

(*) 학교명칭에 포함된 공립고등보통학교(고보), 공립중학교(중), 공립여자고등보통학교(여고보), 공립고등여학교(고녀)는 각각 괄호안의 약칭으로만 표기

이런 경우에 통상적인 해결책은 '제일(第一)', '제이(第二)' 또는 '제삼(第三)'과 같은 숫자를 차례대로 부여하는 방식을 따르는 것이었다. 이러한 종류로는 이미 경성고등보통학교(관립학교 시기)가 있는 상태에서 서울지역에 새로운 고등보통학교가 추가 설립(1921년 4월 18일 관제개정)될 때 신설학교가 '경성제이고등보통학교'가 되고 기존학교는 '경성제일고등보통학교'

로 개칭된 사례가 있고, 또한 '경성제이공립고등여학교(1922년 5월 30일 설립 인가)'가 생길 때 기존의 '경성공립고등여학교'가 '경성제일공립고등여학교(1922년 5월 13일 변경 인가)'로 바뀐 것도 이러한 범주에 속한다.

이러한 전례에 따라 1938년 당시에도 평양공립중학교(일본인 학교)는 평양제일공립중학교, 평양공립고등보통학교(조선인 학교)는 평양제이공립중학교, 옛 평양숭실학교(폐교)는 평양제삼공립중학교의 순서로 각각 학교명을 정리했던 것으로 나타난다.[136] 그런데 서울지역의 경우 일본인 학교인 '경성공립중학교'를 '경성제일공립중학교'로 변경하자니, 이미 '경성제일공립고등보통학교'라는 학교명이 존재하고 있던 상태였으므로 이를 그대로 적용하기가 어려웠던 모양이었다.

그래서 새로운 해결책으로 등장한 것이 '도(道) 단위의 명칭'을 가져오는 방식이었다. 이에 따라 경성공립중학교는 그대로 두고 조선인 학교였던 '경성제일공립고등보통학교'만 난데 없는 '경기공립중학교'가 되고, 동일한 방식으로 '경성공립여자고등보통학교'도 '경기공립고등여학교'로 이름이 바뀌었다.[137] 이때 기존의 '경성제이공립고등보통학교'는 경복궁(景福宮)에 인접한 곳에 있다는 것을 빌미로 '경복공립중학교'로 개칭되었

---

136) 조선총독부 고시 제305호(1938년 4월 4일)에는 '평양제삼공립고등보통학교(平壤第三公立高等普通學校)'의 설립 인가일이 1938년 3월 30일로 기록되어 있으므로, 형식상으로는 이 신설 학교가 '평양제삼공립중학교'로 개칭된 것으로 봐야 할 것이다. 실제로 조선총독부 고시 제300호「조선교육령의 개정에 동반한 공사립 중등학교의 명칭 변경」(1938년 4월 1일)에도 그렇게 표시되어 있다.

137) 이 당시까지만 하더라도 학교명에는 대개 그 지역의 도시명을 표시하는 것이 일반적이었지, 도(道)의 명칭을 끌어들이는 일은 매우 드문 일이었다. 예를 들어, 서울 지역의 경우에는 경기공립상업학교(약칭 '경기도상') 및 경기도공립사범학교(1923년 2월 6일 설립 인가) 정도가 그 사례로 들 수 있을 따름이다.

『조선일보』1938년 4월 1일자에 소개된 '경기공립중학교'의 새 교문간판 모습이다. 이 학교는 1921년 4월 이후 '경성제일공립고등보통학교'라는 이름을 갖고 있었으나 '경성공립중학교'(일본인 학교) 탓에 단순히 '경성제일공립중학교'로 변경하는 것이 어려웠으므로 결국 도(道) 단위의 명칭을 끌어들여 '경기'로 부르기로 결론지어졌다.

다.[138] 이밖에 여러 지방에 걸쳐 대구공립고등보통학교가 경북공립중학교가 된 것이라든지, 대구공립여자고등보통학교가 경북공립고등여학교가 된 것이라든지, 전주공립여자고등보통학교가 전북공립고등여학교가 된 것 등이 모두 이러한 유형에 포함된다.

---

138) 한편, 서울 지역에 있는 초등학교의 경우, 『조선총독부관보』 1938년 6월 1일자에 게재된 조선총독부 경기도 고시 제64호 「공립초등학교 명칭변경의 건」(1938년 4월 1일)을 살펴보면 '보통학교'의 명칭이 '소학교'로 전환되는 과정에서 특별히 학교명칭이 충돌되는 사례는 용산공립보통학교['경성금정(錦町)공립심상소학교'로 개칭]와 영등포공립보통학교['경성우신(又新)공립심상소학교'로 개칭] 등 2건 정도가 있었던 것으로 나타난다. 이밖에 특이사항은 거의 눈에 띄지 않으나, 학교위치이전에 따른 소재지명 불일치 등을 핑계로 학교명이 바뀐 것으로는 어의동 → 효제, 인현 → 광희, 수하동 → 청계, 정동 → 봉래, 주교 → 방산, 왕십리 → 무학, 한강 → 한남, 홍제 → 안산 등의 사례가 있었다.

『조선일보』 1938년 2월 5일자에는 당초 '용산고등보통학교'(사립학교)로 설립신청을 했던 학교가 갑자기 '성남고등보통학교'라는 교명으로 조율이 된 사연이 소개되어 있다. 이른바 '제3차 조선교육령'에 의해 '중학교'로 바뀔 것이 예견된 상태에서 기존의 용산중학교(공립학교)와 이름이 겹치게 된다는 것이 그 변경이 유였다.

이러한 종류의 흔적을 뒤지다 보니, 또 한 가지 '성남중학교(城南中學校, 사립학교)'에 관한 매우 흥미로운 사례도 눈에 띈다.[139] 이 학교는 당초 서울 이태원 지역에서 '용산고등보통학교(가칭)'라는 이름으로 신설인가를 신청중인 상태였는데, 이것이 '성남고등보통학교'로 돌변하게 되었다는 것이다.[140] 이와 관련하여 『조선일보』 1938년 2월 5일자에 수록된 「용산고보(龍山高普)를 성남고보(城南高普)로, '중학(中學)' 명목통일(名目統一)을 예상(豫想)」 제하의 기사는 학교 이름이 갑자기 변경된 사유를 이렇게 적어놓고 있다.

---

139) 1938년 2월 24일에 설립인가를 받은 이 학교는 '이태원리 445번지'에 소재한 신축교사에 터를 잡았다가 '성남중학교'로 교명을 변경한 이후 1941년 4월 1일에 '번대방정(番大方町, 지금의 대방동) 150번지'로 이내 이전하였고, 종전의 교사에는 '경성이태원심상소학교(지금의 이태원초등학교)'가 들어와 자리하게 되었다.

140) 『조선일보』 1938년 10월 28일자에 수록된 「성남중학 이전저지 교섭위원회(城南中學 移轉沮止 交涉委員會)를 개최(開催)」 제하의 기사를 보면, "…… 학교측 역시 이전하게 됨을 애석히 여길 뿐만 아니라 교명(校名) 조차가 경성 남부를 지적해 하나만치 방금 계약중에 있는 지대로 말하더라도 거리가 너무 떨어져서 …… 운운"하는 내용이 있는데, 성남(城南)은 곧 '경성 남부(京城 南部)'라는 뜻에서 취한 이름인 것을 알 수 있다.

원윤수(元胤洙) 씨와 김석원(金錫元) 소좌의 힘으로 73만 원 재단으로 용산고보(龍山高普)를 창립하게 되어 지난달 10일에 그 재단인 원석학원(元錫學園)의 법인인가가 나와서 드디어 오는 4월부터 개교하게 되었다 함은 기보한 바어니와 이 용산고등보통학교라는 교명은 총독부 당국에서 이미 결정된 교육령 대개혁에 의하여 장차 고등보통학교를 중학교로, 보통학교를 소학교로 명칭을 변경할 때를 미리 생각하고 이 용산고보도 애초에 그 교명을 성남고보(城南高普)로 하는 것이 좋겠다는 지시가 며칠 전 총독부에서 부청을 거쳐 설립자에게 나오게 되어 결국 용산고보는 성남고보라는 교명으로 '데뷔'하게 되었다. 이리하여 중학교로 통일되는 때에는 현재의 용산중학과 그 교명이 겹치지 않게 된 것이다. 이와 동시 교육령이 개정된 때에 시내 각 고등보통학교와 보통학교의 교명은 제일, 제이를 붙이지 않고 각각 그 지역에 연유하여 용산중학, 성남중학 등과 같이 고쳐질 것이고 보통학교도 대개 각정(各町)의 이름에 따라 수송소학(壽松小學), 청운소학(淸雲小學), 경운소학(慶雲小學) 등으로 고쳐질 모양이다.

이것 말고도 또 다른 간편한 작명법으로 성행했던 것은 방위(方位, 동서남북) 표시를 추가하는 방식이었다. 대표적으로 광주공립중학교(일본인 학교)가 광주동공립중학교(약칭 '광주동중')로 되고, 광주공립고등보통학교(조선인 학교)가 광주서공립중학교(약칭 '광주서중')로 된 것이 바로 그러하다. 그리고 초등학교의 경우에도 하나 문득 생각나는 것은 박정희(朴正熙, 1917~1979)와 관련이 있는 문경공립보통학교의 사례이다.

대구사범학교 출신인 박정희는 1937년 4월에 문경공립보통학교(1912년 3월 8일 설치 인가)의 훈도로 부임하여 이곳에서 1940년 2월까지 근무하였는데, 바로 이 시기에 통칭 '제3차 조선교육령'이 시행됨에 따라 기존의 보통학교는 폐지되고 일본식 소학교로 일괄 전환되는 상황을 맞이했던 것이다. 그러나 이 지역의 경우에는 이미 '문경공립심상소학교(1915년 4월 9일 설치 인가)'가 존재하고 있었기 때문에 중복 명칭을 피하기 위해 이 학교의 새 이름은 '문경서부공립심상소학교(聞慶西部公立尋常小學校)'로 정리되었다.[141]

그런데 이 대목에서 다시 한번 궁금한 것은 소학교 앞에 붙어 있는 '심상(尋常)'이라는 말의 뜻풀이다. 이것은 사전적으로 "예사롭지 않고 대수롭다"는 뜻을 지녔으며, 통상 "사태가 심상찮다"라고 말할 때 일컫는 바로 그 단어이다. 이를 테면, '보통'이라는 말에 가장 흡사한 표현이라고 생각하면 될 것 같다.

일본 쪽의 학교제도 변천사를 훑어보니, 칙령 제14호로 『소학교령』이 처음 제정 공포된 것이 1886년 4월 9일의 일이었는데, 이 당시부터 "소학교를 나눠 고등(高等)과 심상(尋常)의 이등(二等)으로 함"이라는 구절이 포함되어 있었다. 그리고 1890년 10월 6일에 전면 개정된 칙령 제215호 『소학교령』에서는 "소학교는 이를 나눠 심상소학교(尋常小學校; 수업연한 3개년 또는 4개년) 및 고등소학교(高等小學校; 수업연한 2개년, 3개년 또는 4개년)로 함"이라는 내용이 등장한다.

이에 따라 통상적으로는 그냥 '소학교'라고 부르지만 학교교문에 걸린 간판에는 "무슨무슨(공립)심상소학교"라는 정식명칭이 기재되어 있는 것이 보통이다. 여기에다 '고등과(高等科)' 과정이 병설(倂設)되어 있는 학교

---

141) 이 내용에 대해서는 『조선총독부관보』 1938년 6월 6일자에 게재된 조선총독부 경상북도 고시 제45호 「학교의 명칭을 변경하는 건」(1938년 4월 1일 시행)을 참조할 수 있다.

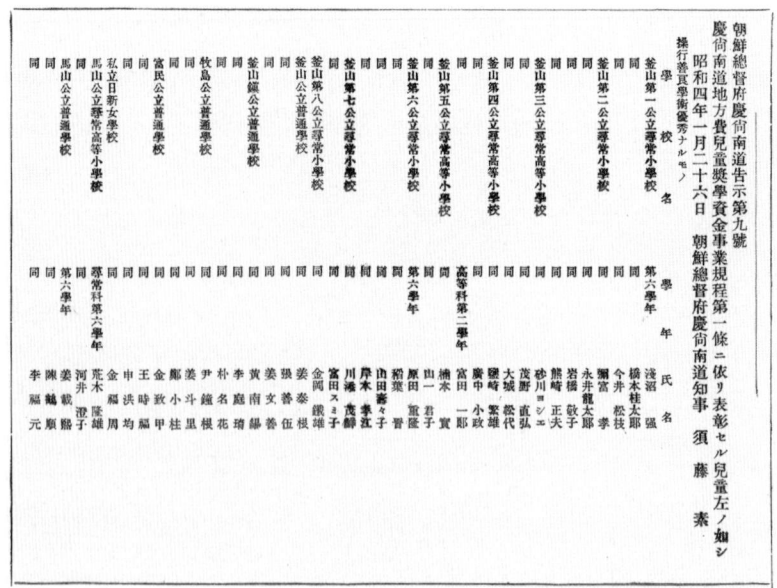

『조선총독부관보』 1929년 2월 28일자에 수록된 '경상남도 지역 장학자금 표창내역(조행선량 학술우수 아동)'이다. 여기에 나열된 명단을 살펴보면, 소학교는 일본인, 보통학교는 조선인이라는 이분법이 거의 예외 없이 명확히 드러나 있다. 또한 부산지역의 심상소학교의 경우 학교명을 '제일(第一)'에서 '제칠(第七)'에 이르는 숫자 방식으로 구성하였다는 사실과 이들 가운데 몇몇 학교는 '심상고등소학교'의 명칭을 지녔다는 사실도 동시에 파악할 수 있다.

의 경우에는 "무슨무슨(공립)심상고등소학교"라고 하는 긴 이름을 갖게 되는 것을 확인할 수 있다. 나중에 1941년 2월 28일 칙령 제148호에 따라『국민학교령』(1941년 4월 1일 시행)이 전면 시행될 때는 이것들이 국민학교의 초등과(初等科, 수업연한 6년)와 고등과(高等科, 수업연한 2년)로 각각 변경된 것으로 나타난다.[142]

---

142) 1941년 2월 28일 칙령 제148호를 통해 기존의 『소학교령』을 전면 개정하는 형태로 탄생한 『국민학교령』에는 제1조에 "국민학교(國民學校)는 황국(皇國)의 도(道)에 칙(則)하여 초등보통교육을 시(施)하며 국민(國民)의 기초적 연성(基礎的 鍊成)을 함을 목적(目

이렇듯 학교이름에 도(道) 명칭이나 방위 명칭이나 숫자 명칭 따위가 들어가는 일이 크게 성행했던 것은 바로 1938년 당시 식민지 교육제도의 전면 개정에 따라 '보통학교'가 '소학교'로, '고등보통학교'가 '중학교'로, '여자고등보통학교'가 '고등여학교'로 일시에 통합되는 와중에 서로 충돌되는 이름들을 교통정리하는 와중에 생겨난 부산물이라는 것을 알 수 있다. 돌이켜보면 벌써 오래 전 고교평준화정책이 시행되지 않았던 시절의 일이지만, 전국에서 손꼽히는 난다 긴다하는 수재들만 모인다는 일류학교(一流學校)의 대명사였던 '경기고'니 '경기여고'니 하는 이름들이 알고 보니 사실상 일제가 그토록 간절히 추구하고자 했던 내선일체정책의 찌꺼기라는 점에서 참으로 씁쓸하고 묘한 여운을 남겨주고 있다.

● 이 글은 『민족사랑』 2022년 12월호에 게재하였던 것을 수정 보완하였다.

的)으로 함"이라는 지표를 내세우고 있었다.

• 각권별 수록목차 종합안내

그 시절을 까맣게 잊고 사는 사람들을 위한
식민지 비망록 1

제1부 여전히 우리 주변에 출몰하는 일제잔재들

01 서울 거리에 버젓이 남아 있는 조선총독들의 글씨 흔적들
　　식민통치자들의 휘호가 새겨진 정초석과 기념비의 잔존 상황
02 일제의 잔존 기념물 가운데 유독 사각뿔 모양이 많은 이유는?
　　사각주(四角柱)에 방추형(方錐形)인 일본군 묘비석 양식의 기원
03 일제잔재로 곧잘 오인되는 응원구호 '파이팅'의 어원 유래
　　투지(鬪志)의 유사어 투혼(鬪魂)이야말로 전형적인 군국주의식 용어
04 군부대 소재지를 일컬어 '○○대(臺)'라는 별칭이 생겨난 연유는?
　　1937년에 일본천황이 육군사관학교에 '상무대'로 하사한 것이 최초 용례
05 일제 때 '25주년' 단위의 기념행사가 유달리 성행했던 이유는?
　　사반세기(四半世紀)라는 표현을 남겨놓은 그들의 언어습성
06 한강리(漢江里)가 느닷없이 한남정(漢南町, 한남동)으로 둔갑한 까닭
　　일제가 이 땅에 남겨놓은 고질적인 지명 왜곡의 몇 가지 사례들

제2부 참으로 고단했던 식민지의 일상

07 일제의 폭압정치를 상징하는 총독부 관리의 패검(佩劍)
　　한때 제복은 폐지되었으나 전시체제기에 '국민복'으로 부활
08 경성소방서의 망루에서 울리는 싸이렌 소리의 의미는?
　　소방출초식(消防出初式)으로 시작되던 일제 치하의 새해 풍경
09 일제의 대륙침략과 조선인 강제동원의 연결 창구, 관부연락선(關釜連絡船)
　　'현해의 여왕'으로 일컫던 금강환(金剛丸)과 흥안환(興安丸)의 흔적
10 병합기념일을 제치고 시정기념일이 그 자리를 차지한 까닭
　　일제강점기의 공휴일에는 어떤 날들이 포함되어 있었나?
11 4년 새 4.5배의 살인적인 담배값 인상이 자행되던 시절
　　조선총독부의 연초 전매에 얽힌 생활풍속사의 이면
12 일본천황에게 바쳐진 헌상품 행렬은 또 다른 지배종속의 징표
　　성환참외와 충주담배에서 호피(虎皮)와 비원자기(秘苑磁器)까지

제3부 잊혀진 항일의 현장을 찾아서

13 아무런 흔적도 없는 '안국동' 이준 열사의 집터를 찾아서
　　헤이그특사의 출발지이자 최초의 부인상점이 있던 역사 공간

14 권총을 지닌 그는 왜 이완용을 칼로 찔렀을까?
　　이재명 의사의 정확한 의거장소에 대한 재검토
15 이토 특파대사가 탄 열차를 향해 돌을 던진 한국인의 항거 장면
　　술 취한 농민의 고약한 장난으로 치부된 원태우 투석 사건의 내막
16 단재 신채호 선생의 집터에 표석을 세우지 못하는 까닭은?
　　'삼청동(三淸洞)' 집터의 실제 위치는 '팔판동(八判洞)'
17 통감부 판사였던 이시영 선생이 거소불명자가 된 까닭은?
　　한국병합기념장을 끝까지 수령하지 않았던 사람들
18 항일의 터전을 더럽힌 홍파동 홍난파 가옥의 내력
　　베델의 집터이자 신채호 선생의 조카딸이 살던 공간

제4부 결코 잊어서는 안 될 친일군상의 면면

19 이토 통감 일가족은 왜 한복을 입었을까?
　　조선귀족 이지용과 그의 부인 홍옥경(洪鈺卿)의 친일행적
20 뼛속까지 친일로 오염된 애국옹(愛國翁)들의 전성시대
　　일장기 밑에서 세상을 하직한 청주 노인 이원하(李元夏)의 추태
21 조선문화공로상(朝鮮文化功勞賞), 전시체제를 독려하는 교묘한 통치수단
　　유일한 조선인 수상자는 '신바라 카츠헤이(眞原昇平, 신용욱)'
22 죽어서도 호사를 누린 친일귀족들의 장례식 풍경
　　용산역전, 독립문 앞, 동대문 등은 영결식장으로 애용하던 공간
23 근대사의 현장마다 단골로 등장했던 어느 일본인 순사의 일생
　　『백범일지』에도 언급된 와타나베 타카지로(渡邊鷹次郎)의 행적
24 왜곡된 시선으로 근대 한국을 담아낸 무라카미사진관
　　통감부의 어용사진사로 출세한 무라카미 텐신(村上天眞)의 행적

그 시절을 까맣게 잊고 사는 사람들을 위한
식민지 비망록 2

제1부 혹독한 전시체제기의 나날들

01 대나무 철근과 콘크리트 선박을 아시나이까?
　　총체적인 전쟁물자의 수탈이 빚어낸 대용품(代用品)의 전성시대
02 서울 거리에 오백 마리의 제주 조랑말이 무더기로 출현한 까닭은?
　　전시체제기의 물자절약과 연료부족사태가 만들어낸 택시합승제도
03 총알도 막아낸다는 일제의 비밀병기, 센닌바리(千人針)
　　천 명의 남자들에게 글자를 받는 센닌리키(千人力)도 함께 성행
04 미영격멸을 구호삼아 달린 부여신궁과 조선신궁 간 대역전경주
　　징병제를 대비한 매일신보사의 조선청년 체력향상 프로젝트

05 일제패망기에 매달 8일이 특별한 의미를 지닌 까닭
　　이른바 '대조봉대일(大詔奉戴日)'은 전시체제를 다잡는 날
06 거물면장(巨物面長), 말단행정을 옥죄는 전시체제의 비상수단
　　전직 도지사와 참여관들이 잇달아 면장 자리에 오른 까닭은?

제2부 침략전쟁의 광풍이 휘몰아치던 시절

07 국세조사(國勢調査), 효율적인 식민통치와 전쟁수행을 위한 기초설계
　　전시체제기에는 병역법 실시와 배급통제를 위한 인구조사도 빈발
08 "금을 나라에 팔자", 황금광 시대에도 금모으기 운동이 있었다
　　일제는 왜 금헌납과 금매각 독려에 그렇게 열을 올렸나?
09 총독부박물관이 오후 4시만 되면 문을 닫는 까닭은?
　　전쟁 따라 출렁이는 총독부 관리들의 출퇴근 시간 변천사
10 현수막(懸垂幕), 결전체제를 다잡는 또 하나의 전쟁무기
　　건물 외벽마다 시국표어들이 주렁주렁 매달렸던 시절
11 병참기지 조선반도를 관통하여 달린 성화(聖火) 계주행렬의 정체는?
　　이세신궁에서 조선신궁으로 옮겨진 기원 2600년 봉축 불꽃
12 일제가 독려했던 또 다른 전쟁, 인구전쟁(人口戰爭)
　　해마다 자복가정표창(子福家庭表彰)이 이뤄지던 시절의 풍경

제3부 곳곳에 남아 있는 그들만의 기념물

13 수원화성 방화수류정 언덕에 자리했던 순직경찰관초혼비
　　3.1만세운동 때 처단된 일본인 순사들을 위한 기념물
14 "덕은 봉의산만큼 높고, 은혜는 소양강만큼 깊도다"
　　세 곳에 남아 있는 '이범익 강원도지사 영세불망비' 탐방기
15 일제가 인천항 부두에 세운 대륙침략의 '거룩한 자취' 기념비
　　경성보도연맹 기관지에 수록된 '성적기념지주(聖蹟記念之柱)'의 건립과정
16 역대 조선총독과 정무총감이 잇달아 벽제관을 시찰한 까닭은?
　　사쿠라와 단풍나무 동산으로 구축한 그들만의 성지(聖地)
17 벽제관 후면 언덕에 솟아오른 '전적기념비'의 정체는?
　　침략전쟁의 길잡이가 되기를 바랐던 그들만의 기념물
18 내금강 만폭동 계곡에 아로새긴 친일귀족 민영휘 일가의 바위글씨
　　금강산 사진첩에 보이는 일제강점기 수난사의 몇 가지 흔적들

제4부 뒤틀어진 공간에 대한 해묵은 기억들

19 군대해산식이 거행된 옛 훈련원(訓鍊院) 일대의 공간해체과정
　　이 자리에 들어선 경성부민회장(京城府民會場)의 정체는?

20 일본 황태자의 결혼기념으로 세워진 경성운동장
　　하도감(下都監) 자리에 있던 정무사(靖武祠)의 건립 내력
21 의외의 공간에 출현한 저 비행기의 정체는 무엇인가?
　　조선일보사 옥상 위에 전용비행기를 올려놓았던 시절
22 식민지의 번화가를 밝히던 영란등(鈴蘭燈), 금속물 공출로 사라지다
　　파고다공원의 철대문과 조선총독부 청사의 철책도 그 대열에 포함
23 소설「자유부인」에도 등장하는 중화요리점 '아서원'의 내력
　　역관 홍순언의 일화가 얽힌 '곤당골' 지역의 공간변천사
24 '반민특위' 표석은 왜 아직도 제자리를 찾지 못하나?
　　반민특위 청사로 사용된 옛 제일은행 경성지점 자리의 공간 내력

그 시절을 까맣게 잊고 사는 사람들을 위한
식민지 비망록 3

제1부 그 시절에 횡행했던 식민통치기구의 면면

01 조선통치에 관한 사상 관측소, 총독부도서관의 건립 내력
　　도서관을 지어주고 광통관(廣通館)을 얻은 조선상업은행
02 인왕산 자락이 채석장으로 누더기가 된 까닭은?
　　쌈지공원으로 남은 총독부 착암공양성소와 발파연구소의 흔적
03 "일제에 끌려간 게 사람만이 아니었더라"
　　이출우검역소를 거쳐 일본으로 간 조선소는 160여만 마리
04 일제의 삼림수탈을 증언하는 영림창 제작 '압록강 재감(材鑑)'
　　지금도 경복궁 땅 밑에 고스란히 남아 있는 9,388개의 소나무 말뚝
05 식민통치기간에 이 땅에는 얼마나 많은 일제 신사가 만들어졌을까?
　　'1군 1신사(神社)'와 '1면 1신사(神祠)'의 건립을 강요하던 시절
06 흑석동 한강변 언덕 위에 한강신사가 건립된 까닭은?
　　서울 지역 곳곳에 포진한 일제 침략 신사들의 흔적

제2부 그 거리에 남겨진 식민지배의 흔적들

07 도로원표는 왜 칭경기념비전 앞에 놓여 있을까?
　　일제강점기에 모든 길은 '황토현광장'으로 통했다
08 독점기업 경성전기(京城電氣)의 마지못한 선물, 경성부민관
　　부민관폭파의거의 현장에 얽힌 근현대사의 굴곡 반세기
09 딱 100년 전 가을, 경복궁에서는 무슨 일이 벌어졌을까?
　　식민통치의 치적 자랑을 위해 벌인 난장판, '조선물산공진회'

10 기억해야 할 을사조약의 배후공간, 대관정(大觀亭)
　호텔신축공사로 곧 사라질 위기에 놓인 근현대사의 현장
11 포방터시장으로 남은 홍제외리 조선보병대 사격장의 흔적
　헌병보조원 출신 항일의병의 처형장소로도 사용된 공간
12 '천황즉위'기념으로 지은 일본인 사찰에 갇힌 명성황후의 위패
　탁지부 청사와 화개동 감모비각을 옮겨 만든 묘심사(妙心寺)

제3부 낯선 풍경으로 남아 있는 근대역사의 공간들

13 일제가 경성(京城) 지역에만 두 곳의 감옥을 만든 까닭은?
　장기수 전담감옥이었던 경성감옥 혹은 경성형무소의 건립 내력
14 '녹두장군' 전봉준은 왜 좌감옥(左監獄)에서 최후를 맞이했을까?
　근대시기 이후 사형제도의 변경과 처형장의 공간 변천사
15 행주산성이 내선일체의 대표 유적으로 지목된 까닭
　군국주의와 황국신민화의 도구로 전락한 역사왜곡의 현장들
16 경학원 명륜당이 1937년 이후 느닷없이 혼례식장으로 변신한 까닭은?
　정신작흥과 사회교화의 광풍 속에 탄생한 '의례준칙(儀禮準則)'
17 소개공지(疎開空地), 미군 공습에 기겁한 일제의 방어수단
　결국 패망 직전 서울의 도시공간을 할퀴어 놓다
18 종로경찰서(鍾路警察署), 반도 민심의 근원을 차단하는 억압기구
　다른 경찰서에 비해 빈번하게 청사의 위치를 옮긴 까닭은?

제4부 결국 학교도 예외는 아니었다

19 위문대(慰問袋) 모집의 시초는 의병토벌 일본군대를 위한 것
　친일귀족 이완용도 한몫 거든 위문품주머니의 제작 풍경
20 멀쩡했던 교가(校歌)와 교표(校標)가 무더기로 개정된 연유는?
　조선어 가사는 금지되고 무궁화와 태극 문양은 지워지던 시절
21 군국주의에 짓밟혀 헝클어진 조선인 여학생들의 꿈
　부산항공립고등여학교 졸업앨범, 1944년
22 마침내 조선인 학교에도 출현한 군사교련제도와 배속장교의 존재
　미성년자 금주금연법과 삭발령도 학원통제의 수단으로 사용
23 일제패망기의 학교운동장이 고무공 천지로 변한 까닭은?
　일본의 남방군(南方軍)이 보내온 침략전쟁의 전첩기념선물
24 학교이름에 도(道), 방위, 숫자 명칭의 흔적이 성행했던 시절
　내선일체 완성을 위한 식민교육제도의 변경이 빚어낸 부산물

그 시절을 까맣게 잊고 사는 사람들을 위한
식민지 비망록 3

1판 1쇄 발행 2024년 9월 27일

지은이   이순우

펴낸곳   민연주식회사
편 집   손기순 유연영
등 록   제2018-000004호
주 소   서울시 용산구 청파로47다길 27(청파동2가 서현빌딩)
전 화   02-969-0226
팩 스   02-965-8879
홈페이지   www.historybank.kr
인 쇄   신우디앤피

정 가   18,000원

ISBN   978-89-93741-45-2
           978-89-93741-42-1(세트)

이 책은 저작권법에 의해 보호받는 저작물이므로 무단 전재와 복제를 금합니다.
잘못된 책은 바꿔 드립니다.